Krishnamurti: Fragen und Antworten

KRISHNAMURTI

FRAGEN UND ANTWORTEN

Aquamarin Verlag

Aus dem Englischen übertragen von Ingeborg Freifrau von Massenbach
Titel der Originalausgabe: Questions and Answers

Das Gespräch „Über das Erwachen der Intelligenz"
ist unter dem Titel „On Intelligence" in dem Buch
„The Awakening of Intelligence" erschienen.

2. Auflage 2005

Voglherd 1 • D-85567 Grafing
Lizenzausgabe mit freundlicher Genehmigung
des Goldmann Verlages

Umschlaggestaltung: Annette Wagner
Druck: Ebner & Spiegel, Ulm

ISBN 3-89427-174-4

Fragen und Antworten

Zu Beginn einer Zusammenkunft „Fragen und Antworten“ sagte Krishnamurti:

Fragen heißt suchen. Gemeinsam werden wir die richtigen Antworten suchen, finden und entdecken. Ich bin nicht das Orakel von Delphi.
Gemeinsam wollen wir Sinn und Bedeutung der Fragen aufdecken und die Antworten darauf suchen.
Es gibt hier keine Autorität. Ich sitze nur deshalb auf dem Podium, damit mich jeder bequem sehen kann. Aber diese kleine Erhöhung gibt mir keinerlei Autorität.

Inhalt

1 Das Selbst

Kann man von selbstsüchtiger, eigennütziger Aktivität frei werden? Gibt es außer dem Bild, das man sich davon macht, ein wahres Selbst?

Was verstehen wir unter dem Selbst? Wenn Sie jemanden fragen, was denn das Selbst sei, würde er Ihnen antworten:

»Das Selbst setzt sich aus meinen Sinnen, meinen Gefühlen, meiner Vorstellungskraft, meinen romantischen Bedürfnissen, meinem Besitz, meinem Mann, meiner Frau, meinen Eigenschaften, meinen Erwartungen, meinem Leid und meinen Freuden zusammen.«

Das alles wäre das Selbst. Sie können noch mehr Worte hinzufügen, doch bleibt im Kern das Zentrum, das ›Ich‹, bleiben meine Impulse, ›ich muss nach Indien gehen, um die Wahrheit zu finden‹ usw. Jede Handlung entspringt aus diesem Zentrum. Alle unsere Erwartungen, unser Ehrgeiz, unsere Differenzen, unsere Meinungen und Meinungsverschiedenheiten, unsere Urteile und Erfahrungen stecken in diesem Zentrum. Dieses Zentrum ist nicht nur das bewusste Selbst, das im äußeren Leben wirkt, sondern auch das tiefe innere Bewusstsein, das nicht offenbar und somit unzugänglich ist. Es besteht aus mehreren unterschiedlichen Bewusstseinsschichten.

Jetzt will der Fragesteller wissen, ob man von diesem Zentrum frei sein kann.

Warum will man davon frei sein? Will man es, weil das Zentrum Ursache der Teilung ist? Der Teilung in das ›Ich‹ als aktives Element, das laufend Wirkungen erzeugt? Es ist immer dasselbe ›Ich‹, nur unter verschiedenen Namen, mit anderer Hautfarbe, mit anderer Arbeit und in anderer Position in der Hierarchie gesellschaftlicher Ordnung. Sie sind Lord Soundso, jemand anderes ist sein Diener. Es ist dasselbe ›Ich‹, das sich im sozialen, wirtschaftlichen und religiösen Bereich in diese verschiedenen Kategorien aufteilt. Wo diese Teilung besteht, muss es Konflikte geben; Hindus und Mohammedaner, Juden, die Araber, die Amerikaner, die Engländer, die Franzosen. Im physischen Bereich ist das ganz klar und hat schreckliche Kriege und große Qualen, Brutalität und Gewalt mit sich gebracht. Das Selbst identifiziert sich mit einem Ideal, einem edlen oder unedlen Ideal und kämpft dann dafür. Aber das ist immer noch der ›Ego-Trip‹.

Auf der Suche nach dem Spirituellen gehen die Menschen nach Indien. Sie legen sich ein phantasievolles Gewand an, wechseln dabei aber nur das Kleid, das Gewand. Im Kern bleibt jeder das ›Ich‹, das an der Arbeit ist, das unentwegt kämpft, ausprobiert, an sich reißt, verleugnet und in der Tiefe an die eigenen Erfahrungen, Ideen, Meinungen und Sehnsüchte gebunden ist.

Man kann im Leben beobachten, dass dieses Zentrum, dieses ›Ich‹, der Grund für alle Schwierigkeiten ist. Man sieht aber auch, dass es der Kern allen Vergnügens, aller Angst und Sorge ist. Aus diesem Grund fragt man: Wie soll ich dieses Zentrum loswerden, damit ich wirklich frei werde, absolut und nicht relativ frei?

Relativ frei zu werden, ist ziemlich einfach. Man kann ein bisschen selbstlos sein, sich ein wenig um soziale Wohlfahrt kümmern, sich ein bisschen der Schwierigkeiten annehmen, die andere haben. Doch bleibt dabei das Zentrum, das hart und brutal eingreift, immer bestehen.

Besteht nun die Möglichkeit, dass man sich von diesem Zentrum befreien kann?

Erkennen Sie zunächst einmal, dass das Zentrum, das Selbst, gerade durch Ihre Bemühungen gestärkt wird. Je größer Ihre Anstrengungen werden, sich von dem Zentrum zu befreien, um so stärker wird das Selbst. Wenn man verschiedene Formen der Meditation übt und dabei versucht, sich selber etwas aufzudrängen, wird das ›Ich‹ von diesen Bemühungen eingefangen.

Es identifiziert sich damit, wenn es sagt: »Ich habe es geschafft.« Aber eben dieses Ich ist immer noch das Zentrum. Was nicht heißen soll, dass man nun tun kann, was man will. Denn auch das entsteht aus dem Antrieb des Selbst. Was soll man also machen? Wenn Sie Ihre Bemühungen aufgeben, weil Sie die Wahrheit erkennen, dass sich die Not des Zentrums verstärkt, je mehr Sie sich bemühen, was soll man dann machen?

Der Fragesteller will wissen, ob es ein wahres Selbst außer dem Bild gibt, das sich das Denken davon macht.

Viele Menschen fragen das. Die Hindus sagen, dass es ein höchstes Prinzip gibt, welches das Selbst ist. Wir stellen uns auch vor, dass es abgesehen von dem Ich ein wahres Selbst gibt. Ich bin sicher, dass Sie alle glauben, dass es etwas gibt, was jenseits des Ich ist - etwas, das man das ›höhere Selbst‹ oder ›das höchste Selbst‹ nennt. Im Augenblick, in dem wir das Wort ›Selbst‹ verwenden oder irgendein anderes Wort, um das zu beschreiben, was jenseits vom Selbst, vom Ich, sein könnte, bleibt es eben dieses Selbst.

Kann man sich vom Selbst befreien? Sich befreien, ohne dabei geistesabwesend oder verrückt zu werden?

Das heißt, ob es möglich wäre, sich von aller Bindung zu befreien. Von der Bindung, die eines der Attribute, eine der Eigenschaften des Selbst ist. Man misst dem eigenen Ruf, dem Namen, den Erfahrungen, die man selber gemacht hat, Wert bei. Man ist dem verbunden, was man sagt. Wenn Sie wirklich frei vom Selbst sein wollen, heißt das, dass Sie nichts und niemandem verbunden sein dürfen. Was aber wiederum nicht heißen soll, dass Sie sich absondern, indifferent oder abgestumpft werden sollen oder sich selber abschließen sollen, was erneut eine Auswirkung vom Selbst wäre. Vorher war es jemandem oder etwas verbunden, jetzt sagt es: »Ich will nicht verbunden sein.« Dieser Antrieb wäre immer noch der des Selbst. Erst wenn Sie wahrhaftig zwanglos und zutiefst nicht mehr gebunden sind, entsteht aus diesem tiefen Sinn des Ungebundenseins Verantwortung. Es ist hier nicht die Verantwortung gemeint, die Sie Ihrer Frau und Ihren Kindern gegenüber haben, sondern ein in der Tiefe verankerter Sinn der Verantwortung.

Werden Sie das tun? Das ist die Frage. Wir können ewig darüber sprechen, es in andere Worte kleiden, aber wenn es darauf ankommt, es auszuprobieren, zu handeln, scheinen wir es nicht zu tun, es nicht tun zu wollen. Wir ziehen es dann vor, wie wir sind, weiterzumachen - in einem leicht veränderten Status quo -, setzen aber unsere Auseinandersetzungen fort.

Es ist möglich, dass Sie von Ihren eigenen Erfahrungen, Ihrem eigenen Wissen, Ihren gewachsenen Auffassungen frei werden, vorausgesetzt, Sie machen sich daran. Und dazu brauchen Sie keine Zeit. Eine unserer Entschuldigungen ist, dass wir Zeit brauchen, um frei zu werden. Sobald Sie erkannt haben, dass einer der Hauptfaktoren des Selbst die Bindung ist, und sehen, was das in der Welt und in Ihrer Beziehung zu einem anderen mit Streit und Trennung und der ganzen Hässlichkeit solcher Beziehungen anrichtet, werden Sie frei.

Sobald Sie also die Wahrheit bezüglich aller Bindung erkennen, sind Sie von ihr befreit. Es ist Ihre eigene Erkenntnis, die Sie freimacht. Werden Sie es tun?

2 Sicherheit

Kann es in diesem Leben für den Menschen absolute Sicherheit geben?

Das ist eine sehr ernste Frage. Wir alle wollen Sicherheit im physischen und vor allem im psychischen Bereich. Wenn wir im Psychischen sicher und geborgen wären, könnte es sein, dass wir dann vielleicht nicht so sehr an physischer Sicherheit interessiert wären. Die Suche nach psychischer Sicherheit steht der physischen Sicherheit im Wege.

Wir brauchen Sicherheit wie ein Kind, das sich an die Mutter anklammert. Wenn Vater und Mutter dem Kleinkind nicht genügend Aufmerksamkeit schenken, ihm keine Zuneigung und Sorgfalt zukommen lassen, werden Gehirn und Nerven des Babys in Mitleidenschaft gezogen. Das Kind braucht physische Sicherheit.

Warum brauchen wir psychische Sicherheit? Da ist die Psyche, die nach Sicherheit verlangt. Aber gibt es überhaupt psychische Sicherheit? Wir wollen Sicherheit in unseren Beziehungen: meine Frau, meine Kinder, die Einheit der Familie. Wir glauben, dass wir in dieser Bindung eine gewisse Sicherheit haben, aber wenn wir entdecken, dass es da keine Sicherheit gibt, brechen wir bald aus und versuchen, sie anderswo zu finden. Wir suchen in einer Gruppe, in einem Stamm, in jenem verherrlichten Stamm, der die Nation ist, nach Sicherheit. Und doch ist diese Nation gegen eine andere Nation.

Wenn Sie glauben, dass es psychische Sicherheit in einer Person, in einem Land, in einem Glauben, in Ihrer eigenen Erfahrung geben kann, gleicht das Ihrem Verlangen nach physischer

Sicherheit. Unser Verlangen nach psychischer Sicherheit hat bewirkt, dass die Menschheit gespalten ist: in die Hindus, in die Mohammedaner, in Juden und Araber, in die, die an Jesus oder an etwas anderes glauben. Sie alle stellen die Forderung nach Sicherheit. In diesen Illusionen sucht man psychisch nach Sicherheit - in den verschiedenen Illusionen, dass man im Katholizismus, im Buddhismus, im Hinduismus, im Islam usw. sicher wäre. Aber das hat nichts außer täuschende Sicherheiten bewirkt; denn sie bekämpfen sich alle gegenseitig. In dem Augenblick, in dem Sie das erkennen, gehören Sie nichts und niemandem mehr an. Wenn Sie die Wahrheit erkennen, dass der Geist oder das Denkvermögen in Illusionen nach Sicherheit sucht, entsteht aus dieser Erkenntnis die Intelligenz.

Man sucht nach Sicherheit in dem Glauben an den Hinduismus, indem man ein Hindu ist mit all dem unsinnigen Aberglauben, mit den Göttern und Ritualen, die dazugehören. Aber das bringt einen in Gegensatz zu einer anderen Gruppe von Menschen, die einen anderen Aberglauben, andere Götter, andere Rituale haben. Diese beiden gegensätzlichen Elemente mögen einander tolerieren, aber im Wesentlichen sind sie sich feindlich. Diese beiden stehen im Gegensatz zueinander, und man sucht in dem einen oder dem anderen Glauben nach Sicherheit. Und dann erkennt man, dass beides auf Illusion gründet. Das zu erkennen, bedeutet Intelligenz. Es ist dem Erkennen einer Gefahr vergleichbar. Ein Mensch, der der Gefahr gegenüber blind ist, muss verrückt sein. Mit dem stimmt etwas nicht. Aber man erkennt nicht die Gefahr, die diese Illusionen mit sich bringen, in denen man nach Sicherheit sucht.

Der Mensch, in dem die Intelligenz erwacht ist, erkennt die Gefahr. Absolute Sicherheit liegt in dieser Intelligenz. Das Denkvermögen hat all die verschiedenen Formen der Illusion erzeugt, Illusionen wie die der Nationalität, der Klassen, der verschiedenen Götter, der verschiedenen Glauben und Dogmen, der verschiedenen Rituale, der besonderen Form des Aberglaubens im Religiösen, welche die Welt überziehen.

Darin hat man geistig nach Sicherheit gesucht. Und man erkennt nicht die Gefahr, die in dieser Sicherheit, in dieser Illusion liegt. Sobald man die Gefahr nicht als Idee, sondern als eine echte Tatsache erkennt, bedeutet dieses Erkennen Intelligenz. Das ist die höchste Form absoluter Sicherheit.

Es gibt also absolute Sicherheit: nämlich das Wahre im Unwahren zu erkennen.

3 Gefühle

Gefühle sind stark. Unsere Bindungen sind stark. Wie können diese Gefühle an Stärke und Kraft dadurch verlieren, dass man sie anschaut und erkennt?

Wenn man versucht, Gefühle und Bindungen zu beherrschen, zu unterdrücken oder zu sublimieren, so verringert das in keiner Weise den Konflikt, nicht wahr? Sind die eigenen Gefühle so ungewöhnlich stark, dass sie einen beeinflussen? Als erstes muss man sich dessen bewusst werden, wissen oder erkennen, sehen, dass die eigenen Gefühle stark sind und dass man gebunden ist. Was geschieht dann, wenn man sich dessen so bewusst wird? Man wird sich der eigenen Bindung oder der starken Gefühle von Hass, Eifersucht, Feindschaft, Zuneigung und Abneigung bewusst.

Beherrschen die Gefühle, da sie so stark sind, die eigene Handlungsweise? Man überprüft das, indem man die anscheinend so starken Gefühle und Bindungen anschaut und dabei erkennt, dass sie wie Schranken vor dem klaren, genauen Denken, der eindeutigen Handlung stehen.

Ist man sich dessen bewusst? Oder nimmt man das nur so hin? Sagt man: »Ja, ich habe sehr starke Gefühle. Ich bin schrecklich gebunden, aber das macht nichts. Es ist Teil meines Lebens. Ich muss nicht dagegen ankämpfen. Es stört mich nicht, wenn ich mich mit jedem herumstreite.«

Wenn man jetzt sagt, dass man sich dessen bewusst ist, was meint man dann damit? Dass man weiß? Dass man erkennt? Erkennt man die Bindung gedanklich? Wenn man sagt: »Ja, ich bin gebunden«, ist es dann die gedankliche Aktivität, die da sagt: »Ich bin gebunden.«?

Wenn man sagt: »Ich bin gebunden«, ist das eine Idee oder eine Tatsache? Die Tatsache ist nicht die Idee.

Ich kann aus diesem Mikrofon hier eine Idee machen. Aber das Mikrofon selber ist eine Tatsache. Ich kann es berühren, ich kann es sehen. Ist also meine Bindung eine Vorstellung, eine Schlussfolgerung, oder ist sie Tatsache? Wenn Sie jetzt die Tatsache ansehen - und nicht die Idee, nicht die Schlussfolgerung, die Sie aus der Tatsache ziehen, sondern die Tatsache selber anschauen -, ist dann die Tatsache etwas anderes als Sie, der Sie die Tatsache ansehen?

Wenn Sie die Tatsache durch eine Idee oder Schlussfolgerung, die Sie von jemandem gehört haben, betrachten, dann schauen Sie die Tatsache selber gar nicht an. Wenn Sie die Tatsache selber wirklich anschauen, formulieren Sie sie nicht.

Wie schauen Sie sie also an? Betrachten Sie die Tatsache als etwas, das von Ihnen getrennt ist? Unterscheidet sich Ihre Bindung von dem, was Sie selber sind, oder ist sie Teil von Ihnen? Das Mikrofon ist etwas anderes als Sie. Aber Bindung, Gefühl sind ein Teil von Ihnen.

Bindung ist das ›Ich‹. Wenn es keine Bindung gibt, gibt es kein ›Ich‹. Es ist also Teil Ihres Wesens, Teil Ihres (psychischen) Gefüges. Wenn Sie sich Ihrer Gefühle, Ihrer Bindungen bewusst werden, wenn Sie sich also selber anschauen, gibt es keine Teilung, gibt es keine Dualität zwischen dem ›Ich‹ und Ihrer Bindung. Dann gibt es nur die Bindung als solche, nicht das Wort, sondern die Tatsache, das Gefühl, die Emotion, das Besitzen-Wollen in der Bindung. Das ist eine Tatsache. Das ist das ›Ich‹.

Was soll ich also mit dem ›Ich‹ anfangen? Solange eine Teilung zwischen dem ›Ich‹ und der Bindung bestand, konnte ich versuchen, etwas damit anzufangen. Ich konnte es mit Beherrschung versuchen. Ich konnte sagen: »Ich muss das unterdrükken«, was wir dauernd tun. Wenn ich das aber selber bin, was kann ich dann machen? Ich kann nichts machen. Ich kann nur beobachten. Vorher habe ich darauf eingewirkt. Jetzt kann ich nicht darauf einwirken, weil ›Ich‹ das selber bin.

Alles, was ich tun kann, ist, das zu beobachten. Es ist die Beobachtung, die ganz besonders wichtig wird, und nicht das, was ich damit anfange.

So gibt es also nur die Beobachtung - nicht: »Ich beobachte.«

Es gibt nur die Beobachtung. Wenn ich während dieser Beobachtung anfange auszuwählen und sage: »Ich darf nicht gebunden sein«, habe ich schon Abstand gewonnen; denn dann sage ich mir, dass ich das ja nicht bin.

In der reinen Beobachtung gibt es keine Wahl, gibt es kein Ziel, gibt es nur die reine, absolute Beobachtung. Dadurch löst sich das, was beobachtet wird, auf.

Vorher haben Sie sich gewehrt, haben Sie sich beherrscht, haben Sie es unterdrückt, haben Sie darauf eingewirkt. Jetzt aber ist in dieser Beobachtung alle Kraft vereint. Nur dann, wenn es an dieser Kraft fehlt, gibt es Bindung. Wenn Sie rein beobachten, ohne dass sich das Denken einmischt - warum sollte sich das Denken einmischen? Schauen Sie auf die gleiche Weise, wie Sie dieses Etwas, das Sie eine Fliege nennen, betrachten würden.

Beobachten Sie nun auf die gleiche Weise Ihre Gefühle und Bindungen. Dabei kommt es dann zu einer Ballung Ihrer gesamten Kraft, und deshalb gibt es dann keine Bindung. Es sind nur die Unintelligenten, die gebunden sind. Es sind nur diejenigen, die nicht alle Konsequenzen der Bindung erkennen, die gebunden sind. Die Welt ist voll von ihnen. Sie sind das stärkere Element in der Welt, und wir werden darin eingefangen.

Wenn Sie aber anfangen, das genau zu untersuchen, sind Sie nicht länger darin gefangen, und Sie verschwenden dann nicht mehr Ihre Kraft an etwas, das sinnlos ist.

Jetzt ist Ihre Kraft ganz in der Beobachtung gesammelt. Dadurch kommt es zur totalen Auflösung der Bindung. Testen Sie es! Tun Sie es! Und Sie werden entdecken, dass es so ist. Sie müssen die Sache sehr genau untersuchen, so dass Ihr Geist ganz klar wird, während Sie beobachten. Es sind nur die Ahnungslosen, die von einem Felsen in die Tiefe springen. Sobald man die Gefahr erkennt, entfernt man sich von ihr.

Bindung ist eine Gefahr, weil sie Angst, Sorgen, Hass und Eifersucht, den Drang, zu herrschen und beherrscht zu werden, fördert. Das Ganze ist eine gewaltige Gefahr. Und wenn Sie diese Gefahr erkannt haben, handeln Sie.

4 Worte

Warum akzeptiert man so schnell triviale Antworten auf zutiefst empfundene Probleme?

Warum akzeptiert man eine triviale Erklärung, obgleich es sich um ein tiefes Problem handelt? Warum lebt man in Worten? Das ist das wahre Problem. Warum sind Worte so überaus wichtig geworden? Man leidet, geht durch großen Schmerz hindurch, und jemand kommt und erklärt einem das, und man sucht Trost in diesen Erklärungen: Es gibt Gott, es gibt die Reinkarnation, es gibt dies und das und noch anderes.

Man akzeptiert das Wort, die Erklärung, weil es einen tröstet. Wenn man sich quält, wenn man Angst hat, spendet einem der Glaube Trost. Man lebt von den Erklärungen der Philosophen, der Psychologen, der Priester, der Gurus und Lehrer. Das bedeutet, dass man aus zweiter Hand lebt. Man ist ein Mensch aus zweiter Hand, und man ist damit zufrieden.

Das Wort ›Gott‹ ist ein Symbol wie die Flagge. Und Symbole haben ganz besondere Bedeutung. Warum tut man das? Man liest eine Menge darüber, was andere Menschen denken. Man sieht im Fernsehen, was so alles passiert. Es sind immer die anderen, ein anderer da draußen; der einem sagt, was man tun soll. Der eigene Geist wird dadurch gelähmt, und man lebt aus zweiter Hand.

Man fragt niemals: »Kann ich denn nicht mir selber Licht sein? Nicht das Licht eines anderen, nicht das Licht von Jesus oder Buddha?« Kann man sich selber Licht sein, ohne dass es einen Schatten gibt? Denn sich selber Licht zu sein heißt, dass es nie mehr durch Künstliches, durch die Umstände, durch Leid zufällig ausgelöscht werden kann. Kann man sich selber Licht sein?

Nur wenn der eigene Geist ohne Probleme ist, weil er hellwach ist, kann man sich selber Licht sein. Aber die meisten von uns brauchen Herausforderungen, weil sie schlafen. Schlafen, weil wir von den unzähligen Philosophen, Heiligen, den Göttern und Priestern und Politikern eingeschläfert wurden. Man ist eingeschläfert worden und weiß nicht, dass man schläft. Man denkt, man sei normal.

Ein Mensch, der sich selber Licht sein will, muss von alledem frei sein. Nur dann kann man sich selber Licht sein, wenn das Selbst nicht ist. Dann ist dieses Licht das ewige, das immerwährende, unermessliche Licht.

5 Einsicht

Ist Einsicht nicht dasselbe wie Intuition? Bitte sprechen Sie über die plötzliche Klarsicht, die manche Menschen haben. Was meinen Sie mit Einsicht? Ist sie nur momentan, oder kann sie von Dauer sein?

Der Sprecher hat das Wort ›Einsicht‹ in den verschiedenen Reden, die er gehalten hat, verwendet. Es bedeutet, dass man in die Dinge, in den ganzen Denkvorgang, in die Entwicklung von Eifersucht z.B. hineinsieht. Es bedeutet, dass man das Wesen der Habsucht wahrnimmt, dass man den Gesamtinhalt des Leidens erkennt.

Einsicht ist weder Analyse noch die Ausübung intellektueller Fähigkeit, noch eine Konsequenz von Wissen. Wissen ist etwas, das sich aus Erfahrungen der Vergangenheit angesammelt hat und das im Gehirn gespeichert worden ist. Es gibt kein vollständiges Wissen. Deshalb wird Wissen immer von Unwissenheit begleitet, wie zwei Pferde, die im Gespann gehen.

Wenn nun Beobachtung weder auf Wissen noch auf intellektueller Fähigkeit oder dem Verstand, der erforscht und analysiert, beruht - was ist dann diese Beobachtung? Das ist die Frage.

Ist es Intuition?

Dieses Wort ›Intuition‹ ist ein ziemlich heikles Wort, das viel verwendet wird. Intuition kann die Folge von Verlangen sein. Man mag sich etwas wünschen, und dann hat man ein paar Tage später eine diesbezügliche Intuition. Und man misst dann dieser Intuition besondere Bedeutung bei. Wenn man sich aber mehr in der Tiefe damit befasste, könnte man entdecken, dass diese ›Intuition‹ auf Verlangen, Angst oder verschiedenen Formen des Vergnügens beruht. Deshalb hegt man Zweifel bezüglich der Verwendung dieses Wortes, besonders dann, wenn es von Leuten gebraucht wird, die romantisch veranlagt sind, Leuten, die über viel Vorstellungskraft verfügen, sentimental sind und nach etwas suchen. Sicherlich werden sie Intuitionen haben, aber diese beruhen dann auf irgendeinem sichtbaren, selbsttäuschenden Wunsch. Aus diesem Grund sollten Sie dieses Wort ›Intuition‹ jetzt nicht verwenden.

Was ist dann Einsicht?

Einsicht zu haben bedeutet, etwas zu erkennen, etwas, das wahr, logisch, rational, vernünftig sein muss. Einsicht muss sich sofort auswirken. Es ist nicht so, dass jemand eine Einsicht hat und nichts damit anfängt. Wenn man Einsicht in das ganze Wesen des Denkens gewinnt, kommt es zu sofortiger Auswirkung.

Denken ist eine Reaktion auf Gedächtnis. Gedächtnis ist Erfahrung und Wissen, das im Gehirn aufbewahrt wird. Gedächtnis reagiert auf die Frage:

»Wo leben Sie?

Darauf geben Sie eine Antwort.

»Wie heißen Sie?

Sie reagieren sofort.

Denken ist die Konsequenz oder die Reaktion auf gespeicherte Erfahrungen und Wissen, das als Gedächtnis bewahrt wird. Denken beruht auf Wissen oder ist die Folge von Wissen. Das Denken hat seine Grenzen, weil Wissen seine Grenzen hat. Das Denken kann niemals alles umfassen, deshalb ist es ewig begrenzt, beschränkt, eng. Wenn man darin Einsicht gewinnt, bedeutet das, dass da etwas wirksam wird, das nicht bloß auf der Wiederholung von Gedanken beruht. Wenn man z. B. Einsicht in das Wesen von Organisationen hat, heißt das, dass man ohne Erinnerungen, ohne Argumentation, ohne Pro und Contra beobachtet. Das bedeutet, dass man Antrieb und Wesen des Verlangens nach Organisation erkennt. Man gewinnt Einsicht und handelt aus dieser Einsicht heraus. Und diese Handlung ist logisch, vernünftig, geistig gesund. Es ist nicht so, dass man eine Einsicht hat und dann das Gegenteil tut. Dann war es keine Einsicht.

Haben Sie z.B. Einsicht in die Verletzungen und Kränkungen, die Sie von Kindheit an erhalten haben? Alle Menschen werden aus unterschiedlichen Gründen von der Kindheit bis zum Tode psychisch verletzt. Diese psychischen Wunden sind in ihnen. Werden Sie jetzt einsichtig, welcher Art diese Verletzungen sind, woraus sie entstanden sind. Wenn Sie psychisch gekränkt, verletzt wurden, können Sie einen Psychologen, Analytiker, Psychotherapeuten aufsuchen, und er kann herausfinden, was Sie verletzt hat. In Ihrer Kindheit waren Ihre Mutter und Ihr Vater so-und-so usw. Aber die Kränkung löst sich doch dadurch nicht auf, dass man nur nach ihrer Ursache sucht. Sie ist da.

Die Konsequenzen dieser Kränkung sind Isolation, Angst, Widerstand, damit man unverletzlich wird. So schließt man sich selber ein und ab. Sie wissen das alles. Es ist der Vorgang des Gekränktwerdens. Die Kränkung ist das Bild, das Sie sich von sich selber machen. Deshalb ist es klar, dass man Sie kränken wird, solange Sie sich dieses Bild von sich selber bewahren.

Wenn Sie jetzt Einsicht in das alles gewinnen - ohne es zu analysieren -, wenn Sie das augenblicklich erkennen, dann ist diese Erkenntnis Einsicht. Das erfordert Ihre ganze Aufmerksamkeit und Kraft. Diese Einsicht löst die Kränkung auf. Diese Einsicht wird die Kränkung, ohne ein Zeichen zu hinterlassen, vollständig auflösen. Und deshalb wird niemand Sie mehr kränken können. Das Bild, das Sie sich von sich selber gemacht haben, gibt es dann nicht mehr.

6 Erziehung

Welche Bedeutung hat in der Erziehung der Jugend die Geschichte?

Für den, der die Geschichte kennt, ist es ganz klar, dass der Mensch gegen die Natur gekämpft, sie erobert, zerstört und verschmutzt hat. Der Mensch kämpft gegen den Menschen, es hat immer Kriege gegeben. Der Mensch kämpft um seine Freiheit, und doch wird er zum Sklaven von Institutionen und Organisationen, aus denen er ausbrechen möchte, nur um eine andere Reihe von Institutionen und Organisationen zu gründen. Da ist dieser fortwährende Kampf um die Freiheit. Die Geschichte der Menschheit ist die Geschichte von Stammeskriegen, Feudal- und Kolonialkriegen, den Kriegen der Könige und der Nationen. Und das geht immer so weiter. Der Geist der Stammesgebundenheit ist nationalistisch und mag aufgeklärt sein, aber er bleibt der Geist der Stammesgebundenheit. Die Geschichte der Menschheit schließt auch ihre Kulturen mit ein. Es ist die Geschichte des Menschen, der durch alle Arten von Leiden, durch verschiedene Krankheiten, Kriege, religiösen Glauben und Dogmen, Verfolgungen, Inquisition, Folterungen im Namen Gottes, im Namen des Friedens, im Namen der Ideale hindurch musste.

Und wie soll man das alles der Jugend beibringen?

Es ist die Geschichte der Menschheit, die Geschichte des Menschen an sich. Beide, Erzieher und die Jungen, sind Menschen. Es ist ihre Geschichte, nicht bloß die der Könige und der Kriege. Es ist ihre eigentliche Geschichte. Wie kann der Lehrer dem Schüler helfen, dass er seine eigene Geschichte versteht, die die Geschichte der Vergangenheit ist, deren Ergebnis er selber ist. Das ist das

Problem. Wenn Sie der Lehrer sind und ich der jugendliche Schüler bin, wie würden Sie mir helfen, dass ich mein eigenes Wesen, das Gefüge meines Selbst, verstehe, dass ich mich selber, der ich die ganze Menschheit bin, verstehe; denn mein Gehirn ist das Ergebnis vieler Millionen von Jahren. Das ist alles in mir: die Gewalt, der Wettstreit, die Aggressivität, die Brutalität, die Grausamkeiten, die Angst, das Vergnügen und gelegentliche Freude und jener zarte Duft der Liebe.

Wie werden Sie mir helfen, dass ich das alles verstehe? Das bedeutet, dass der Lehrer auch sich selber verstehen muss und durch dieses Verständnis mir, dem Schüler, helfen wird, dass ich mich selber begreife. So entsteht zwischen dem Lehrer und mir eine Kommunikation. Und in diesem Kommunikationsvorgang versteht er sich selber und hilft mir, mich zu verstehen. Es ist nicht so, dass der Lehrer oder Erzieher erst sich selber verstehen muss und dann lehrt. Dazu würde er vielleicht sein ganzes verbleibendes Leben benötigen.

Vielmehr ist es so, dass es zwischen dem Erzieher und demjenigen, der erzogen werden soll, zu einer Beziehung kommt, die die gegenseitige Erforschung mit einschließt. Kann man das mit einem kleinen Kind oder mit einem jugendlichen Schüler machen? Wie würden Sie das anfangen? Das ist die Frage. Wie würden Sie das als Elternteil anfangen? Wie würden Sie Ihrem Kind helfen, dass es versteht, wie sein Gemüt aufgebaut ist, welcher Art seine Wünsche sind, was das Wesen seiner Ängste ist - diese ganze Triebkraft des Lebens. Das ist ein großes Problem.

Sind wir als Eltern und Lehrer darauf vorbereitet, eine neue Generation von Menschen zu schaffen? Denn das geht daraus hervor, dass eine ganz andere Generation von Menschen mit völlig verändertem Geist und Herzen heranwächst. Sind wir darauf vorbereitet? Würden Sie als Elternteil um Ihres Kindes willen Alkohol, Zigaretten und Drogen aufgeben? Sie wissen um diese ganze Drogenkultur. Und Sie müssen darauf achten, dass Sie und Ihr

Kind wirklich gute Menschen sind. Das Wort ›gut‹ bedeutet ›voll tauglich‹, ohne psychische Spannungen, eingepasst wie eine gute Tür, verstehen Sie? Geeignet wie ein guter Motor.

›Gut‹ bedeutet aber auch ganz, nicht zerrissen, nicht zersplittert. Sind wir also darauf vorbereitet, einen guten Menschen zu erziehen, einen Menschen, der keine Angst hat? Angst vor seinen Nachbarn, Angst vor der Zukunft, Angst vor so vielem, vor Krankheit und Armut? Sind wir auch darauf vorbereitet, dem Kind und uns selber zur Integrität zu verhelfen?

Das Wort ›Integrität‹ bedeutet auch vollständig und dass Sie sagen, was Sie meinen, und nicht das eine sagen und das andere tun. Integrität bedeutet Ehrlichkeit. Können wir ehrlich sein, wenn wir Illusionen und romantische Ideale und einen starken Glauben haben, die uns beeinflussen? Wir mögen im Glauben aufrichtig sein, aber das schließt nicht unbedingt Integrität in sich ein. So, wie es jetzt ist, bringen wir Kinder in die Welt und verderben sie, ehe sie zwei oder drei Jahre alt sind. Und dann bereiten wir sie auf den Krieg vor. Die Geschichte hat die Menschen nichts gelehrt. Wie viele Mütter müssen geweint haben, wenn ihre Söhne in den Kriegen getötet wurden! Und doch sind wir unfähig, dieses monströse gegenseitige Töten abzustellen.

Wenn wir die Jungen lehren wollen, müssen wir in uns selber einen Sinn für das Bedürfnis nach dem Guten haben. Das Gute ist kein Ideal. Es bedeutet, ganz zu sein, Integrität zu haben, keine Angst zu haben, nicht verwirrt zu sein. Das sind keine Ideale. Das sind Tatsachen. Können wir uns an Tatsachen halten und dadurch in der Erziehung einen guten Menschen heranbilden? Wollen wir denn wirklich eine andere Kultur, einen veränderten Menschen mit einem klaren Geist, der nicht verwirrt ist, der furchtlos ist, der integer ist?

7 Wissen

Warum ist dieses Wissen, wie Sie sagen, immer unvollständig? Wenn man beobachtet, ist man sich dann bewusst, dass man beobachtet? Oder ist man sich nur des Gegenstands der Beobachtung bewusst? Führt dieses Bewusstsein zur Analyse? Was ist psychologisches Wissen?

Von wem erwarten Sie Antwort auf diese Fragen? Vom Orakel zu Delphi, dem Hohenpriester, dem Astrologen, den Wahrsagern, den Kaffeesatz-Lesern? Von wem erwarten Sie Antwort auf diese Fragen? Aber da Sie sie nun gestellt haben, können wir sie zusammen durchsprechen. Es verhält sich nicht so, dass ich als Sprecher antworte und Sie dann meine Antwort akzeptieren oder ablehnen und unzufrieden mit den Worten fortgehen: »Ich habe meinen Vormittag verschwendet.«

Wenn wir ernsthaft über diese Fragen sprechen könnten, indem wir beide das Problem tiefer betrachten, dann wird die Antwort Ihre eigene sein und nicht die von jemandem, den Sie Ihre Fragen beantworten hörten. Sie können über Krebs sprechen, ohne ihn zu haben. Wenn Sie aber Krebs haben, sind Sie davon betroffen, dann spüren Sie Angst und Schmerz, die diese Krankheit mit sich bringt.

Warum ist Wissen immer unvollständig? Was ist Wissen? Und was meinen wir, wenn wir sagen: ›Ich weiß.‹ Sie können sagen: ›Ich kenne meine Frau oder meinen Mann oder meine Freundin oder meinen Freund.‹ Kennen Sie sie wirklich? Können Sie sie jemals kennen? Ist es nicht so, dass Sie ein Bild von ihnen haben? Entspricht dieses Bild der Wirklichkeit?

So ist es doch sehr eingeschränkt, wenn man etwas weiß. Auch das wissenschaftliche Wissen hat seine Grenzen. Die Wissenschaftler versuchen zu entdecken, was jenseits der Materie liegt. Obgleich sie viel Wissen gespeichert haben, sind sie bisher nicht in der Lage, das zu entdecken. Wissen und Unwissenheit, das Bekannte und das Unbekannte, begleiten einander immer. Die Wissenschaftler behaupten, durch die Materie entdecken zu können, was jenseits sein könnte.

Aber wir Menschen sind Materie. Unser Geist ist Materie. Warum beschäftigen wir uns nicht mit ihm? Denn wenn der Geist in sich gehen könnte, wäre es weit eher möglich, auf das zu stoßen, was am Grund aller Dinge liegt.

Auch das Wissen um sich selber ist beschränkt. Wenn ich mich selber kennen lernen will, kann ich Psychologie studieren und mit den Psychologen, den Psychoanalytikern, den Psychotherapeuten, den Psycho-Biologen diskutieren. Aber dieses Wissen hat immer seine Grenzen. Doch wenn ich in diese Vergangenheit, die ich mein Ich nenne, tiefer eindringe, dann gibt es eine Chance, dass ich unendlich weitergehen kann. Das ist eine sehr wichtige Sache, ohne die das Leben sehr wenig Sinn hat, abgesehen vom Kreislauf des Vergnügens und der Schmerzen, der Belohnung und der Strafe, diesem Muster, nach dem wir leben. Dieses psychologische Wissen, das wir erworben haben, hat die Muster, in denen wir befangen sind, erschaffen. Wissen, ob es nun physischer oder psychischer Art ist, muss immer seine Grenzen haben.

Wenn man beobachtet - ist man sich bewusst, dass man beobachtet? Oder ist man sich nur des Gegenstands der Beobachtung bewusst? Führt dieses Bewusstsein zur Analyse? Was meinen wir, wenn wir von Beobachtung sprechen?

Es gibt die äußere, visuelle Beobachtung, z. B. die Beobachtung eines Baumes, und es gibt auch eine Beobachtung im Innern. Es gibt das nach außen gerichtete Hören vermittels des Ohres, und es gibt auch ein inneres Hören.

Wenn wir beobachten; tun wir das dann wirklich oder beobachten wir durch das Wort? Z.B. nehme ich das wahr, was wir einen Baum nennen, und ich sage: »Baum«. Da beobachte ich also durch das Wort. Können wir jetzt herausfinden, ob eine Wahrnehmung ohne das Wort möglich ist? Denn das Wort ist wichtiger geworden als die Wahrnehmung.

Der Mann beobachtet seine Frau oder die Frau ihren Mann. Sie nehmen einander vor dem Hintergrund ihrer gesamten Erinnerungen, Vorstellungen, Sinnesempfindungen und Reizungen wahr.

Können wir einen Menschen, mit dem wir intim zusammenleben, ohne das Bild, ohne die Vorstellung, ohne die Idee beobachten? Vielleicht können wir das, was wir einen Baum nennen, ohne das Wort wahrnehmen. Das ist verhältnismäßig leicht, wenn wir uns damit beschäftigt haben. Aber den Menschen zu beobachten, mit dem Sie zusammenleben, ohne dass die Erinnerungen an diese Person in Gang kommen, ist nicht so leicht.

In dieser Beobachtung durch die Vorstellung, durch die gespeicherten Erinnerungen ist überhaupt keine Beziehung (zum anderen). Es ist die Beziehung eines Bildes zu einem anderen Bild. Und das nennen wir Beziehung. Wenn Sie das genau untersuchen, werden Sie finden, dass es keine Beziehung ist. Es ist nur das Bild, das der eine vom anderen hat und umgekehrt.

Können wir also beobachten, ohne aus dem Beobachteten einen Begriff oder eine Vorstellung zu formen? Unter psychologischem Wissen versteht man folgendes: Ich sammle psychologisch viel Wissen über meine Frau. Das kann richtiges oder falsches Wissen sein. Das hängt von meiner Sensibilität, von meinem Ehrgeiz, von meiner Habsucht, von meinem Neid, von meiner selbstsüchtigen Aktivität ab. Dieses Wissen steht der wahren Beobachtung der lebendigen Person im Wege. Und ich möchte diesem Lebendigen niemals begegnen, weil ich Angst habe. Es ist viel sicherer, ein Bild von der Person zu haben, als das lebendige Wesen zu sehen.

Mein psychologisches Wissen steht der reinen Beobachtung im Wege. Kann man davon frei werden? Kann die Mechanik, die zum Aufbau dieses Bildes führt, aufhören? Ich habe dieses Bild von meiner Frau, es ist da. Das ist eine gravierende Tatsache. Das ist wie ein Klotz an meinem Bein. Wie soll ich den abschütteln? Ist denn der Klotz am Bein, das Bild, etwas anderes als der Beobachter selber? Ist dieses Bild, dieses Gewicht an meinem Bein etwas anderes als der Beobachter? Als der Beobachter, der sagt: »Ich mache mir dieses Bild.« Ist der Beobachter, der sagt: »Ich habe dieses Bild, und wie soll ich es loswerden?« etwas anderes als das Bild, das er beobachtet? Offensichtlich nicht.

Also ist der Beobachter der Bild-Erzeuger, der, der diese Bilder erschafft und sich dann von ihnen abtrennt, indem er sagt: »Was soll ich damit anfangen?«

Auf diese Weise leben wir. Das ist unser Muster, nach dem wir handeln. Das ist unsere Prägung, an die wir gewöhnt sind, und dabei akzeptieren wir das als ganz selbstverständlich.

Wir aber sagen etwas ganz anderes, nämlich, dass der Beobachter das ist, was er beobachtet. Wir müssen untersuchen, was der Beobachter ist. Der Beobachter ist das Ergebnis seiner gesamten Erfahrungen. Er ist sein Wissen, seine Erinnerungen, seine Ängste, seine Befürchtungen. Er ist die Vergangenheit. Der Beobachter lebt immer in der Vergangenheit. Obgleich er sich laufend verändert, um der Gegenwart zu begegnen, ist er immer noch in der Vergangenheit verwurzelt. Das ist dieser Zeitablauf, die Zeit, die sich aus der Vergangenheit kommend in der Gegenwart wandelt und sich in die Zukunft hinein fortsetzt. Das ist der psychologische Antrieb oder der Gang der Zeit.

Wenn wir beobachten, tun wir das vermittels des Bildes, das wir uns von der Person oder von der Sache gemacht haben. Können wir die Sache oder die Person ohne dieses Bild ansehen? Das heißt: Kann der Beobachter, während er beobachtet, abwesend sein? Wenn wir einen Menschen, den wir intim kennen, beobachten, entsteht sofort das Bild. Je intimer wir ihn kennen, desto deutlicher ist das Bild. Können wir nun diese Person ohne das Bild wahrnehmen? Was bedeuten würde, dass wir diese Person ohne den Beobachter wahrnehmen könnten. Das wäre die reine Beobachtung.

Führt dieses Bewusstsein zur Analyse? Offensichtlich nicht. Was meinen wir mit Analyse? Und wer analysiert? Angenommen, ich analysiere mich selber. Wer ist dann der Analytiker? Unterscheidet sich der Analytiker von mir selber? Offensichtlich nicht.

Wir schaffen jetzt den Konfliktstoff, der zwischen den Menschen besteht, aus dem Weg, der so lange bestehen bleiben muss, wie es Aufspaltungen gibt. Es ist ja die Spaltung in mir selber, die im Äußeren zur Spaltung führt. Wenn ich sage, dass ich ein Hindu bin, liegt in mir selber eine Spaltung vor. Die Identifizierung mit der Vorstellung, ein Hindu zu sein, schenkt mir Sicherheit. Deshalb halte ich daran fest, was Unsinn ist, denn es gibt keine Sicherheit in einem Bild, in einer Vorstellung. Und die Mohammedaner, die Araber und die Juden tun dasselbe. Deshalb gehen wir einander an den Kragen. Wenn der Beobachter psychologisch das Beobachtete ist, gibt es keinen Konflikt, weil keine Spaltung vorliegt.

Erkennen Sie das eine klar: Man hat uns dazu erzogen, diese geistige Spaltung vorzunehmen, nämlich dahingehend, dass das Ich sich von dem, was es beobachtet, unterscheidet: Mein Ärger und meine Eifersucht sind etwas anderes als ich selber. Deshalb muss ich etwas dagegen tun, muss sie beherrschen, unterdrücken, darüber hinauswachsen, darauf einwirken. Wenn aber Ärger und Eifersucht mit dem Ich identisch sind, was ist dann geschehen? Dann ist der Konflikt beseitigt. Das Muster ist aufgehoben, das Muster, das meinen Geist geprägt hat, ist aufgehoben. Das ist das Ende des einen und der Anfang von etwas anderem. Was geschieht, wenn das Muster aufgehoben ist und der Kampf aufhört? Es gibt einen neuen Antrieb, eine neue Bewegung stellt sich ein.

Sie können einen Raum anschauen, und das Wort ›Baum‹ schiebt sich dazwischen. Sobald Sie das erkannt haben, sagen Sie sich: »Da steht ein Baum«, oder »Da ist ein Schmetterling, ein Wild, ein Berg oder ein Fluss.« Dabei kommt es zu einer sofortigen Reaktion. Diese Reaktion kann man beobachten und vielleicht übergehen, so dass es nur noch die Wahrnehmung eines Baumes, der Schönheit seiner Linien, seiner Anmut, seiner Beschaffenheit ist.

Machen Sie nun dasselbe mit einer Person, mit der Sie leben, mit der Sie intim sind. Beobachten Sie, ohne sich ein einziges Bild von dieser Person zu machen. Dann wird sich die Beziehung zu etwas ganz Ungewöhnlichem wandeln.

Angenommen, eine Frau macht sich kein Bild von ihrem Mann. Was ist dann diese Beziehung für den Mann? Der Mann ist gewaltsam, und die Frau ist es nicht. Gibt es dann überhaupt eine Beziehung zwischen den beiden, außer der vielleicht sinnlichen, im Sexuellen? Gibt es eine Beziehung zwischen den beiden? Natürlich nicht, aber sie leben im gleichen Haus. Was wird also der Mann tun? In erster Linie wäre das eine ganz ungewöhnliche Art zu leben, in der vielleicht echte, tiefe Liebe ist. Die Frau hat keine Vorstellungen, kein Bild von ihrem Mann, aber er macht sich dauernd Vorstellungen und Gedanken über sie, die sich die ganze Zeit über anhäufen. Sie leben im gleichen Haus. Was geschieht? Sie ist frei, er ist es nicht. Er will, dass sie sich ein Bild von ihm machen soll, denn daran ist er gewöhnt. So wird eine Beziehung fortgesetzt, die sehr schädlich ist. Bis ›sie‹ schließlich sagt: »Genug!« Lässt sie sich von ihm scheiden? Verlässt sie ihn? Da sie kein Bild von ihm hat, ist vielleicht inzwischen eine ganz veränderte Atmosphäre im Haus eingekehrt. Und er fängt an, sich bewusst zu werden, dass er sich dauernd im Kreis bewegt, während sie so unverrückbar fest ist. Verstehen Sie? Wenn er auf etwas stößt, das unbeweglich ist, geschieht etwas mit ihm.

8 Schmerz

Ist es nicht so, dass man zu denken anfängt, um sich gegen Schmerz zu wehren? Das Kleinkind beginnt zu denken, um sich selber von körperlichem Schmerz zu befreien. Ist Gedanke - als psychologisches Wissen - die Folge von Schmerz, oder ist Schmerz die Folge des Denkens? Wie kann man über die Barrieren hinausgelangen, die man in der Kindheit aufgebaut hat?

Stechen Sie sich mit einer Nadel ins Bein, und Sie spüren einen Schmerz. Dann will man, dass der Schmerz aufhören soll. Damit wird man zum Denken angeregt, das ist die nervöse Reaktion. Daraus entsteht dann die Identifizierung mit dieser Reaktion, und man sagt: »Hoffentlich hört das auf, damit ich das in Zukunft nicht mehr durchmachen muss.« Das gehört alles zum Denkvorgang. Die Angst ist ein Teil des Schmerzes.

Gibt es Angst ohne Denken?

Haben Sie jemals versucht, Gedanke und Schmerz voneinander zu trennen? Beobachten Sie, was vor sich geht, während Sie beim Zahnarzt auf dem Stuhl sitzen, beobachten Sie, ohne sich zu identifizieren. Sie können das. Ich habe einmal vier Stunden auf dem Stuhl beim Zahnarzt gesessen, ohne dass mir auch nur ein einziger Gedanke kam.

Wie überwindet man die Barrieren, die man in der Kindheit aufgebaut hat? Soll man zu einem Psychoanalytiker gehen? Man könnte meinen, das wäre am einfachsten, und glauben, dass der Psychoanalytiker alle Probleme, die aus der Kindheit stammen, lösen wird. Er kann es nicht. Er kann sie etwas abwandeln. Was wird man also machen? Es gibt niemanden, zu dem man gehen könnte. Wird man dem ins Auge schauen? Es gibt niemanden. Hat man jemals dieser Tatsache ins Auge geschaut, dass es niemanden gibt, zu dem man gehen könnte?

Wenn man Krebs hat, kann man einen Arzt aufsuchen. Aber das ist etwas anderes als das psychologische Wissen, das man während der Kindheit entwickelt hat und das einen neurotisch macht. Und die meisten Menschen sind neurotisch.

Was soll man also machen? Wie soll man wissen, dass man selber etwas aus dem Gleichgewicht ist, wenn man in einer Welt lebt, die leicht neurotisch ist und in der alle Freunde und Verwandte etwas aus dem Gleichgewicht sind? Man kann zu niemandem gehen. Was geht nun also im eigenen Kopf vor sich, wenn man sich jetzt nicht mehr auf andere, auf Bücher, auf die Psychologen, auf eine Autorität verlässt? Was geschieht im eigenen Geist, wenn man wirklich erkennt, dass man unmöglich zu irgendjemandem gehen kann?

Neurose ist die Folge von Abhängigkeit. Man hängt von seiner Frau ab, vom Doktor, von Gott oder den Psychologen. Man hat sich eine Reihe von Abhängigkeiten geschaffen in der Hoffnung, dass man darin geborgen sein wird. Und wenn man entdeckt, dass man sich auf niemanden verlassen kann, was geschieht dann?

Dann ruft man eine gewaltige psychologische Revolution hervor. Für gewöhnlich ist man nicht gewillt, das zu erkennen. Man ist von seiner Frau abhängig. Sie ermutigt einen, sich auf sie zu verlassen. Und umgekehrt ist das ebenso. Das ist Teil der eigenen Neurose. Man verwirft also die Abhängigkeit nicht, sondern untersucht sie, ob man sich von ihr befreien kann, ob man von seiner Frau - psychologisch natürlich - unabhängig sein könnte.

Man wird es nicht tun, weil man Angst hat. Man will ja etwas von ihr, man will Sex von ihr oder dies oder das. Oder sie ermutigt einen in Bezug auf die eigenen Ideen, unterstützt einen darin, dass man dominiert, ehrgeizig ist, oder sie sagt, dass man ein wunderbarer Philosoph wäre.

Erkennen Sie dabei aber, dass gerade der Zustand der Abhängigkeit von einem anderen die Ursache der tiefen psychologischen Neurose sein kann. Was geschieht, wenn man dieses Muster durchbricht? Dann ist man vernünftig geworden, gesundet! Diese geistige Gesundheit muss man haben, wenn man die Wahrheit finden will. Von Kindheit an war man in Abhängigkeit. Die Abhängigkeit war ein Element des Trostes gegen Schmerz und Kränkung, zur Erhaltung und Aufmunterung der Gefühle. Das alles ist in einen hineingelegt worden, man ist Teil davon.

Dieser so geprägte Geist kann niemals entdecken, was die Wahrheit ist. Sich auf nichts zu verlassen bedeutet, dass man allein ist. All-eins, ganz - das ist geistige Gesundheit. Diese Gesundheit ist es, die zur Vernunft führt, zu Klarheit und Integrität.

9 Wahrheit

Heutzutage gibt es eine vorherrschende Meinung, dass alles relativ, eine Frage der persönlichen Meinung sei, dass es so etwas wie die Wahrheit oder Tatsachen - unabhängig von persönlicher Erkenntnis - gar nicht gibt. Wie reagiert man auf diese Annahme, wenn man intelligent ist?

Sind wir denn alle persönlich so befangen, dass das, was ich, was Sie erkennen, die einzige Wahrheit ist? Dass meine Meinung und Ihre Meinung die einzigen Tatsachen sind, die wir haben? Das beinhaltet die Frage, dass alles - das Gute wie das Böse - relativ sei, auch die Liebe. Wenn alles relativ ist (d.h. nicht ganz, unvollkommen, nicht die Wahrheit ist), dann sind unsere Handlungen, unsere persönlichen Beziehungen relativ, können beendet werden, wann immer wir es wünschen, wann immer sie uns nicht mehr zusagen.

Gibt es so etwas wie Wahrheit, abgesehen vom persönlichen Glauben, abgesehen von persönlicher Meinung? Gibt es so etwas wie die Wahrheit?

In alten Zeiten stellten Griechen, Hindus und Buddhisten diese Frage. Es ist merkwürdig, dass die Religionen des Ostens tatsächlich dazu anregten, dass man zweifeln sollte, dass man in Frage stellen sollte, während das in der westlichen Religion zurückgewiesen, als Ketzerei angesehen wird.

Abgesehen von persönlichen Meinungen, Wahrnehmungen, Erfahrungen, die immer relativ sind, muss man selber entdecken, ob es eine Wahrnehmung, ein Erkennen gibt, das absolut, nicht relativ, das wahr ist. Wie soll man das entdecken? Wenn man behauptet, dass persönliche Meinungen und Wahrnehmungen relativ sind, dann gibt es keine absolute Wahrheit, dann ist alles relativ. Folglich ist dann auch unser Verhalten, unsere Führung, unser Lebensstil relativ, gleichgültig, unvollkommen, zersplittert.

Wie könnte man entdecken, ob es so etwas wie die absolute Wahrheit gibt? Eine Wahrheit, die vollkommen ist, die sich niemals im Klima persönlicher Meinungen verändert? Wie kann man das geistig, intellektuell, gedanklich entdecken? Man fragt da nach etwas, das eine eingehende Forschung erfordert, das im Alltag wirksam werden muss und das erfordert, dass man das, was unwahr ist, ablegt. Das ist der einzige Weg, auf dem man fortschreiten kann.

Wenn man eine Illusion, eine Vorstellung, ein Bild, eine romantische Auffassung von der Wahrheit oder der Liebe hat, dann ist gerade das die Schranke, die dem Vorankommen im Weg ist. Kann man ehrlich danach fragen, was eine Illusion ist? Wie kommt es dazu, dass man eine Illusion hat? Was für eine Wurzel hat die Illusion? Heißt das nicht, dass man mit etwas Unwirklichem spielt?

Die Wirklichkeit ist immer das, was geschieht, egal ob man es für gut oder für schlecht oder mittelmäßig hält. Es ist gegenwärtiges, wirkliches Geschehen. Wenn man sich dem, was wirklich im eigenen Innern vor sich geht, nicht stellen kann, macht man sich Illusionen, um dem zu entfliehen. Wenn man nicht gewillt ist oder Angst davor hat, dem ins Auge zu sehen, was wirklich vor sich geht, dann erzeugt eben dieses Ausweichen die Illusion, eine Vorstellung, lässt einen romantische Schritte machen, die von dem, was ist, fortführen. Das Wort ›Illusion‹ bezeichnet ein Abweichen von dem, was wirklich ist.

Kann man diesen Vorgang, diese Flucht vor der Wirklichkeit vermeiden? Was ist die Wirklichkeit? Wirklich ist das, was geschieht, in dem alle Reaktionen und Ideen, aller Glaube und Meinungen, die man hat, eingeschlossen sind. Wenn man diesen ins Auge schaut, sich ihnen stellt, bedeutet das, dass man sich keine Illusionen mehr macht. Nur da, wo man sich von den Tatsachen, von dem wirklichen Geschehen entfernt, können Illusionen entstehen. Sobald man das, was ist, versteht, urteilt die reine Beobachtung und nicht die eigene persönliche Meinung. Man kann nicht beobachten, was wirklich geschieht, wenn der eigene Glaube oder die eigene Prägung diese Beobachtung abschwächen. Dann weicht man aus und kann das, was ist, nicht wirklich verstehen.

Wenn man das, was wirklich vor sich geht, anschauen könnte, würde man jegliche Form der Illusion unbedingt vermeiden. Kann man das? Kann man wirklich die eigene Abhängigkeit beobachten? Die Abhängigkeit von einer Person, einem Glauben, einem Ideal? Abhängigkeit von einer Erfahrung, die einem besondere Anregung vermittelt hat? Solche Abhängigkeit erzeugt unvermeidlich Illusion.

Auf diese Weise hat jetzt ein Geist, der sich nicht länger Illusionen macht, der weder an Hypothesen festhält noch Sinnestäuschungen unterliegt, der nicht mehr nach Erfahrungen, die man Wahrheit nennt, trachtet, Ordnung in sich selber geschaffen. Er hat Ordnung. Da gibt es keine Unklarheit, die durch Illusionen, durch Selbsttäuschungen oder Sinnestäuschungen entsteht. Der Geist hat die Fähigkeit verloren, sich Illusionen zu machen.

Was ist dann die Wahrheit? Die Astro-Physiker, die Wissenschaftler setzen das Denkvermögen ein, um die äußere Welt der Materie zu erforschen. Dabei überschreiten sie die Grenzen der Physik, gehen darüber hinaus, bewegen sich dabei aber immer weiter nach außen. Würde man jedoch damit beginnen, nach innen zu gehen, sähe man, dass das Ich auch Materie ist und dass Gedanke Materie ist. Sobald man sich nach innen wenden, im Inneren von Tatsache zu Tatsache schreiten kann, beginnt man das zu entdecken, was jenseits der Materie liegt. Dann gibt es etwas, das die absolute Wahrheit ist, wenn man sie durchsetzt.

10 Gewalt

Wie können wir für das verantwortlich sein, was in der Welt passiert, wenn wir unsere tägliche Arbeit weiterhin verrichten?

Ist das, was in der Außenwelt geschieht, etwas anderes als das, was im Innern vor sich geht? Es gibt Gewalt und Aufruhr in der Welt, Krise folgt auf Krise. Es gibt Kriege und die Aufteilung in Nationalitäten, religiöse, rassische und kommunale Unterschiede, eine ganze Reihe systematisierter Auffassungen gegen eine andere Reihe solcher Konzepte.

Unterscheidet sich das von dem, was in unserem Innern vor sich geht? Auch wir sind gewaltsam, voller Eitelkeit, sehr unehrlich und setzen uns für verschiedene Gelegenheiten immer andere Masken auf. So gleicht das Ganze einer Bewegung wie Ebbe und Flut, die hinausgeht und wieder hereinkommt. Was im Äußeren vor sich geht, das haben wir Menschen erschaffen. Und das kann sich nur dann ändern, wenn wir Menschen uns wandeln. Das ist der Kernpunkt.

Wir wollen in der Welt etwas erreichen, wir wollen bessere Institutionen, bessere Regierungen usw. Aber wir erkennen niemals, dass wir alles selber erschaffen haben. Wenn wir uns nicht verändern, kann sich die Welt nicht verändern. Nach all den Jahrmillionen, die wir gelebt haben, sind wir immer noch dieselben. Grundlegend haben wir uns nicht verändert, und wir fahren damit fort, Zerstörung in der Welt anzurichten.

Tatsache ist, dass man selber die Welt ist. Das ist keine Idee, sondern die Wirklichkeit. Erkennen Sie den Unterschied zwischen Idee und Wirklichkeit? Man hat die Aussage, dass man selber die

Welt sei, gehört und macht daraus eine Idee, einen abstrakten Begriff. Und dann diskutiert man über diese Idee, ob sie wahr oder falsch ist, und verliert darüber die eigentliche Aussage. Es ist aber eine Tatsache, dass man selber die Welt ist. Es ist so.

Deshalb ist man dafür verantwortlich, dass sich die Welt ändert. Das bedeutet, dass man dafür, wie man sein tägliches Leben lebt, ganz verantwortlich ist. Nicht indem man versucht, das bestehende Chaos zu verändern, auszuschmücken oder sich dieser oder jener Gruppe oder Institution anschließt, sondern indem man als menschliches Wesen, als Mensch, der die Welt ist, eine radikale Umwandlung durchmacht. Sonst kann es keine gute Gesellschaft geben.

Die meisten von uns halten es für schwierig, sich zu verändern, z.B. das Rauchen aufzugeben. Es gibt Institutionen, die einem helfen, das Rauchen aufzugeben. Erkennen Sie doch, wie abhängig man von Institutionen ist!

Kann man also entdecken, warum man nicht mit etwas aufhört, sofort aufhört, von dem man erkannt hat, dass es ›falsch‹ ist. Tut man es deshalb nicht, weil man hofft, dass jemand anderes Ordnung in der Welt schaffen wird und man sich dann bloß anzuschließen braucht? Sind wir psychologisch gleichgültig, faul, ungenügend?

Wie viele Jahre verbringt man damit, sich besondere Fähigkeiten anzueignen, das Gymnasium, die Universität zu absolvieren, einen Titel zu bekommen! Doch will man nicht einen einzigen Tag damit verbringen, sich selber zu wandeln.

So ist man selber dafür verantwortlich, dass man eine radikale Veränderung in sich selber vollzieht, weil man dasselbe ist wie die übrige Menschheit.

Was ist also die richtige Handlungsweise im Hinblick auf Gewalt, wenn man mit ihr konfrontiert wird?

Gewalt ist Zorn, Hass, Konformismus, Nachahmung, Gehorsam. Das Gegenteil davon ist, wenn man das alles von sich weist.

Ist es möglich, dass man sich von der Gewalt befreit, die ein Teil des eigenen Lebens ist, die man vielleicht vom Tier geerbt hat? Sich nicht nur relativ, sondern ganz davon zu befreien? Das würde bedeuten, dass man vom Zorn befreit wäre. Es würde nicht nur bedeuten, dass man vom Zorn befreit wäre, sondern dass der Geist keinen Zorn mehr in sich trägt. Oder: von Konformismus befreit zu sein, nicht vom Konformismus im Äußeren, sondern von jenem, der psychologisch durch Vergleiche entsteht. »Ich war, ich werde sein, oder ich bin etwas.« Ein Geist, der sich vergleicht, der urteilt, ist aggressiv. Erst wenn der Geist von Imitation, Konformismus und Vergleichen befreit ist, entsteht die richtige Handlungsweise.

Kann sich der Geist von aller Gewalt total befreien? Wenn ja, zu welcher Reaktion kommt es dann in der Konfrontation mit Gewalt? Wenn man der Gewalt von Angesicht zu Angesicht gegenübersteht, wie handelt man dann? Kann man abschätzen, was man im Falle, dass man ihr begegnet, tun würde? In der Konfrontation mit der Gewalt vollziehen sich im Gehirn rapide chemische Veränderungen. Das Gehirn reagiert viel schneller, als der Schlag ist. Der ganze Körper reagiert, die Reaktion ist augenblicklich. Vielleicht schlägt man nicht zurück, doch verursacht die echte Konfrontation mit Zorn oder Hass diese Reaktion und somit eine Handlung.

Erkennen Sie, was geschieht, wenn Sie sich in der Gegenwart eines zornigen Menschen befinden, sich dessen bewusst sind und nicht reagieren. Im Augenblick, in dem man sich des Zornes der anderen Person bewusst wird und nicht darauf reagiert, kommt es zu einer ganz anderen Reaktion. Der eigene Instinkt ist darauf aus, Hass mit Hass zu beantworten, auf Zorn mit Zorn zu reagieren. Auf diese Weise kommt es zu chemischen Vorgängen, die die nervösen Reaktionen im Körper bewirken. Wenn Sie aber in Gegenwart des Zornes auf das alles beruhigend einwirken, geschieht etwas ganz anderes.

11 Hoffnung

Die Hoffung, dass die Zukunft unsere Probleme lösen wird, steht der Erkenntnis im Wege, dass wir uns unbedingt wandeln müssen. Was soll man da machen?

Was meinen Sie mit der Zukunft? Was ist die Zukunft? Wenn man schwerkrank ist, hat die Zukunft eine Bedeutung. Morgen könnte man wieder geheilt sein. Deshalb muss man fragen, was denn dieser Zukunftssinn eigentlich ist.

Wir kennen die Vergangenheit. Wir leben in der Vergangenheit, die entgegengesetzt zur Zukunft verläuft. Die Vergangenheit, die in die Gegenwart hineinreicht, wandelt sich dabei und schreitet in das fort, was wir die Zukunft nennen.

Werden wir uns erst einmal bewusst, dass wir in der Vergangenheit leben, die sich dauernd wandelt, anpasst, ausdehnt und zusammenzieht, aber immer noch die Vergangenheit ist: vergangene Erfahrungen, vergangenes Wissen, vergangenes Verständnis, vergangene Freude, Vergnügen, das zur Vergangenheit wurde.

Die Zukunft ist abgewandelte Vergangenheit. So ist die Hoffnung auf die Zukunft immer noch die Vergangenheit, die in Richtung auf das verläuft, was man als Zukunft ansieht. Niemals bewegt sich der Geist aus der Vergangenheit heraus. Die Zukunft ist immer der in der Vergangenheit denkende, handelnde, lebende Geist.

Was ist Vergangenheit? Sie ist das eigene rassische Erbe, die eigene Prägung als Hindu, als Buddhist, als Christ, als Katholik, als Amerikaner usw. Sie ist in der Erinnerung als die Erziehung, die man erhielt, als die Erfahrungen, die man machte, als Kränkungen und Freuden. Das ist die Vergangenheit. Das ist das eigene Bewusstsein. Kann dieses Bewusstsein mit allen seinen Inhalten von Glaube, Dogma, Hoffnung, Angst, Sehnen und Illusion aufhören? Kann man z.B. heute Vormittag die eigene Abhängigkeit von einem anderen ganz beenden?

Abhängigkeit ist ein Teil des eigenen Bewusstseins. In dem Augenblick, wenn diese Abhängigkeit aufhört, beginnt natürlich etwas Neues. Aber man beendet niemals etwas ganz, und dieses Nicht-Beenden ist die eigene Hoffnung.

Kann man erkennen, wie abhängig man im Innern, psychologisch ist, welche Konsequenzen das hat, und es beenden? Erkennen Sie doch, was es heißt, abhängig zu sein und diese Abhängigkeit durch eine augenblickliche Einwirkung zu beenden!

Soll man sich nun Stück für Stück von den Inhalten des eigenen Bewusstseins lösen? Nämlich Stück für Stück den Zorn, die Eifersucht loswerden? Das würde zu lange dauern. Oder kann man das alles sofort loswerden? Wenn man die eigenen Bewusstseinsinhalte, einen nach dem anderen, vornähme und beendete, würde das viele Jahre, vielleicht das ganze eigene Leben benötigen. Kann man daher den Gesamtinhalt sehen und beenden? Das ist ziemlich leicht, wenn man es tut.

Aber wir sind geistig so vorgeprägt, dass wir es zulassen, dass die Zeit zum Umstand der Wandlung wird.

12 Leben

Was bedeutet es, etwas im Ganzen zu sehen? Kann man überhaupt jemals das Ganze sehen, das fortschreitet?

Kann man unser Bewusstsein in seiner Gesamtheit erkennen? Natürlich kann man das. Das eigene Bewusstsein setzt sich aus allen seinen Inhalten, aus Eifersucht, Nationalität, Glaube, Erfahrung usw. zusammen. Das sind die Inhalte dieses Etwas, das man Bewusstsein nennt und dessen Kern das Ich, das Selbst, ist. Stimmt es? Wenn man dieses Etwas ganz erkennen will, muss man ihm volle Aufmerksamkeit schenken. Aber es ist selten, dass man irgendetwas volle Aufmerksamkeit schenkt. Sobald man dem Kern, dem Selbst, vollkommene Aufmerksamkeit schenkt, erkennt man das Ganze.

Der Fragesteller stellt auch eine interessante Frage. Er fragt: »Kann man jemals das Ganze sehen, das fortschreitet?«

Schreitet das Selbst denn fort? Bewegt sich der Inhalt Ihres Bewusstseins? Er bewegt sich innerhalb seiner eigenen Grenzen. Was bewegt sich im Bewusstsein? Bindung oder die Angst davor, was geschehen könnte, wenn man nicht mehr gebunden wäre?

Bewusstsein bewegt sich innerhalb seines eigenen Umkreises, innerhalb seines eigenen begrenzten Bereichs. Das kann man beobachten. Dieses Bewusstsein mit seinem Inhalt - lebt es denn überhaupt? Sind die eigenen Ideen, der eigene Glaube lebendig? Was lebt denn überhaupt?

Lebt die Erinnerung an die Erfahrungen, die man gemacht hat? Lebt die Erinnerung daran, nicht die Tatsache selber? Die Tatsache ist vorbei. Und doch nennt man den Erinnerungsvorgang Leben. Man erinnert sich an die Erfahrung, die vorbei ist, und diese Erinnerung nennt man Leben. Diese Erinnerung kann man beobachten, aber nicht das, was vorbei ist. So nennt man das, was geschehen und vorbei ist, Leben. Das, was vorbei ist, ist tot. Deshalb ist der eigene Geist tot. Das ist die Tragödie des eigenen Lebens.

13 Tatsachen

Gibt es einen Zustand, der keinen Gegensatz hat? Und können wir diesen Zustand kennen lernen? Können wir mit ihm kommunizieren?

Gibt es noch andere Gegensätze außer denen von Mann und Frau, Dunkelheit und Licht, groß und klein, Tag und Nacht? Hat das Gute einen Gegensatz? Wenn es einen Gegensatz hat, ist es nicht gut. Ob Sie das wohl erkennen? Das Gute muss, wenn es einen Gegensatz hat, daraus geboren worden sein.

Was ist ein Gegensatz? Wir haben die Gegensätzlichkeiten entwickelt und sagen, dass das Gute das Gegenteil vom Bösen sei. Wenn gut und böse im Verhältnis zueinander stehen oder eines aus dem anderen erwächst, hat das Gute immer noch seine Wurzeln im Bösen. Gibt es also diesen Gegensatz überhaupt?

Man ist gewaltsam. Die Gewaltlosigkeit ist erdacht. Das Denken hat sich das Gegenteil erschaffen, das keine Tatsache ist. Aber das Ende der Gewalt ist ein ganz anderer Zustand als die Gewaltlosigkeit.

Der Geist hat sich den Gegensatz erschaffen, um entweder der Handlung auszuweichen oder um die Gewalt zu unterdrücken. Diese ganze Aktivität ist ein Teil der Gewalt.

Wenn man sich aber nur um die Tatsachen kümmert, haben diese keinen Gegensatz. Man hasst. Das eigene Gemüt, das eigene Denken und die Gesellschaft sagen, dass man nicht hassen soll. Das ist der Gegensatz. Die Gegensätze werden einer aus dem anderen geboren. Also gibt es nur den Hass und nicht sein Gegenteil. Wenn man die Tatsache des Hasses mit seinen gesamten Reaktionen so beobachtet, wozu braucht man dann den Gegensatz?

Der Gegensatz wird vom Denken erschaffen. Das führt zu einem dauernden Kampf zwischen Hass und Nicht-Hass, zwischen Tatsache und Gedanke. Wie soll man den eigenen Hass überwinden? Wenn nur die Tatsache allein ohne ihren Gegensatz bestehen bleibt, hat man die Kraft, sie anzuschauen. Dann hat man die Kraft, nichts daran zu ändern, und so löst sich die Tatsache von selber auf.

14 Kreativität

Was ist wahre Kreativität? Wodurch unterscheidet sie sich von jener Kreativität, die man in unserer Kultur allgemein als solche bezeichnet?

Das, was man gewöhnlich Kreativität nennt, ist vom Menschen geschaffen: Malerei, Musik, romantische und sachbezogene Literatur, die gesamte Architektur und die Wunder der Technik. Und wahrscheinlich halten sich Maler, Schriftsteller und Dichter für kreativ.

Es scheint so, als wären wir alle mit dieser allgemeinen Vorstellung von einer kreativen Persönlichkeit einverstanden. Viele vom Menschen erschaffene Dinge, wie die großen Kathedralen, Tempel und Moscheen, sind wunderschön. Einige von ihnen sind von außergewöhnlicher Schönheit, und wir wissen nichts über jene Menschen, die sie erbauten. Aber jetzt bei uns gibt es fast keine Anonymität mehr. Anonymität bewirkt eine ganz andere Art von Kreativität, die nicht auf Erfolg und Geld gründet: 28 Millionen Bücher in zehn Jahren verkauft!

Anonymität ist sehr wichtig, denn sie birgt eine andere Eigenschaft. Persönliche Motive, persönliche Haltung und persönliche Meinung gibt es da nicht, sondern nur ein Gefühl von Freiheit, aus dem heraus die Werke entstehen. Aber jene vom Menschen geschaffene Kreativität, wie wir sie nennen, entsteht aus dem Bekannten. Die großen Musiker wie Beethoven, Bach und andere wirkten aus dem Bekannten heraus. Schriftsteller und Philosophen haben gelesen und Wissen erworben. Obgleich sie in ihren Werken und Schriften ihren eigenen Stil entwickelten, geschah das immer vor dem Hintergrund des angesammelten erworbenen Wissens. Und das nennen wir gewöhnlich Kreativität.

Gibt es eine Lebensweise, eine Bewegung, die nicht aus dem Bekannten, die nicht aus dem Wissen kommt. Das heißt, gibt es eine Schöpfung aus einem Geist heraus, der nicht mit dem Aufruhr des Lebens, nicht mit dem ganzen sozialen und wirtschaftlichen Druck belastet ist? Gibt es eine Schöpfung aus einem Geist heraus, der sich von allem Wissen befreit hat?

Im allgemeinen beginnen wir mit dem, was wir kennen. Und aus diesem Wissen heraus schaffen wir etwas. Gibt es einen schöpferischen Impuls oder Vorgang, der wohl Wissen nutzen kann - aber nicht umgekehrt? Das Erreichen dieses Geisteszustandes könnte Schöpfungen, wie wir sie kennen, unnötig machen. Ist Kreativität etwas anderes - etwas, das wir alle besitzen könnten, nicht nur der Spezialist, der Profi, der Talentierte und Begabte? Ich meine, wir alle könnten von diesem besonderen Geist sein, der wahrhaftig frei von den Belastungen ist, die man ihm aufgebürdet hat. Aus so einem gesunden, vernünftigen, rationalen Geist entsteht etwas ganz anderes, das nicht unbedingt als Malerei, Literatur oder Architektur ausgedrückt werden müsste. Warum sollte es?

Wenn Sie sich eingehend und tief damit befassen, werden Sie entdecken, dass es einen Geisteszustand gibt, der erfahrungslos ist. Erfahrung jedoch setzt einen Geist voraus, der immer noch herumtastet, fragt und sucht und deshalb in der Dunkelheit und in dem Verlangen kämpft, über sich selber hinauszugelangen.

Die vollkommene und umfassende Antwort auf diese Frage muss aus Herz und Verstand kommen. Es gibt eine Kreativität, die nicht vom Menschen erzeugt wird. Wenn der Geist sehr klar und ohne den Schatten eines Widerspruchs ist, dann ist er wahrhaftig im schöpferischen Zustand. Dann braucht er sich weder auszudrücken noch zu erfüllen. Er braucht keine Reklame und diesen ganzen Unsinn.

15 Handlung

Sie haben gesagt: Zu sehen heißt zu handeln. Ist dieses Handeln dasselbe wie der Ausdruck eines Vorganges?

Zu beobachten heißt zu handeln. Beobachten Sie die Habgier, ohne sie zu bemänteln, ohne Motiv, ohne zu sagen: »Ich muss sie überwinden.« Beobachten Sie nur, wie sich Habsucht ausdrückt. Es ist die Beobachtung an sich, die einen den Gesamtvorgang der Habgier - nicht nur eine ihrer Formen - erkennen lässt.

Wenn man Habgier, Hass oder Gewalt, oder was immer es sei, beobachtet und diese Beobachtung ohne Richtung ist, entsteht zwischen Erkennen und Handeln keine Pause, während wir normalerweise eine Pause einlegen. Wir sehen, erkennen, ziehen daraus unsere Schlüsse, machen uns unsere Gedanken und führen diese dann aus. So kommt es zu einer Pause zwischen der Entstehung von Gedanken und den darauf bezogenen Handlungen. Innerhalb dieses Zeitraumes, in dieser Pause, entstehen aber vielfältige andere Probleme. Hingegen bewirkt gerade das Erkennen selber das Ende der Habgier.

Jetzt möchte der Fragesteller wissen: Ist dieses Handeln dasselbe wie die Ausdrucksweise einer Handlung?

Sie bemerken zum Beispiel eine Schlange, eine Kobra. Natürlich drückt sich sofort ihr Drang nach Selbsterhaltung aus. Der Selbsterhaltungstrieb ist, davonzulaufen oder irgendetwas zu tun, und er setzt augenblicklich ein. Somit hat sich das Erkennen in einem körperlichen Vorgang ausgedrückt.

Wir sprechen hier aber von einer ganzheitlichen geistigen Beobachtung und nicht von jener Art Teilbeobachtung, die wir normalerweise ausüben. Man sollte auf eine Weise aufmerksam sein, in der es der reine Geist ist, der vollkommene Aufmerksamkeit schenkt. Solche Aufmerksamkeit setzt voraus, dass kein Zentrum vorhanden ist, von dem aus Sie aufmerksam sind. Sobald Sie sich auf etwas konzentrieren, tun Sie das aus einem Zentrum heraus, von einem Punkt aus. Deshalb ist Konzentration beschränkt, eng, hat ihre Grenze. Wenn Sie aber aufmerksam sind, gibt es kein Zentrum, und dann ist alles in Ihrem Geist lebendig und gibt Acht. Dann werden Sie entdecken, dass es keinen Punkt gibt, aus dem Ihre Aufmerksamkeit kommt. Im Zustand dieser Aufmerksamkeit gibt es keine Grenzen, während Konzentration ihre Grenzen hat.

16 Bilder, Vorstellungen

Muss erst das Denken enden, ehe man aufhören kann, sich Vorstellungen, sich Bilder zu machen? Ist das eine Voraussetzung für das andere? Wenn man aufhörte, sich Bilder zu machen, wäre das wirklich eine Basis, auf der man beginnen könnte zu entdecken, was Liebe und Wahrheit wirklich sind?

Wir leben durch die Bilder, die sich der Geist, die sich das Denken macht. Diesen Bildern werden immer neue hinzugefügt, während andere abgelegt werden.

Sie haben von sich selber ein Bild. Wenn Sie Schriftsteller sind, haben Sie von sich ein Bild als Schriftsteller. Wenn Sie Ehefrau oder Ehemann sind, haben Sie gegenseitig ein Bild voneinander. Das alles beginnt durch Vergleiche und durch Beeinflussung in der Kindheit, wenn man Ihnen sagt, Sie müssten so gut werden wie der andere Junge oder dass Sie das nicht tun dürfen oder das tun sollen.

So wird dieser Vorgang allmählich immer stärker. Und Ihre persönlichen und anderen Beziehungen sind immer mit einem Bild verbunden. Solange dieses Bild existiert, werden Sie Kränkungen, Verletzungen und blauen Flecken ausgesetzt sein. Und dieses Bild verhindert auch, dass es zu einer echten Beziehung zu einem anderen Menschen kommt.

Jetzt möchte der Fragesteller wissen: »Kann das je aufhören, oder ist das etwas, mit dem wir ewig leben müssen? Wenn dieser Vorgang, dass man sich ein Bild macht, aufhört - endet dann auch das Denken?«

Ist denn beides aufeinander bezogen: Bild und Gedanke? Ist

das Ende dieser Mechanik des Sich-ein-Bild-Machens gleichzeitig das Wesen von Liebe und Wahrheit?

Haben Sie jemals aufgehört, sich von irgendetwas oder jemandem ein Bild zu machen? Haben Sie das freiwillig, leicht, zwanglos, motivlos getan? Nicht indem Sie sich sagen: »Ich muss damit aufhören, mir ein Bild von mir selber zu machen, damit man mich nicht mehr kränken kann.«

Greifen Sie eine Einzelheit des Bildes heraus und befassen Sie sich mit ihr. Während Sie das tun, werden Sie den ganzen Vorgang entdecken, der Sie treibt, sich Bilder zu machen. Durch dieses Bild fangen Sie an, Angst, Sorge und ein Gefühl der Isolation zu entdecken. Wenn Sie Angst haben, sagen Sie sich: »Es ist viel besser, daß ich mich an etwas Bekanntes halte, als an etwas, das ich nicht kenne.«

Wenn Sie sich aber ernsthaft und eingehend damit befassen, werden Sie untersuchen, wer oder was sich denn diese Bilder macht - nicht ein besonderes Bild, sondern Bilder im Ganzen. Ist daran das Denken beteiligt? Ist es eine natürliche Reaktion, eine natürliche Antwort, um sich körperlich und psychologisch zu schützen? Wie man Nahrung, Wohnung und Kleidung bekommt, wie man aufpassen muss, damit man nicht vom Bus überfahren wird. Das sind natürliche, gesunde, intelligente Reaktionen. Darin ist kein Bild enthalten. Aber im Innern, im psychologischen Bereich haben wir uns dieses Bild erschaffen, das sich aus einer Reihe von Erlebnissen, Unfällen, Kränkungen und Reizungen ergeben hat.

Ist dieses psychologische Sich-ein-Bild-Machen identisch mit dem Denkvorgang? Wir wissen, dass sich das Denken - vielleicht in hohem Maße - nicht in die selbstbewahrende körperliche Reaktion einmischt. Aber dieses Erschaffen von Bildern im Psychologischen ist die Konsequenz dauernder Unaufmerksamkeit, die das Wesen des Gedanklichen ausmacht. Das Gedankliche an sich ist unaufmerksam. Aufmerksamkeit ist ohne Zentrum. Sie hat keinen Punkt, von dem aus sie sich an einen anderen Punkt bewegt, wie das in der Konzentration geschieht. Im Zustand vollkommener Aufmerksamkeit existiert der Denkvorgang nicht. Nur im Zustand der Unaufmerksamkeit tritt das Denken in den Geist ein.

Das Denken ist Materie. Das Denken ist die Folge von Gedächtnis. Gedächtnis ist die Folge von Erfahrung, die immer ihre Grenzen hat und einseitig ist. Erinnerung, Wissen können niemals vollständig sein. Sie sind immer einseitig und gehören deshalb dem Zustand der Unaufmerksamkeit an.

Im Zustand der Aufmerksamkeit kommt es also nicht dazu, dass man sich Bilder macht. Da gibt es keinen Konflikt Sie sehen nur die Tatsache an sich. Wenn ich vollkommen aufmerksam bin und Sie mich beleidigen oder mir schmeicheln, bedeutet das nichts für mich. Aber in dem Augenblick, in dem ich nicht aufmerksam bin, setzt das Denken wieder ein und erschafft sich das Bild.

Jetzt will der Fragesteller wissen: »Ist es das Wesen von Wahrheit und Liebe, wenn man aufhört, sich ein Bild zu machen?«

Nicht ganz. Ist Verlangen Liebe? Ist Liebe Vergnügen? Unser Leben ist hauptsächlich auf Vergnügen verschiedener Art ausgerichtet, und wenn dieser vergnügliche Vorgang, wie z.B. Sex, stattfindet, nennen wir das Liebe.

Kann es Liebe geben, wo Widerspruch ist? Wenn der Geist mit Problemen beladen ist? Problemen des Himmels, Problemen der Meditation, Problemen zwischen Mann und Frau? Wenn man geistig in Problemen lebt, was die meisten von uns tun, kann es da Liebe geben?

Kann es da Liebe geben, wo man körperlich oder psychisch leidet? Ist die Wahrheit eine Frage von Schlussfolgerungen, eine Frage von Meinungen, eine Angelegenheit der Philosophen, der Theologen, derjenigen, die zutiefst an Dogmen und Rituale glauben, welche alle vom Menschen erschaffen wurden? Kann ein so geprägter Geist wissen, was Wahrheit ist?

Wahrheit kann erst dann sein, wenn der Geist von diesem ganzen Wirrwarr befreit ist. Die Philosophen und die anderen schauen niemals ihr eigenes Leben an. Sie schweifen in eine metaphysische oder psychologische Welt ab, über die sie zu schreiben beginnen. Dann veröffentlichen sie das und werden dadurch berühmt.

Wahrheit ist etwas, das eine außergewöhnliche Klarheit des Geistes voraussetzt, einen Geist, der im Physischen wie im Psychischen konfliktlos ist, einen Geist, der in sich keinen Widerspruch kennt. Selbst die Erinnerung an Konflikt muss enden. Wir können die Wahrheit nicht finden, wenn uns die Last der Erinnerung drückt. Es ist unmöglich. Wahrheit hat nur Zutritt zu einem Geist, der von allem, was der Mensch erschaffen hat, erstaunlich frei ist.

Das sind nicht nur Worte für mich, verstehen Sie? Ich würde nicht darüber sprechen, wenn es keine Wirklichkeit wäre. Das würde sonst bedeuten, dass ich mir selbst gegenüber unehrlich wäre. Ich wäre ein so schrecklicher Heuchler, wenn das keine Tatsache wäre. Enorme Integrität ist erforderlich, um darüber sprechen zu können.

17 Reinkarnation

Bitte machen Sie eine definitive Aussage darüber, dass es keine Reinkarnation gibt; denn z.Zt. kommt es zu einer Häufung wissenschaftlicher Aussagen, die beweisen sollen, dass die Reinkarnation eine Tatsache ist. Ich bin besorgt darüber, weil ich sehe, dass eine große Zahl Menschen anfängt, diese Aussagen zur Stärkung eines Glaubens zu benutzen, den sie bereits haben. Dieses wiederum macht es ihnen möglich, den Problemen des Lebens und Sterbens zu entfliehen. Liegt es nicht in Ihrer Verantwortung, in dieser Angelegenheit klar, direkt und unzweideutig zu sein, anstatt sich bezüglich dieses Problems niemals festzulegen?

Wir wollen da sehr eindeutig sein. Die Idee von der Reinkarnation gab es lange vor dem Christentum. Sie herrscht fast überall in Indien und vielleicht in der ganzen Welt Asiens vor.

Erstens: Was ist es, das inkarniert? Nicht nur, was jetzt inkarniert, sondern was wieder und wieder reinkarniert?

Zweitens: Die Vorstellung, dass es wissenschaftliche Aussagen in Bezug auf die Wahrheit der Reinkarnation gibt, bringt die Menschen dazu, ihren Problemen zu entfliehen, und das macht dem Fragesteller Sorgen. Geht es ihm wirklich darum, dass die Leute fliehen? Sie fliehen auch durch Fußball oder durch den Kirchgang. Vergessen Sie also Ihre Sorge um das, was andere Leute tun. Uns interessiert hier nur die Tatsache, die Wahrheit bezüglich der Reinkarnation. Und darauf wollen Sie eine definitive Antwort vom Sprecher.

Was ist es also, das reinkarniert, das wiedergeboren wird? Was ist es, das in diesem Augenblick lebt, hier sitzt? Was geschieht jetzt dem, das inkarniert ist? Und wenn man von hier weggeht - was ist es wirklich, das in unserem Alltag geschieht, in unserem Alltag, der der lebendige Augenblick der Inkarnation ist - die eigenen Kämpfe, die eigenen Gelüste, Begierden, der Neid, die Bindungen - das alles. Ist es das, was im nächsten Leben inkarnieren soll?

Jene, die an Reinkarnation glauben, meinen, dass sie mit allem, was sie jetzt haben, vielleicht in etwas veränderter Form wiedergeboren werden und dass sie Leben auf Leben so weitermachen. Glaube ist niemals lebendig. Aber angenommen, Glaube wäre sehr lebendig, dann wäre es viel wichtiger, was Sie jetzt sind, als was Sie in einem zukünftigen Leben sein werden.

In der Welt Asiens gibt es das Wort vom ›Karma‹. Es bedeutet: im jetzigen Leben zu handeln, in dieser Zeit mit ihrem ganzen Elend, ihrem Wirrwarr, mit Zorn, Eifersucht, Hass, Gewalt, die vielleicht ein wenig verändert auch das nächste Leben mitbestimmen. So gibt es Aussagen über Erinnerungen an Vergangenes, an ein vergangenes Leben. Diese Erinnerung ist das gewachsene Ich, das Ego, die Persönlichkeit. Dieses veränderte, geläuterte, etwas aufpolierte Paket setzt sich im nächsten Leben fort.

So ist es keine Frage, ob es die Reinkarnation gibt oder nicht gibt (bitte, ich bin in dieser Angelegenheit sehr eindeutig), sondern wichtig ist nur, dass es jetzt eine Inkarnation gibt. Viel wichtiger als die Reinkarnation ist, dass diese Unordnung, dieser Konflikt jetzt aufhört. Dann wird nämlich etwas ganz anderes geschehen.

Wenn man unglücklich, elend, voller Sorgen ist, sagt man sich: »Hoffentlich wird das im nächsten Leben besser.« Mit dieser Hoffnung auf das nächste Leben schiebt man die Notwendigkeit auf, dass man den Tatsachen jetzt ins Auge schauen muss. Der Sprecher hat viel, ja endlos mit denen gesprochen, die an die Reinkarnation glauben, darüber Vorträge halten und schreiben. Es gehört zu ihrem Spiel. Ich sage zu ihnen: »Gut, meine Herren, Sie glauben an das alles. Falls Sie wirklich daran glauben, wäre das, was Sie jetzt tun, von großer Bedeutung!«

Aber sie interessieren sich nicht für das, was sie jetzt tun. Sie interessieren sich nur für die Zukunft. Sie sagen nicht: »Ich glaube daran, und ich werde mein Leben so vollkommen ändern, dass es keine Zukunft mehr gibt.«

Sagen Sie nicht am Schluss, dass ich dieser besonderen Frage ausweiche. Sie sind derjenige, der ausweicht. Ich sage, dass das gegenwärtige Leben wichtiger als alles andere ist. Wenn Sie das verstehen und sich mit seinem ganzen Durcheinander und seiner Kompliziertheit auseinandersetzen, dann hören Sie damit auf. Dann tragen Sie es nicht weiter. Dann treten Sie in eine ganz andere Welt ein. Ich meine, dass das deutlich und klar ist, oder? Es ist keinesfalls so, dass ich mich nicht festlege. Sie können mich fragen: »Glauben Sie an die Reinkarnation?«

Ich glaube an gar nichts. Und das ist kein Ausweichen. Ich habe keinen Glauben, und das heißt nicht, dass ich ein Atheist bin oder dass ich gottlos wäre. Setzen Sie sich damit auseinander, erkennen Sie, was das bedeutet. Es bedeutet, dass der Geist von allen Verstrickungen des Glaubens befreit ist. In der alten indischen Literatur gibt es eine Geschichte über den Tod und die Inkarnation. Für einen Brahmanen ist es alter Brauch und Gesetz, dass er nach jeweils fünf Jahren, in denen er weltlichen Besitz angesammelt hat, alles aufgeben und wieder von vorne beginnen muss.

In dieser Geschichte hatte einmal ein Brahmane einen Sohn, und der Sohn sagte zu Ihm: »Du schenkst das alles anderen Leuten. Wem wirst du mich verschenken? Wem schickst du mich?«

Der Vater sagt: »Ach, lass doch! Das interessiert mich nicht.«

Aber der Junge kommt wieder darauf zurück, und so sagt der Vater ärgerlich: »Ich werde dich dem Tod schicken.«

Und da er ein Brahmane ist, muss er sein Wort halten. So schickt er ihn dem Tod. Auf seinem Weg zum Tod kommt der Junge zu verschiedenen Lehrern und erfährt von einigen, dass es die Reinkarnation gibt. Andere sagen, es gäbe sie nicht. Er fährt mit seiner Suche fort und kommt schließlich an das Haus des Todes.

Als er ankommt, ist der Tod nicht da. (Das ist eine wunderbare Andeutung, wenn Sie sie genauer betrachten.) Der Tod ist nicht da. Der Junge wartet drei Tage lang. Am vierten Tag kommt der Tod und entschuldigt sich. Er entschuldigt sich, weil der Junge ein Brahmane ist. Er sagt: »Es tut mir leid, dass du warten musstest, und deshalb hast du drei Wünsche frei. Du kannst der größte König werden, den größten Reichtum haben oder unsterblich werden.«

Der Junge sagt: »Ich war bei vielen Lehrern, und jeder sagt etwas anderes. Was sagst du über den Tod, und was kommt danach?«

Der Tod sagt: »Ich wünschte, ich hätte Schüler wie dich, die an nichts interessiert sind außer an diesem einen.«

Und so fängt er an; ihm von der Wahrheit zu erzählen, von jenem Zustand des Lebens, in dem Zeit nicht ist.

18 Angst

Ich frage nicht danach, wie Angst entsteht. Sie haben das bereits erklärt. Ich frage, aus welchem Stoff sie eigentlich besteht? Was ist Angst an sich? Ist sie ein Muster aus physiologischer Reaktion und Gefühl, Muskelanspannung, Adrenalin-Ausschüttung usw.? Oder ist sie mehr? Was soll ich betrachten, wenn ich Angst an sich betrachte? Kann dieses überhaupt stattfinden, wenn Angst augenblicklich gar nicht vorhanden ist?

Was ist Angst an sich? Für gewöhnlich haben wir Angst vor etwas oder vor einer Erinnerung an etwas, das geschehen ist. Oder wir ängstigen uns in der Vorstellung an eine zukünftige Reaktion. Aber der Fragesteller fragt: »Was ist das wahre Wesen der Angst?«

Wenn man Angst hat - sowohl im körperlichen als auch im psychischen Bereich -, ist es dann nicht so, dass man ein Gefühl von Gefahr, von totaler Isolation hat, die man Einsamkeit nennt, eine tiefe, anhaltende Einsamkeit?

Alle Reaktionen beziehen sich auf irgendetwas: Man hat Angst vor einer Schlange. Man hat Angst vor einem Schmerz, den man einmal gehabt hat und der wiederkommen könnte. So ist es entweder Angst vor etwas Wirklichem oder vor einer Erinnerung an etwas, das in der Vergangenheit geschehen ist. Aber abgesehen von den psychischen Reaktionen, die man als Angst kennt, gibt es eine Angst an sich? Also keine Angst vor etwas? Gibt es Angst als solche? Oder kennt man nur die Angst vor etwas? Wenn Angst keinen Bezug zu etwas hat, ist es dann Angst? Man kennt die Angst vor etwas, irgendetwas gegenüber - aber wenn Sie diese Angst ausschließen, gibt es dann echte Angst, die Sie untersuchen können?

Der Geist, das Gehirn brauchen vollkommene Sicherheit, um richtig, gesund, vernünftig funktionieren zu können. Wenn man in keiner Beziehung, in keiner Idee, in keinem Glauben, nirgendwo Geborgenheit finden kann - ein intelligenter Geist weist das alles von sich - sucht man immer noch nach vollkommener Sicherheit. Die Angst entsteht, wenn man keine Sicherheit findet.

Gibt es etwas, das totale und vollkommene Sicherheit schenkt, das gewiss ist? Nicht die Sicherheit durch einen Glauben, durch ein Dogma, durch Rituale und Ideen, die alle zerstört werden können, wenn neue Ideen, Dogmen und Theorien sie ersetzen. Wenn man von Ideen, Dogmen und Theorien Abstand nimmt, kommt es dann im Gehirn, das verständlicherweise nach Sicherheit sucht und sie nicht findet, zu einer tief verwurzelten Angst? Hat also der Geist - abgesehen von den gewöhnlichen Ängsten - Angst an sich, weil es nichts Gültiges, nichts Vollkommenes gibt? Ist das das Wesen der Angst?

Kann der Geist furchtlos sein? Das Denkvermögen - das ein Teil der Funktion von Geist und Gehirn ist - braucht Sicherheit, hat sich daher verschiedene philosophische und theologische Illusionen erschaffen. Da es sie dort nicht findet, erschafft es sich entweder etwas, das jenseits von ihm selber ist und worin es totale Sicherheit zu finden hofft, oder aber der Geist ist vollkommen, so dass er keine Angst kennt.

Wir sprechen hier nicht davon, wie man Angst loswird oder wie man sie unterdrückt. Wir fragen, ob man geistig von jeder Ursache, Substanz oder Reaktion frei sein kann, die Angst auslöst. Kann es jemals einen geistigen Zustand geben - das Wort ›Zustand‹ beinhaltet Ruhe, das ist hier aber nicht gemeint -, kann es eine geistige Eigenschaft geben, in der keine nach außen gerichtete Bewegung stattfindet, wo Geist vollständig ganz in sich selber ist? Das setzt voraus, dass man versteht, was Meditation ist.

Meditation ist nicht der ganze Unsinn, der um sie herum vor sich geht. Meditation ist, wenn man von Angst befreit ist, Angst sowohl im physischen als auch im psychischen Sinn. Sonst gibt es weder Liebe noch Mitleid. Solange man Angst hat, kann das andere nicht stattfinden. Zu meditieren - nicht etwas erreichen zu wollen - heißt, das Wesen der Angst zu verstehen und sie zu transzendieren. Das bedeutet, dass man zu einem geistigen Zustand hinfindet, der erinnerungslos ist und damit vollkommen, denn es ist die Erinnerung, die Angst verursacht.

Dann ist da noch der andere Teil dieser Frage: Kann dieses Anschauen überhaupt stattfinden, wenn augenblicklich gar keine Angst vorhanden ist?

Man kann sich an Angst erinnern, und man kann die Erinnerung an diese Angst beobachten. In der Vergangenheit hatte man Angst, und man kann sie wiedererwecken. Aber das ist nicht wirklich dasselbe; denn Angst stellt sich immer erst einen Moment später ein, sie besteht nicht im Augenblick des Geschehens. Es ist die Reaktion auf das Geschehen, die man Angst nennt. Aber im Augenblick großer Gefahr, wenn man etwas gegenübersteht, das Angst macht, gibt es keine Angst. Da ist gar nichts. Erst dann kommt es zu einer Erinnerung an Vergangenes, man benennt es und sagt: »Ich habe Angst«, und das wird von Muskelanspannungen und Adrenalin-Ausschüttung begleitet.

Man kann sich an Angst erinnern, die man einmal gehabt hat, und sie anschauen. Worauf es ankommt, ist, dass man diese Angst beobachtet; denn in dieser Beobachtung tut man entweder so, als wäre Angst etwas, das außerhalb von einem selber stattfände, oder man sagt: »Ich selber bin Angst«, so dass man sich dann nicht getrennt von der Angst sieht. Man ist dann einfach diese Reaktion. Wenn man sich selber nicht von der Angst abspaltet und nur im Zustand dieser Reaktion ist, findet etwas ganz Neues statt.

19 Ungerechtigkeit

Wenn es unmöglich ist, in der Welt ein universales Prinzip der Gerechtigkeit zu erkennen, sieht man keinen zwingenden Grund, sich selber oder die chaotische äußere Gesellschaft zu verändern. Man sieht kein vernünftiges Kriterium, an dem man die Konsequenzen von Handlungen und deren Verantwortlichkeit messen kann. Könnten Sie Ihre diesbezügliche Erkenntnis mit uns teilen?

Gibt es Gerechtigkeit in der Welt? Mit dieser Frage haben sich alle Philosophen beschäftigt und eine Menge Worte darum herum gemacht. Gibt es eine vernünftige, zweckmäßige Gerechtigkeit in der Welt?

Sie sind klug, ich bin es nicht. Sie haben Geld, ich habe keines. Sie sind befähigt, und ein anderer ist es nicht. Sie haben Talent, das Sie nutzen können, und ich habe keines. Der eine hat eine lähmende Krankheit, und der andere hat keine. Wenn wir das alles sehen, sagen wir, es muss irgendwo eine Gerechtigkeit geben. Wir gehen von einem Mangel an Gerechtigkeit aus und gelangen zu der Idee von der Gerechtigkeit: Gott ist gerecht. Doch bleibt es bei der Tatsache, dass es schreckliche Ungerechtigkeit in der Welt gibt.

Und der Fragesteller möchte wissen: »Wenn es doch keine Gerechtigkeit gibt, warum sollte ich mich da verändern? Das hat doch keinen Zweck. Warum sollte ich mich in dieser chaotischen Welt verändern, wo Diktatoren herrschen, deren eigenes Leben Ungerechtigkeit ist, indem sie Millionen von Menschen terrorisieren. Wenn ich das alles sehe, gibt es keinen vernünftigen Grund für mich, mich zu verändern.«

Wenn ich das sagen darf, ich meine, das ist keine vernünftige Frage. Verändern Sie sich denn, weil Sie unter Druck sind oder weil man Sie dafür belohnt? Eine Veränderung also, die nur unter Druck und Strafe erfolgt?

Überall in der Welt sind die Menschen so irrational, und Sie als Mensch sind wie die übrige Menschheit. Und da sie die übrige Menschheit sind, sind Sie mitverantwortlich. Nicht deshalb, weil Sie so viel Ungerechtigkeit in der Welt sehen, wie die Schurken mit allem davonkommen, noch weil Sie die herrlichen Kirchen und den großen Reichtum mit den Millionen von Menschen, die verhungern, nicht in Einklang bringen können.

Veränderung findet weder durch Zwang noch durch Belohnung oder Strafe statt. Es ist der Geist, der erkennt, wie absurd das alles ist, und der die Notwendigkeit zur Wandlung erkennt, nicht weil Gott oder der Priester oder irgendjemand einem das sagt, dass man sich wandeln muss.

Man erkennt das Chaos um einen herum, das vom Menschen geschaffen worden ist. Ich bin so wie diese Menschen. Ich muss handeln. Das ist meine und eine globale Verantwortung.

20 Zersplitterung

Kann unser Selbst im psychologischen Sinne sterben? Wenn wir das entdecken wollten, müssten wir wahrnehmen, ohne eine Auswahl zu treffen. Es scheint so, als müssten wir erst den Prozess des Ich beendet haben, müsste das Ich, das Ego, gestorben sein, ehe wir in der Lage wären, zu beobachten und dabei keine Auswahl vorzunehmen. Die Frage lautet: Wie soll ich in meinem jetzigen Zustand der Zersplitterung beobachten können? Das ist so, als versuchte das Ich, das Ich zu sehen. Das ist unerträglich paradox. Bitte erläutern Sie das.

Zitieren Sie weder mich noch irgendeinen anderen; denn dann gehört Ihnen nicht, was Sie sagen, und Sie werden zu einem Menschen aus zweiter Hand, was wir alle sind. Das muss man zuallererst erkennen, denn das ist es, was unser Denken entstellt. Wir sind das Ergebnis eines Jahrmillionen alten Druckes, der aus dem Denken und der Propaganda anderer Leute entstanden ist. Man kann niemals den Ursprung der Dinge finden, solange man davon nicht frei ist.

Der Fragesteller fragt: »Wie kann ich beobachten, wenn ich in diesem Zustand der Zersplitterung bin?«

Sie können es nicht. Aber Sie können Ihre Zersplitterung beobachten. Wenn Sie sich beobachten, entdecken Sie, dass Sie durch bestimmte Vorurteile schauen. Und dabei vergessen Sie, dass Sie sich selber anschauen wollten, und befassen sich mit der Frage von Vorurteilen. Dabei werden Sie sich Ihres Vorurteils bewusst. Können Sie das tun, ohne dabei irgendetwas zu entstellen, ohne auszusortieren. Schauen Sie nur die Vorurteile an. Lassen Sie sich die Geschichte des Vorurteils erzählen. Gestatten Sie dem Vorurteil, sich selbst zu entfalten: die Ursache des Vorurteils, das Bild, die Schlussfolgerungen und Meinungen.

Während Sie so das Vorurteil anschauen, beginnen Sie zu entdecken, dass Sie zersplittert sind und dass diese Zersplitterung durch das Denken entstanden ist. Deshalb beginnen Sie ganz natürlich, sich des Denkvorgangs bewusst zu werden.

Sie sind verwirrt. Was ist diese Verwirrung? Wer hat diese Verwirrung in Ihnen und um sie herum hervorgerufen? Während Sie die Verwirrung beobachten, beginnen Sie, sich des Denkvorgangs bewusst zu werden, sich des widersprüchlichen Wesens der Gedanken bewusst zu werden. Lassen Sie sich das Ganze entfalten, während Sie beobachten. Die Geschichte ist da, aber Sie lesen sie nicht. Vielmehr sagen Sie dem Buch, was es aussagen sollte. Es ist nicht so, dass es Ihre eigene Geschichte wäre. Es ist die Geschichte der Menschheit. Sie können keine Einsicht gewinnen, wenn es sich bloß um eine Reaktion des Gedächtnisses handelt.

Organisierte Religion ist keine Religion. Dieser ganze Unsinn aus Ritualen, Dogmen, Theorien und den Theologen, die sich neue Theorien ausdenken, ist keine Religion. Was veranlasst einen zu sagen, das wäre keine Religion? Ist es nur, weil man alle Religionen, ihre Dogmen, ihren Aberglauben, ihre Rituale, ihre Unwissenheit aufmerksam untersucht hat und am Ende feststellt: Das ist Unsinn?

Oder erkennt man augenblicklich, dass das niemals eine Religion sein kann, was durch irgendeine Form des Zwanges oder der Propaganda entstanden ist? Man erkennt das augenblicklich und hat nichts mehr damit zu tun.

Wenn man aber bloß die verschiedenen Religionen untersucht und dann seine Schlüsse zieht, wird diese Schlussfolgerung beschränkt sein. Sie kann durch Argumente und durch größeres Wissen widerlegt werden.

Sobald man aber Einsicht in das Wesen erlangt, in das sich jede Religion aufgliedert, die der Mensch erfunden hat, ist der

Geist augenblicklich davon befreit. Sobald man die Tyrannei eines Gurus versteht - sie sind Tyrannen, weil sie nach Macht und Position streben, selber etwas zu wissen behaupten, was andere nicht wissen - , dann hat man die Tyrannei aller Gurus erkannt. Deshalb geht man nie (mehr) von einem Guru zum nächsten.

21 Aufmerksamkeit

In welchem Verhältnis stehen Aufmerksamkeit und Denken zueinander, und gibt es zwischen beiden (Vorgängen) ein Intervall?

Sie wissen, was Konzentration ist. Seit der Kindheit werden wir dazu angehalten, dass wir uns konzentrieren sollen. Konzentration ist die Ballung aller Kraft in einem bestimmten Punkt und das Verharren an diesem Punkt.

In der Schule blickt ein Junge aus dem Fenster. Er schaut den Vögeln zu und die Bäume an, er schaut auf die Bewegung ihrer Blätter, oder er schaut dem Eichhörnchen nach, das einen Baum hinaufklettert. Und der Lehrer sagt: »Du bist unaufmerksam, konzentriere dich auf das Buch.« Oder: »Hör zu, was ich sage!«

Das bedeutet, dass der Konzentration viel mehr Bedeutung beigemessen wird als der Aufmerksamkeit.

Wenn ich der Lehrer wäre, würde ich dem Jungen helfen, dass er beobachtet. Ich würde ihm helfen, dass er dieses Eichhörnchen voll und ganz beobachtet: »Beobachte, wie sich sein Schwanz bewegt, was seine Krallen machen, alles.« Sobald er gelernt hat, das aufmerksam zu beobachten, wird er auch dem Buch Aufmerksamkeit schenken.

Aufmerksamkeit ist ein Geisteszustand, in dem es keinen Widerspruch gibt. Da gibt es keine Wesenheit, da gibt es kein Zentrum noch einen Punkt, der sagt: »Ich muss aufmerksam sein.«

Es ist ein Zustand, in dem es keines Kraftaufwands bedarf, während im Zustand der Konzentration der Kontrollvorgang immer weitergeht: »Ich will mich auf diese Seite konzentrieren.« Aber die Gedanken schweifen ab, und Sie holen sie wieder zurück. Das ist ein andauernder Kampf. Aufmerksamkeit ist etwas ganz anderes als Konzentration.

Der Fragesteller fragt: »In welchem Verhältnis stehen Aufmerksamkeit und Denken zueinander?«

In keinem. Das ist ganz klar. Ich weiß nicht, ob Sie dem zustimmen. Konzentration hat Bezug zum Denken, weil da der Verstand die Anweisung gibt: »Ich muss lernen. Ich muss mich konzentrieren, damit ich mich beherrschen lerne.« Das Denken erteilt die Anweisungen von einem Punkt zum nächsten. Aber im Zustand der Aufmerksamkeit hat das Denken keinen Platz. Da passt man einfach nur auf.

Und der nächste Teil der Frage: Gibt es eine Kluft zwischen Aufmerksamkeit und Denken?

Wenn Sie erst einmal den ganzen gedanklichen Vorgang begriffen haben, stellen Sie diese Frage nicht mehr. Sie müssen verstehen, was Denken ist. Erkennen Sie, was es ist und wie es entsteht. Bei völligem Gedächtnisschwund hört das Denken auf. Aber leider oder glücklicherweise haben Sie keinen Gedächtnisschwund. Sie wollen entdecken, was Gedanken sind, wo sie im Leben angebracht sind. Deshalb beginnen Sie zu untersuchen, was das Denken ist. Denken findet in Reaktion auf das Gedächtnis statt. Das Gedächtnis reagiert auf eine Herausforderung, auf eine Frage, auf eine Handlung oder auf eine Idee oder eine Person. Vielleicht sind Sie auf ein Insekt getreten, das Sie gestochen hat. Dieser Schmerz wird im Gehirn registriert und dort als Erinnerung aufbewahrt. Es ist nicht mehr der echte Schmerz. Der Schmerz ist vorbei, aber die Erinnerung an ihn bleibt. So werden Sie das nächste Mal vorsichtig sein; denn sie haben die Erfahrung des Schmerzes gemacht, der sich in Wissen verwandelt, das in Form von Gedanken antwortet. Gedächtnis ist Gedanke. Wissen, egal, wie tief, wie groß es sein mag, muss immer seine Grenzen haben. Es gibt kein vollständiges Wissen.

Alles Gedankliche ist immer etwas Besonderes, es ist begrenzt und spaltend. Da es in sich unvollkommen ist, kann es niemals vollkommen werden. Man kann über Vollkommenheit nachdenken. Man kann über Ganzheit nachdenken, aber das Denken selber ist niemals ganz. Was immer das Denken in Philosophie oder Religion erschafft, es ist immer parteiisch, beschränkt, fragmentarisch und Teil der Unwissenheit. Wissen kann niemals vollkommen sein, es wird immer von Unwissenheit begleitet. Wenn Sie das Wesen des Denkens verstehen und erkennen, was Konzentration ist, dann werden Sie begreifen, dass man nicht aufmerksam sein kann, solange man denkt; denn aufmerksam zu sein bedeutet, dass Sie Ihre ganze Kraft geben, ohne dass das Denken Sie dabei einschränkt oder beherrscht.

Was geht vor sich, wenn Sie aufpassen? Es gibt dann kein ›Sie‹, das aufpasst. Es gibt kein Zentrum, das sagt: »Ich passe auf.«

Sie passen auf, weil es sich um Ihr Leben handelt. Wenn Sie ernsthaft aufpassen, werden Sie bald entdecken, dass Ihre ganzen Probleme verschwunden sind, wenigstens einen Moment lang. Probleme zu lösen, heißt aufzupassen, aufmerksam zu sein. Und das ist kein Trick.

22 Geschwätz

Warum ist unser Geist so geschwätzig, so ruhelos?

Haben Sie sich diese Frage jemals selber gestellt? Warum ist Ihr Geist so ruhelos, geschwätzig, schweift von einer Sache zur anderen, von einer Ablenkung zur nächsten? Warum? Und was werden Sie damit anfangen? Ihre augenblickliche Regung ist, sich zu beherrschen: »Ich soll nicht soviel schwatzen.« Der Aufpasser, der sagt: »Ich darf nicht soviel schwatzen«, ist selber Teil des Geschwätzes. Erkennen Sie, welche Schönheit darin liegt?

Was werden Sie also machen? Sie können untersuchen, was für eine Ursache das Geschwätz hat und dass Geschwätzigkeit Teil jenes Geistes ist, der dauernd beschäftigt ist. Dieser Geist, in dem das ganze psychische Gefüge, das Gehirn, mit enthalten ist, muss immer mit etwas beschäftigt sein: mit Sex, mit Fernsehen, mit Kochen, mit Hausputz, mit Fußball, mit dem Kirchgang. Warum muss er immer beschäftigt sein? Sobald er nicht beschäftigt ist, werden Sie dann nicht unsicher, haben Sie nicht Angst davor, nicht beschäftigt zu sein? Sie fühlen sich leer, verloren, Sie beginnen zu erkennen, dass da innen eine riesige Einsamkeit ist.

Um also dieser tiefen Einsamkeit mit ihrer ganzen Qual zu entfliehen, beschäftigt sich der Geist mit allem, bloß nicht damit. Und dann wird das zur Beschäftigung. Nachdem er sich mit diesen ganzen äußeren Dingen beschäftigt hat, sagt er: »Ich bin einsam, das ist mein Kummer. Wie soll ich die Einsamkeit überwinden?« Und Sie denken darüber nach, wie elend Ihnen ist - und damit schwatzen Sie schon wieder. Dann fragen Sie, warum der Geist nie einen Augenblick der Stille hat, nie einen

Augenblick hat, in dem man vollkommen frei von allen Problemen ist?

Diese mentale Beschäftigung ist das Ergebnis Ihrer Erziehung, der Art Ihres sozialen Lebens. Sobald Sie aber erkennen, dass Ihr Geist geschwätzig ist, und das beobachten, da stehen bleiben, werden Sie sehen, was passiert. Ihr Geist ist geschwätzig. Nun gut, beobachten Sie es. Sie sagen: »Nun gut, schwatz nur«, oder Sie unterdrücken es. So wohnen Sie dem Geschwätz bei. Sobald Sie das tun, werden Sie sehen, was passiert: Ihr Geist wird klar, und wahrscheinlich ist das der Zustand eines ›normalen‹, gesunden Menschen.

23 Erleuchtung

Es gibt heutzutage so viele Gurus, sowohl im Osten als auch im Westen, und jeder zeigt seinen eigenen Weg zur Erleuchtung auf. Wie soll man wissen, ob sie die Wahrheit sagen?

Wenn ein Guru behauptet zu wissen, dann weiß er nicht. Wenn ein Guru aus dem Osten oder ein Mann im Westen sagt: »Ich habe Erleuchtung erlangt«, dann können Sie sicher sein, dass er nicht erleuchtet ist. Erleuchtung ist nicht etwas, das man erreichen kann. Es ist nicht etwas, das Sie Schritt für Schritt erreichen können, so, wie Sie eine Leiter hinaufsteigen würden. Erleuchtung ist keine Frage der Zeit. Erleuchtung bedeutet nicht: »Ich bin unwissend, aber wenn ich bestimmte Dinge tue, werde ich erleuchtet werden« - was immer dieses Wort ›Erleuchtung‹ bedeuten mag.

Was ist Zeit? Man braucht Zeit, um körperlich von hier an einen anderen Ort zu gelangen. Aber braucht man Zeit im psychologischen Sinne? Wir nehmen an, dass es so sei, es ist Teil unserer Tradition und unserer Erziehung. »Ich bin so, aber ich werde das werden.« Was ich ›sein werde‹, wird niemals stattfinden, weil ich nicht verstanden habe, ›was ist‹. Das Verständnis dessen, ›was ist‹, setzt augenblicklich ein. Sie brauchen sich deshalb weder zu analysieren noch Qualen durchzumachen.

Man verwendet das Wort ›Erleuchtung‹ nicht gern. Es ist so belastet durch die Bedeutung, die ihm alle diese Gurus gegeben haben. Sie wissen nicht, worüber sie sprechen. Nicht, dass der Sprecher es wüsste. Es wäre töricht, wenn er das behaupten würde. Aber man erkennt, was darin eingeschlossen ist, wenn sie darüber sprechen, dass man Schritt für Schritt durch Übungen Erleuchtung erlangen kann. Der Geist wird stumpf, mechanisch und einfältig durch diese Übungen.

Ob es sich nun um Gurus aus dem Osten oder aus dem Westen handelt, bezweifeln Sie, was die sagen, bezweifeln Sie auch noch viel mehr, was der Sprecher sagt; - denn obgleich er sehr klar in dieser Angelegenheit ist, heißt das nicht, dass er die einzige Person wäre, die etwas wüsste, was ebenso absurd wäre. Der Geist muss von aller Autorität frei sein - keine Gefolgsleute, Schüler und Vorbilder.

Der Fragesteller will wissen: Wie soll man wissen, ob diese Gurus die Wahrheit sagen? »Wie wissen Sie, ob der örtliche Priester, die Bischöfe, Erzbischöfe und die Päpste die Wahrheit sagen?«

Statt nach Indien zu reisen und jene Gurus zu akzeptieren, überlegen Sie erst einmal, wie Sie wissen wollen, ob jene die Wahrheit sagen? Vielleicht sind Sie alle von etwas Tückischem in Anspruch genommen, d.h. von Geld, Position, Autorität, Einweihungen zu vollziehen usw. Stellen Sie diese Leute in Frage! Fragen Sie sie: »Warum haben Sie sich selber Autorität verliehen?« Zweifeln Sie alles an, was sie behaupten, und Sie werden bald entdecken, dass man Sie hinauswirft.

Einmal kam ein sehr berühmter Guru, um den Sprecher zu sehen. Er sagte: »Ich bin ein Guru und habe viele Anhänger. Erst hatte ich nur einen, und jetzt habe ich über tausend, im Osten und im Westen, vor allem im Westen. Ich kann mich nicht von ihnen lösen. Sie sind ein Teil von mir, und ich bin ein Teil von ihnen. Sie haben mich aufgebaut, und ich habe sie aufgebaut.« Die Schüler bauen den Guru auf, der Guru baut die Schüler auf, und er kann sie nicht lassen. Auf diese Weise bekommt er Autorität in der ›spirituellen‹ Welt. Erkennen Sie die Gefahr, die darin liegt! Wo Autorität Kopf und Herz erfüllt, gibt es keine Liebe - vielleicht trügerische Liebe, aber nicht das Gefühl tiefer Zuneigung, Liebe und Fürsorge.

Wenn Sie entdecken wollen, wer die Wahrheit spricht, dann machen Sie sich nicht auf die Suche, sondern zweifeln Sie. Die Wahrheit ist nicht etwas, an dem Sie gelegentlich vorüberkommen. Wahrheit stellt sich erst dann ein, wenn man geistig von alledem ganz und gar befreit ist. Dann sind Sie voll Mitleid und Liebe, nicht für Ihren Guru, nicht für Ihre Familie, nicht für Ihre Ideale und nicht für Ihren Erlöser - sondern voller Liebe, motivloser Liebe, die aus der Intelligenz heraus wirkt. Und Sie glauben, dass Sie diese Wahrheit von einem anderen kaufen können!

Die Gurus aus Ost und West zitieren alle den alten Spruch: »Ihr sollt euch selber Licht sein.« Es ist ein alter und sehr berühmter Spruch aus Indien. Und sie wiederholen ihn, indem sie hinzufügen: »Ihr könnt euch selber so lange nicht Licht sein, bis ich euch das Licht bringe.« Die Menschen sind so leichtgläubig. Das ist es, was nicht stimmt. Alle wollen etwas - die jungen wie die alten. Den jungen ist die Welt zu grausam, sie finden es erschrekkend, was die älteren Generationen aus der Welt gemacht haben. Sie finden keinen Raum darin, sie sind verloren, deshalb nehmen sie Drogen und trinken. Die Jungen der Welt unternehmen alles Mögliche: Kommunen, sexuelle Orgien, sie eilen nach Indien, zu Gurus, um jemanden zu finden, der ihnen sagen wird, was sie machen sollen - jemanden, dem sie vertrauen können. Sie gehen dort hin, jung, frisch, unwissend. Und die Gurus vermitteln ihnen das Gefühl, dass sie beschützt und geführt werden; - denn das ist alles, was sie wollen. Sie können es weder von ihren Eltern, noch von ihren örtlichen Priestern, noch von den Psychologen bekommen, weil ihre Eltern, die örtlichen Priester und die Psychologen alle in gleicher Weise verwirrt sind. Sie gehen fort in dieses gefährliche Land, nach Indien, und da werden sie zu Tausenden eingefangen. Sie suchen Trost, sie suchen jemanden, der sagt: »Ich kümmere mich um dich. Ich werde die Verantwortung für dich übernehmen. Tu dies, tu das. Und es ist ein sehr glücklicher, angenehmer Zustand, denn es wird ihnen auch gesagt: »Ihr könnt tun, was Ihr wollt, lasst euren sexuellen Bedürfnissen freien Lauf, trinkt, soviel Ihr wollt - macht weiter.«

Die ältere Generation ist in derselben Lage - nur drückt sie es gewählter aus. Auf der ganzen Welt sind sie alle gleich, die Jungen wie die Alten. Aber niemand kann führen, kann einem anderen das Licht schenken. Nur Sie selber können das für sich tun. Aber Sie müssen ganz allein stehen. Da fürchten sich die Alten wie die Jungen. Sobald Sie sich zu irgendetwas verpflichten, jemandem folgen, begeben Sie sich bereits ins Verderben. Begreifen Sie das in der Tiefe, mit Tränen in Ihren Augen: Wenn es keinen Guru, keinen Lehrer und keinen Schüler gibt, dann bleiben nur Sie als Mensch, der in dieser Welt, in dieser Gesellschaft lebt, die Sie mit erschaffen haben. Und wenn Sie nicht selber etwas für sich tun, die Gesellschaft wird Ihnen nicht helfen. Im Gegenteil! Die Gesellschaft will, dass Sie sind, was Sie sind. Daher sollten Sie weder einer Institution noch einer Organisation, nichts angehören. Folgen Sie niemandem, seien Sie niemandes Schüler. Sie sind ein Mensch, der in dieser schrecklichen Welt lebt - ein Mensch, der diese Welt ist, und die Welt sind Sie. Sie müssen hier leben. Begreifen Sie das, und gehen Sie über sich selber hinaus.

24 Rechte Lebensart

Ich arbeite als Lehrer und gerate dauernd in Konflikte mit dem Schulsystem und dem gesellschaftlichen Vorbild. Muss ich die ganze Arbeit aufgeben? Wie verdient man seinen Lebensunterhalt richtig? Gibt es eine Lebensart, die nicht dauerhaften Konflikt beinhaltet?

Das ist eine ziemlich komplizierte Frage, und wir wollen uns schrittweise mit ihr befassen: Was ist ein Lehrer? Entweder vermittelt der Lehrer Informationen über Geschichte, Physik, Biologie oder Ähnliches, oder er lernt gemeinsam mit dem Schüler etwas über sich selber. Das ist ein Prozess, durch den man den ganzen Vorgang des Lebens versteht. Wenn ich ein Lehrer bin, kein Biologie- oder Physiklehrer, sondern ein Lehrer der Psychologie, wird mich dann der Schüler verstehen, oder werden ihm meine Hinweise helfen, sich selber zu verstehen?

Wir müssen sehr klar darstellen, was wir unter einem Lehrer verstehen. Gibt es überhaupt so etwas wie einen Lehrer der Psychologie? Oder gibt es nur Lehrer, die Tatsachen lehren? Gibt es einen Lehrer, der Ihnen helfen wird, sich selber zu verstehen? Der Fragesteller sagt, er sei ein Lehrer. Er müsse nicht nur gegen das etablierte Schul- und Erziehungssystem ankämpfen, sondern auch sein eigenes Leben ist ein andauernder Kampf mit sich selber. Muss er nun das alles aufgeben? Und wenn er das alles aufgibt, was soll er dann tun? Er fragt nicht nur, was rechtes Leben ist, sondern er will auch entdecken, was die rechte Lebensart ist.

Was ist rechtes Leben? So, wie die Gesellschaft heutzutage ist, gibt es keine rechte Art zu leben. Sie müssen Ihren Lebensunterhalt verdienen, Sie heiraten, Sie bekommen Kinder, Sie sind für sie verantwortlich, und so akzeptieren Sie das Dasein eines Ingenieurs oder eines Lehrers. Kann es überhaupt eine rechte Lebensart geben bei der Beschaffenheit unserer Gesellschaft? Oder ist die Suche nach einer rechten Lebensart nur die Suche nach einer Utopie, ein Wunsch nach mehr? Was soll man in einer Gesellschaft anfangen, die korrupt ist, die solche Widersprüche in sich trägt, in der es soviel Ungerechtigkeit gibt? Denn so ist die Gesellschaft, in der wir leben. Und ich frage mich nicht nur als Schullehrer, was ich machen soll.

Kann man in dieser Gesellschaft leben, nicht nur indem man sich mit rechten Mitteln einen Lebensunterhalt verdient, sondern kann man ohne Konflikt leben? Ist es möglich, dass man auf rechte Weise seinen Lebensunterhalt verdient und auch jedem inneren Konflikt ein Ende setzt? Sind diese beiden Dinge voneinander getrennt: auf rechte Weise einen Lebensunterhalt zu verdienen und keinen Konflikt in sich selber zu haben? Ist beides in zwei getrennten, wasserdichten Abteilungen? Oder verläuft es parallel zueinander?

Wenn man ein Leben ohne Konflikt leben will, braucht man viel Selbstverständnis und daher viel Intelligenz. Nicht die gerissene Intelligenz des Intellekts, sondern die Fähigkeit zu beobachten, objektiv im Äußeren wie auch im eigenen Innern zu erkennen, was passiert, und dabei zu wissen, dass zwischen dem Äußeren und dem Inneren kein Unterschied besteht. Das verhält sich zueinander wie Ebbe und Flut. Kann ich in dieser Gesellschaft, die wir geschaffen haben, konfliktlos leben und gleichzeitig einen rechten Lebensunterhalt verdienen? Ist das möglich? Worauf soll ich Nachdruck legen: auf den rechten Lebensunterhalt oder auf die rechte Lebensart, d.h. auf die Entdeckung, wie man konfliktlos lebt? Was hat Vorrang? Hören Sie nicht nur auf das, was ich sage, um mir zuzustimmen oder anderer Meinung zu sein und dann zu sagen: »Das ist unpraktisch, es ist nicht so und nicht so«; denn es ist Ihr Problem.

Wir fragen uns gegenseitig: Gibt es eine Art zu leben, die ganz natürlich den rechten Lebensunterhalt mit sich bringt und uns gleichzeitig in den Stand versetzt, ohne den Schatten eines einzigen Konflikts zu leben?

Die Menschen behaupten, dass man so nicht leben kann, außer als Mönch in einem Kloster. Da erwarten sie, dass man für sie sorgt, weil sie dann der Welt mit ihrem Elend entsagt und sich dem Dienste ›Gottes‹ geweiht haben, weil sie ihr Leben einer Idee, einer Person, einem Bild oder Symbol geschenkt haben. Aber es gibt nur noch sehr wenige Menschen, die an Klöster glauben oder an die Aussage: »Ich will mich selber hingeben.« Wenn sie sich hingeben, wird es die Hingabe an ein Bild sein, das sie selber entwarfen oder das sie sich über einen anderen gemacht haben. Erst dann, wenn sie den ganzen Sinn des Lebens verstanden haben, das Beziehung und Handlung ist, können sie ein Leben ohne den Schatten eines einzigen Konflikts leben.

Was ist rechte Handlung unter allen Umständen? Gibt es so etwas? Gibt es eine rechte Handlung, die absolut und nicht relativ ist? Leben ist Handlung, Bewegung, Sprechen, Wissen erwerben und miteinander in Beziehung leben, egal, wie tief oder oberflächlich diese sein mag. Sie müssen entdecken, was rechte Beziehung ist, wenn Sie entdecken wollen, was rechte Handlung, die absolut ist, ist.

Was für eine Beziehung haben Sie gegenwärtig zu einem anderen? Ich meine nicht die romantische, eingebildete und oberflächliche Angelegenheit, die in ein paar Minuten vorüber ist, sondern was für eine Beziehung zu einem anderen Sie in Wirklichkeit haben. Was für eine Beziehung haben Sie zu einer bestimmten Person? Vielleicht haben sie eine Intimbeziehung mit Sex, die Abhängigkeit voneinander mit sich bringt, in der man sich gegenseitig besitzt und dadurch Eifersucht und Feindschaft weckt. Mann oder Frau gehen ins Büro oder verrichten irgendeine körperliche Arbeit. Dabei sind er oder sie ehrgeizig, habsüchtig, im Wettstreit, aggressiv um des Erfolges willen. Er oder sie kommt nach Hause zurück und verwandelt sich in einen zahmen, freundlichen, vielleicht zärtlichen Ehemann oder -frau. Das ist die wirkliche, die tägliche Beziehung. Niemand kann das abstreiten.

Und wir stellen die Frage: Ist das die rechte Beziehung? Wir sagen: Nein, bestimmt nicht. Es wäre absurd, wollte man sagen, das wäre rechte Beziehung. Wir sagen das so hin, aber wir machen auf dieselbe Art weiter. Wir sagen, dass es nicht richtig ist, aber wir scheinen unfähig zu sein zu verstehen, was rechte Beziehung ist. Wir verstehen nur das, was mit dem Vorbild übereinstimmt, das wir uns selber, das uns die Gesellschaft gesetzt hat. Wir mögen rechte Beziehungen wollen, sie wünschen und uns nach ihnen sehnen, aber Sehnsucht und Wünsche schaffen das nicht. Wenn wir sie entdecken wollen, müssen wir uns ernsthaft damit befassen.

Nehmen Sie einmal an, dass Beziehungen für gewöhnlich sinnlich sind. Dann entsteht aus der Sinnlichkeit Kameradschaft, ein Abhängigkeitsgefühl voneinander. Darin kommt es zur Gründung einer Familie, was die gegenseitige Abhängigkeit verstärkt. Sobald in dieser Abhängigkeit Unsicherheit entsteht, kocht der Topf über. Wenn man entdecken will, was rechte Beziehung ist, muss man diese starke Abhängigkeit voneinander untersuchen: Warum sind wir in unseren Beziehungen psychisch so abhängig voneinander? Sind wir es, weil wir hoffnungslos einsam sind? Sind wir es, weil wir niemandem trauen, selbst nicht unserem Mann, unserer Frau? Auf der anderen Seite schafft Abhängigkeit ein Gefühl der Geborgenheit, des Schutzes vor dieser großen Welt des Schreckens. Wir sagen: ›Ich liebe dich.‹ In dieser Liebe gibt es immer das Gefühl, zu besitzen und in Besitz genommen zu werden. Und sobald diese Lage bedroht ist, kommt es zum Konflikt. Das ist unsere gegenwärtige intime oder nicht intime Beziehung zueinander. Wir schaffen uns gegenseitig ein Bild und halten daran fest.

Sobald Sie an einen Menschen oder an eine Idee, an ein Konzept gebunden sind, fängt das Verderben an. Wir müssen das erkennen, aber wir wollen es nicht erkennen.

Können wir zusammenleben, ohne psychisch aneinander gebunden zu sein? Wenn Sie das nicht herausfinden, werden Sie immer im Konflikt leben, weil Leben Beziehung ist.

Können wir jetzt objektiv und motivlos die Konsequenzen der Bindung beobachten und sofort davon lassen? Bindung ist nicht das Gegenteil von Ungebundenheit. Ich bin gebunden, und ich kämpfe darum, ungebunden zu sein, d.h., ich erschaffe mir das Gegenteil. Im Augenblick, in dem ich mir das Gegenteil schaffe, entsteht Widerspruch. Aber es gibt gar kein Gegenteil in Wirklichkeit. Es gibt nur das, was ich habe, nämlich die Bindung. Es gibt nur die Tatsache der Bindung, in der ich alle Konsequenzen dieser Bindung, in der keine Liebe ist, erkenne, und nicht die Suche nach Ungebundenheit.

Das Gehirn ist so geprägt, ist dazu erzogen, hat gelernt, was ist zu beobachten und sich den Gegensatz dazu zu erschaffen: ›Ich bin gewaltsam, ich muss gewaltlos werden.‹ So kommt es zum Widerspruch. Beobachte ich aber nur die Gewalt, ihr Wesen - nicht indem ich sie analysiere, sondern indem ich sie nur beobachte, dann wird der Widerspruch, der durch den Gegensatz entsteht, aufgehoben. Wenn man konfliktlos leben will, muss man nur mit dem umgehen, ›was ist‹. Alles andere ist nicht. Und wenn man auf diese Art lebt, und das ist möglich, wenn man ganz bei dem bleibt, ›was ist‹, dann schwindet das, ›was ist‹, dahin. Probieren Sie es einmal aus!

Erst wenn Sie wirklich das Wesen einer Beziehung verstehen, die nur dann existiert, wenn keine Bindung vorliegt, wenn man kein Bild voneinander hat, kommt es zu einer echten Gemeinschaft.

Rechte Handlung bedeutet präzise, genaue Handlung, die nicht auf einem Motiv gründet. Es ist eine Handlung, die weder gelenkt noch irgendeiner Sache verpflichtet ist. Das Verständnis, was rechte Handlung, was rechte Beziehung ist, führt zur Intelligenz - nicht zu der Intelligenz des Intellekts - sondern zu dieser unergründlichen Intelligenz, die weder die Ihre noch die meine ist.

Diese Intelligenz wird Ihnen eingeben, was Sie tun sollen, um einen Lebensunterhalt zu verdienen. Wenn diese Intelligenz da ist, können Sie Gärtner oder Koch sein. Es tut nichts zur Sache. Ohne diese Intelligenz aber wird Ihr Lebensunterhalt von den Umständen vorgeschrieben werden. Es gibt eine Lebensart, die konfliktlos ist. Weil sie konfliktlos ist, ist sie intelligent, und diese Intelligenz wird die rechte Art zu leben zeigen.

25 Aufzeichnung

Ist es möglich, so hellwach zu sein, wenn man etwas wahrnimmt, dass man sich an das Ereignis nicht mehr erinnert?

Die Antwort liegt in der Frage. Wir werden sie untersuchen. Ist es möglich, dass man das eigene Versagen, die Verzweiflungen und Ängste und die ganzen Dinge, die innen und außen ablaufen, im Gedächtnis nicht aufzeichnet, so dass der Geist immer frei bleibt?

Es ist die Aufgabe des Gehirns aufzuzeichnen. Sie sagen zu mir: »Sie sind ein Dummkopf.«

Und das Gehirn zeichnet das auf. Mir gefällt das nicht, weil ich ein Bild von mir habe, dass ich kein Dummkopf bin, Sie mich aber einen Dummkopf heißen. Deshalb bin ich gekränkt. Das ist eine Aufzeichnung. Die Kränkung bleibt so lange bestehen, wie ich ein Bild von mir habe. Jeder wird auf diesem Bild herumtreten, und da ist die Kränkung. Das Gehirn hat sie aufgezeichnet. Die Aufzeichnung erfolgt, damit ich um mich herum eine Mauer bauen kann, so dass man mich nicht mehr kränken kann. Ich habe Angst. Deshalb ziehe ich mich in mich selber zurück, baue eine Mauer des Widerstands auf und fühle mich dahinter sicher.

Jetzt fragt der Fragesteller: »Ist es möglich, dass ich die Kränkung in dem Augenblick, wenn man mich einen Dummkopf nennt, nicht registriere? Ist es möglich, dass man weder eine Kränkung noch eine Schmeichelei aufnimmt? Ist es möglich, dass man weder das eine noch das andere aufzeichnet?«

Das Gehirn ist zum Speichern erzogen worden; im Gespeicherten liegt Sicherheit, Geborgenheit, ein Gefühl von Kraft. Mit

Hilfe der Aufzeichnungen schafft sich der Geist ein Bild von sich selber. Und dieses Bild wird ständig gekränkt werden.

Ist es möglich, dass man ohne ein einziges Bild von sich selber lebt - ohne ein Bild von Ihrem Mann, Ihrer Frau, Ihren Kindern, Ihrer Firma oder der Politiker, des Priesters oder des Ideals -, ohne den Schatten eines Bildes? Es ist möglich. Wenn man das nicht entdeckt, wird man immer gekränkt werden, wird man immer nach einem Vorbild leben, in dem es keine Freiheit gibt.

Im Zustand vollkommener Aufmerksamkeit gibt es keine Aufzeichnung. Nur im Zustand der Unaufmerksamkeit kommt es zu Aufzeichnungen. Ein Beispiel: Sie schmeicheln mir. Ich mag das. Dass mir das in dem Augenblick gefällt, ist Unaufmerksamkeit. Deshalb kommt es zur Aufzeichnung. Wenn ich aber so ganz ohne irgendeine Reaktion zuhöre, wenn Sie mir schmeicheln, dann gibt es kein Zentrum, welches Aufzeichnungen vornimmt.

Sie müssen sich mit der Frage befassen, was Aufmerksamkeit ist. Die meisten von uns wissen, was Konzentration ist - von einem Punkt zum nächsten, von einem Wunsch, einer Hoffnung zu einer anderen. Sie konzentrieren sich auf Ihre Arbeit. Sie konzentrieren sich, um Ihren Geist zu beherrschen, um ein bestimmtes Ergebnis zu erreichen. In solcher Konzentration muss es Konflikt geben, weil Gedanken hereinkommen, während Sie sich konzentrieren und Sie diese abzuwehren versuchen. Dieser dauernde Kampf mit den eindringenden Gedanken ist Konzentration.

Aber im Zustand der Aufmerksamkeit gibt es keinen Kampf und auch keinen Punkt, aus dem heraus Sie aufmerksam sind. Haben Sie jemals irgendeiner Sache Aufmerksamkeit geschenkt? Das hieße, dass es dann keinen Gedanken, keinen Vorgang, keine Interpretation, kein Motiv gäbe, sondern nur vollkommene Aufmerksamkeit. Konzentration erfolgt von Punkt zu Punkt, und deshalb gibt es Widerstand. Aufmerksamkeit ist ohne Zentrum, von dem aus Sie aufmerksam sein können. Aufmerksamkeit schließt alles in sich ein. Sie hat keine Grenzen. Konzentration schafft unvermeidlich Widerstand. Sie schließen sich selber dann ab, vermeiden Geräusche, vermeiden Unterbrechungen. Ihr Gehirn ist ganz auf einen einzigen Punkt ausgerichtet, einen Punkt, der ausgezeichnet sein mag oder nicht. In der Konzentration kommt es zu einer Spaltung in den, der beherrscht, und das, was beherrscht wird. Das, was vorherrscht, ist der Gedanke, der sagt: »Ich muss das beherrschen.« Deshalb ist das, was herrscht, auch gleichzeitig das, was beherrscht wird.

Drücken wir es anders aus: Der Denker ist der Gedanke, denn zwischen dem Denker und dem Gedanken gibt es keine Teilung. Sie lösen die Teilung auf, sobald Sie erkennen, dass der Denker Gedanke ist, dass das, was herrscht, das ist, was beherrscht wird. Wenn Sie diese Wahrheit wirklich erkennen, entsteht Aufmerksamkeit. Im Zustand der Aufmerksamkeit kann es auch Konzentration geben, wenn Sie sich auf eine Tätigkeit konzentrieren. Aber diese Konzentration entsteht aus dem Zustand der Aufmerksamkeit.

26 Der Tod

In Ihren Reden sprechen Sie vom Tod als von der totalen Vernichtung. Sie haben aber auch gesagt, dass es eine Unsterblichkeit nach dem Tod, einen Zustand zeitloser Existenz gibt. Kann man in jenem Zustand leben?

Ich habe das Wort ›Vernichtung‹ nicht gebraucht. Ich habe gesagt, dass der Tod ein Beenden ist - wie das Auflösen einer Bindung. Wenn etwas, wie eine Bindung, endet, fängt etwas völlig Neues an. Wenn man sein Leben lang zornig, habgierig oder aggressiv war und wenn man das beendet, fängt etwas ganz Neues an. Vielleicht ist man einem Guru nachgefolgt, der einem seine Kniffe vermittelt hat. Man erkennt, wie absurd das ist, und beendet es. Was geschieht dann? Man fühlt sich von der Last befreit, die man unnütz mit sich herumgeschleppt hat. Der Tod ist wie das Auflösen einer Bindung.

Was war es denn, das sich im Leben fortsetzte? Man stellt den Tod als Gegensatz zum Leben hin. Man sagt, dass der Tod am Ende des Lebens ist. Ein Ende, das in zehn oder fünfzig Jahren - oder übermorgen sein kann. Man hofft, es wird erst in zehn oder mehr Jahren sein, aber das ist die eigene Illusion, der eigene Wunsch, eine Art Impuls. Man kann nicht wissen, wie man dem Tod begegnen soll, wenn man das Leben nicht versteht; denn der Tod ist nicht das Gegenteil vom Leben.

Viel wichtiger als die Frage, wie man dem Tod begegnen soll, was Unsterblichkeit sei oder ob jene Unsterblichkeit ein Zustand sei, in dem man leben kann, ist die Frage, wie man dem Leben begegnen soll, wie man diese schreckliche Sache, Leben genannt, verstehen kann. Weil das Leben, so, wie man es lebt, sinnlos ist. Man mag versuchen, dem Leben einen Sinn zu geben, wie das die meisten Leute tun, indem sie sagen, dass das Leben so ist oder so sein sollte. Wenn man aber alle diese romantischen, täuschenden, idealistischen Unsinnigkeiten beiseite lässt, bleibt die alltägliche Plage, der Wettkampf, die Verzweiflung, Depression, Qual und ein gelegentliches Aufleuchten von Schönheit und Liebe. Das ist das eigene Leben. Kann man das anschauen und es so ganz verstehen, dass aller Konflikt aus dem eigenen Leben schwindet? Wenn man das wirklich tut, bedeutet das, dass man für alles stirbt, was man in Gedanken aufgebaut hat.

Das Denken hat einen eitel gemacht, gedanklich hat man sich gesagt: »Ich muss das erreichen, muss jemand werden, muss kämpfen, in Wettstreit sein.« Das ist das eigene Dasein, was Gedanken zusammengefügt haben. Die Götter, die Kirchen, die Gurus, die Rituale - das ist alles gedankliche Aktivität, ein Erinnerungsvorgang, Erfahrung, Wissen, das im Gehirn lagert, ein materieller Prozess. Und wenn das Denken das eigene Leben beherrscht, wie es das tut, dann wird die Liebe durch das Denken verneint. Liebe ist nicht Erinnerung. Liebe ist nicht Erfahrung. Liebe ist weder Verlangen noch Vergnügen.

Dadurch, dass man so vom Denken beherrscht lebt, hat man das Leben von dem, was man den Tod nennt, getrennt - vom Tod, der ein Beenden ist und vor dem man Angst hat. Wenn man alles, was Denken erschaffen hat, in sich vereint - und das erfordert großen Mut -, was hat man dann? Dann ist man mit dem Tod. Leben heißt zu sterben und sich damit zu erneuern. Man ist dazu erzogen worden, ein Individuum zu sein - ich im Gegensatz zu dir, mein Ego gegen das deine. Es ist aber eine Tatsache, dass man die ganze Menschheit ist. Man macht dasselbe durch, was jeder Mensch durchmacht. Alle die sexuellen Gelüste, Befriedigungen, Leid, große Hoffnung, Angst, Sorge, das gewaltige Gefühl der Einsamkeit - jeder Mensch hat das. Das ist das eigene Leben. Man ist die ganze Menschheit, man ist kein Individuum. Man denkt das gern, aber man ist es nicht.

Es gibt ein Leben, in dem kein Zentrum als das ›Ich‹ existiert, ein Leben, das daher vom Tod begleitet wird. Und mit diesem Gefühl, dass man ganz aufhört, endet die Zeit. Zeit ist Bewegung, Bewegung ist Denken, Denken ist Zeit.

Wenn man fragt: »Kann man in dieser Ewigkeit leben?« - so ist das unverständlich. Schauen Sie, was man da fragt: ›Ich will in Ewigkeit leben, um die Unsterblichkeit zu verstehen‹ - womit man sagt, dass das ›Ich‹ daran teilhaben soll. Aber was ist das Ich? Ein Begriff, eine Form und alles, was das Denken zusammengefügt hat. Das ist das ›Ich‹ in Wirklichkeit, an das klammert man sich. Und was für eine Angst hat man, wenn der Tod durch eine Krankheit, durch einen Unfall, durch Altersschwäche naht.

27 Unzufriedenheit

Ich bin mit allem unzufrieden. Ich habe viel gelesen und nachgedacht, aber meine Unzufriedenheit mit dem ganzen Universum besteht immer noch. Das, was Sie sagen, macht mich noch unzufriedener, verstörter, trauriger. Jetzt fühle ich mich frustriert und als Ihr Gegner. Was stimmt nicht mit dem, was Sie sagen? Oder stimmt etwas nicht mit mir?

Man beobachtet, was in der Welt geschieht. Man sieht Überbevölkerung, Luftverschmutzung, Korruption und Gewalt in praktisch jedem Land, und man sucht nach einer Antwort. Man mag unzufrieden nicht nur mit dem sein, was der Sprecher sagt, sondern mit allem, was um einen herum ist - mit der eigenen Arbeit, mit der Frau oder dem Mann, mit der Freundin oder dem Freund und noch vielem mehr. Man ist unzufrieden. Und das ist für die meisten von uns das allgemeine Los. Entweder wird diese Unzufriedenheit zu einer verzehrenden Flamme, oder man erstickt sie dadurch, dass man nach Befriedigung in irgendwelchen Aktivitäten des Lebens sucht.

Die meisten von uns vernichten die Unzufriedenheit, statt sie zu einer verzehrenden Flamme werden zu lassen. Wir sind leicht zufriedenzustellen, so leichtgläubig, so bereit zu akzeptieren, dass unsere Unzufriedenheit allmählich schwindet und wir zu dem normalen, mittelmäßigen menschlichen Wesen werden, ohne Kraft, ohne Energie, ohne den Drang, etwas zu tun.

Der Fragesteller deutet an, dass er das alles durchgemacht hat. Er hat sehr viel über das Leben gelesen und nachgedacht. Wahrscheinlich hat er die ganze Welt bereist und keine Abhilfe für seine

Unzufriedenheit gefunden. Menschen, die nachdenklich und sich des inneren und äußeren Geschehens bewusst sind, sehen, dass weder Politik noch Wissenschaft, noch Religion eines unserer tiefen menschlichen Probleme gelöst haben. Wir sind technisch fortgeschritten und entwickelt, aber innerlich sind wir unzufrieden.

Der Fragesteller, der dem Sprecher zuhört, ist sogar noch verstörter, noch unzufriedener und fragt, was an dem, was der Sprecher sagt, nicht stimmt - oder ob es da etwas geben könnte, was mit ihm selber nicht stimmt. Anstatt ruhig dazusitzen und zu akzeptieren, ja zu sagen, ist er ein Gegner des Sprechers. Er akzeptiert ihn nicht.

Man muss sich fragen, ob diese Unzufriedenheit eine Ursache hat; denn wenn sie eine Ursache hat, ist es diese, die nur nach Zufriedenheit, Befriedigung, Genugtuung sucht. Die Unzufriedenheit erschafft sich den Gegensatz, den Wunsch, zufrieden, befriedigt, ganz angepasst zu sein. Wenn man jedoch durch diese Unzufriedenheit etwas entdecken möchte, das einen ganz zufrieden machen könnte, so dass man niemals mehr aufgestört werden kann, dann wird man einen Weg finden, auf dem man Zufriedenheit erlangt, und die Unzufriedenheit wird dahinschwinden und vorbei sein.

Vielleicht tun das die meisten von uns. Sie haben die eine oder andere Rede gehört. Sie kommen hierher, weil Sie irgendeine Befriedigung, irgendeine Gewissheit und Bestätigung, irgendeine befriedigende Wahrheit suchen. Die meisten von uns finden sehr leicht Befriedigung: in der Küche, in einem religiösen Kreis oder in der Politik. Auf diese Weise wird der Geist allmählich und unausweichlich immer enger und kleiner, während er doch eine riesengroße Kapazität hat.

Wenn man - wie es der Fragesteller ausdrückt - unbefriedigt und unzufrieden mit dem ganzen Universum ist - nicht bloß unzufrieden damit, dass man kein Haus oder kein Geld hat -, dann ist diese Unzufriedenheit ohne Ursache. Dann ist es Unzufriedenheit an sich, ohne sichtbaren Grund. Solche Leute, die diese Flamme der Unzufriedenheit in sich haben, sind selten. Vielleicht vergrößert sich die Unzufriedenheit bei solchen Leuten; wenn sie hierher kommen und zuhören, wird alles verzehrend. Was soll er also machen, wenn er so ganz unbefriedigt ist mit dem ganzen gedanklichen Gefüge? Er ist dann in einem unbeweglichen Zustand. Er sucht nicht, er wünscht nichts, er jagt nach nichts. Und auch der Sprecher ist unbeweglich. Was er sagt, ist so. Nicht weil er dogmatisch, abergläubisch oder rechthaberisch wäre. Er sagt, sobald Sie das Bewusstsein mit seinem Inhalt und die Befreiung dieses Bewusstseins von seinem Inhalt verstehen, stellt sich eine ganz andere Dimension ein. Er sagt das seit fünfzig Jahren, nicht weil er es erfunden hat, sondern weil es so ist.

Da sind diese zwei Wesenheiten: Der eine ist völlig unzufrieden. Nichts befriedigt ihn, Worte, Bücher, Ideen, Führer, Politik, nichts, und deshalb ist er in einem unbeweglichen Zustand. Und der andere ist ebenso unbeweglich. Er wird sich nicht rühren, er wird nicht nachgeben. Was passiert dann? Zwei Menschen, von denen der eine in Herz und Hirn zutiefst unzufrieden ist, während der andere aus der Tiefe und von Herz und Hirn sagt: ›Es ist so.‹ Dann begegnen sich diese beiden Wesenheiten. Das ist nichts, das die Einbildungskraft erfunden hat. Das ist so. Doch sobald man sich als Gegner fühlt, hat man sich schon bewegt. Man ist nicht völlig unzufrieden geblieben. Im Augenblick, wo er sagt: »Ich bin gegen Sie und das, was Sie sagen«, hat er sich von dem, was da brennt, entfernt. Er hat sich bereits beruhigt. Doch der andere ist nicht sein Gegner. Er sagt: »Es ist so.« Wenn dieser erste dem Sprecher ohne Gegnerschaft, ohne etwas von ihm zu wollen, begegnet, ist er in Flammen. Dann sind beide dasselbe. Feuer ist Feuer. Sobald das Feuer erstickt wird, sind die beiden wieder voneinander unterschieden.

28 Unaufmerksamkeit

Man sieht, wie wichtig es ist, dass man sich der inneren und äußeren Handlungen bewusst wird, und doch gleitet man so leicht in den Zustand der Unaufmerksamkeit hinein. Brauchen wir einen Krishnamurti, brauchen wir Bücher und Kassetten, um uns wach zu halten? Warum? Woher kommt es, dass zwischen dem Verständnis und der spontanen Handlung eine Lücke klafft?

Warum ist man allgemein so leicht unaufmerksam? Das kommt dauernd vor. Muss jemand da sein, der Sie daran erinnert, dass Sie sich bewusst werden sollen, was unter Ihrer Haut, innen und außen, vor sich geht?

Kleider machen nicht den Menschen aus. Dadurch, dass ein Mönch ein Gewand anlegt, wird er nicht zum Heiligen. Es kann sein, dass die Kleidung Sie daran erinnert, dass Sie sich bewusst werden müssen - dann sind Sie von der Kleidung abhängig. Können Sie aber auch ohne diese äußere Kleidung voll bewusst sein und nicht unaufmerksam werden?

Wird Bewusstsein, wovon auch immer, anerzogen? Wird es durch Übungen entwickelt, dadurch, dass man sagt: »Ich muss mir bewusst werden.« - und indem man darüber meditiert oder etwas hat, das einen dauernd erinnert, egal, ob es ein Bild ist? Oder ein kratzendes Hemd, das einen dauernd daran erinnert, dass man sich bewusst sein soll, bloß weil es so unangenehm ist? Wir wollen herausfinden, was es bedeutet, sich bewusst zu sein.

Man kann nicht alles wissen, was in der Welt passiert, was die Politiker, der Geheimdienst, das Militär oder die Wissenschaftler tun. Man weiß nicht, was der Nachbar tut, noch was im Inneren der eigenen Frau, des eigenen Mannes vor sich geht. Man kann nicht alles wissen. Aber man kann sich das eigene innere Leben bewusst machen. Ist dieser innere Vorgang etwas anderes als der äußere? Ist das Äußere - die Verschmutzung, die Korruption, die Schikanen, die Täuschungen, die Heuchelei, die Gewalt - so sehr vom eigenen Inneren unterschieden? Oder gleicht das nicht eher einer dauernden Bewegung, wie Ebbe und Flut, die hinausgeht und hereinkommt?

Kann man sich dieser Bewegung bewusst werden, sie erkennen und beobachten? Kann man, während man diese Fluten, diese einheitliche Bewegung beobachtet, irgendeine Wahl treffen? Gründet sich Bewusstsein innerhalb dieser Bewegung auf eine Wahl, die man trifft? Kann man diese Bewegung beobachten, kann man sich selber und die Welt, denn die Welt ist man selber, beobachten, ohne eine Wahl zu treffen? Diese Beobachtung selber ist Bewusstsein, das man nicht züchten muss, an das einen niemand, weder Bücher noch Kassetten, zu erinnern brauchen.

Sobald man selber die Wahrheit erkannt hat, dass diese Bewegung hier drinnen und jene da draußen im wesentlichen dasselbe ist, braucht man keine Gedächtnisstützen mehr. Es ist diese gleiche Bewegung, die die Gesellschaft, die Armee, die Marine, die Wissenschaftler, die Politiker hervorgebracht hat, und diese Bewegung ist man selber. Kann man, ohne sich zu täuschen, ernsthaft sehr, sehr tief in dieses Bewusstsein eindringen, ohne eine Wahl zu treffen, es beobachten, ohne ein Ziel zu haben? Man muss dabei äußerst wachsam sein.

Natürlich kann diese Bewusstheit nicht konstant sein. Aber sich bewusst zu sein, dass es nicht konstant ist, heißt, sich der Unaufmerksamkeit bewusst zu werden. Sich bewusst zu werden, dass man unaufmerksam ist, ist Aufmerksamkeit. Man kann unmöglich logisch sagen: Vom Augenblick des Erwachens bis zum Augenblick des Einschlafens werde ich wachsam sein - dann sind es nur Worte, und das hat keinen Sinn. Wenn man aber erkennt, dass man nicht dauernd aufmerksam und sich bewusst sein kann - was Tatsache ist -, dann hat die Unaufmerksamkeit, das Nicht-Aufmerksam-Sein, seinen Wert, seinen Sinn, weil Sie im Zustand der Unaufmerksamkeit entdecken, dass Sie nicht aufmerksam sind.

Der Fragesteller will wissen: »Wie kommt es, dass zwischen dem eigentlichen Verständnis und der spontanen Handlung eine Lücke ist? Was meint man, wenn man das Wort ›Verständnis‹ gebraucht?«

Jemand erklärt Wesen und Aufbau des Atoms, man hört aufmerksam zu und sagt: »Ja, ich verstehe, was Sie sagen.« Oder man hört einem Philosophen zu und sagt: »Ja, grundsätzlich verstehe ich Ihre Theorien.«

Das alles ist intellektuelle Einsicht, Verständnis. Es ist Aufgabe des Intellekts, zu erkennen, auszuwerten, zu analysieren. Auf dieser Ebene sagt man: »Ich verstehe«.

Der Fragesteller fragt: »Woher kommt die Lücke zwischen dieser Art von Verständnis und der spontanen Handlung?«

Dazu muss man zutiefst begreifen, dass das Wort niemals die Sache ist, dass die Erklärung niemals die Wirklichkeit ist. Verständnis kommt, wenn der Geist still ist, und das nicht bloß auf der intellektuellen Ebene. Sie erzählen mir etwas Ernstes, Philosophisches. Wenn mein Geist geschwätzig ist, abschweift, kann ich nicht ganz verstehen, was Sie sagen. Ich muss Ihnen also zuhören. Ich darf dabei nicht übersetzen oder interpretieren, was Sie sagen. Ich darf nicht nur teilweise zuhören, weil ich vielleicht Angst vor dem habe, was Sie sagen könnten; denn dann ist der Geist voller Unruhe, aufgerührt, veränderlich, unbeständig. Aber wenn ich wirklich auf das hören will, was Sie mir sagen, muss der Geist still sein. Dann kommt es zu einer Tiefe des Verständnisses, das nicht nur intellektuell oder verbal ist. Wenn Sie wirklich in der Tiefe wahrnehmen, was gesagt wird - ob es unwahr oder wahr ist (und man kann die Wahrheit im Unwahren entdecken) -, dann wird es natürlich in diesem Zustand schweigenden Verständnisses augenblicklich zur Handlung kommen, dann gibt es keine Lücke zwischen Verständnis und Handlung. Wenn man am Rande eines Abgrunds steht, argumentiert man nicht. Der Intellekt sagt dann nicht, dass wir diskutieren, darüber nachdenken wollen. Man weicht der Gefahr aus. Augenblicklich setzt die Selbstbewahrung ein, die gesund, natürlich, normal ist. Man bleibt nicht vor einem Bus stehen, der einen überfahren wird. Man bleibt auch nicht vor einer giftigen Schlange oder einem anderen gefährlichen Tier stehen und schaut es an. Es ist eine natürliche, instinktive Reaktion, sich selber in Sicherheit zu bringen. Wenn man etwas vollkommen wahrnimmt - und das kann nur geschehen, wenn der Geist ruhig zuhört, ohne zu akzeptieren, ohne abzulehnen, sondern zuhört -, dann sind Wahrnehmung und Handlung ein und dasselbe.

29 Verständnis

Ich habe, wenn auch nur auf der intellektuellen Ebene, verstanden, worüber wir während dieser Zusammenkünfte gesprochen haben. Ich meine, in einem tiefen Sinn ist das alles wahr. Wenn ich jetzt in mein Land zurückkehre, soll ich dann mit Freunden über Ihre Lehren sprechen? Oder würde ich nur noch mehr Verwirrung und Schaden anrichten, wenn ich darüber spreche, solange ich noch ein unvollkommener Mensch bin?

Alle frommen Lehren der Priester und Gurus werden von unvollkommenen Menschen verkündet. Obgleich sie sagen: ›Wir sind ganz oben‹, sind sie immer noch unvollkommene Menschen. Und der Fragesteller sagt: ›Ich habe das, worüber Sie gesprochen haben, teilweise, aber noch nicht ganz verstanden. Ich bin kein umgewandelter Mensch. Ich verstehe, und ich möchte anderen erzählen, was ICH verstanden habe. Ich sage nicht, dass ich das Ganze verstanden hätte, ich habe einen Teil verstanden. Ich weiß, es ist bruchstückhaft, ich weiß, es ist nicht vollständig, ich lege die Lehren nicht aus, ich informiere Sie nur soweit, wie ich es verstanden habe.‹

Nun, was wäre daran nicht in Ordnung? Erst wenn Sie behaupten: »Ich habe das alles vollkommen verstanden und erzähle es dir« - dann würden sie zu einer Autorität, zum Interpreten werden. So ein Mensch ist eine Gefahr, denn er verdirbt andere Leute. Wenn ich aber etwas erkenne, das wahr ist, werde ich dadurch nicht getäuscht. Es ist wahr, und darin liegt eine gewisse Zuneigung, Liebe, Mitleid. Ich empfinde etwas sehr stark - dann kann ich gar nicht anders, als zu anderen gehen. Es wäre albern, wenn ich sagte, ich tue das nicht. Aber ich warne meine Freunde dabei, ich sage: »Seht her, seid vorsichtig, stellt mich nicht auf ein Podest.«

Der Sprecher ist nicht auf einem Podest. Dieses Podest hier, dieses Podium dient nur der Bequemlichkeit. Es verleiht ihm keine Autorität. Aber wie die Welt nun einmal ist, sind die Menschen an das eine oder andere gebunden, sind einem Glauben, einer Person, einer Idee, einer Illusion, einem Dogma verhaftet. Deshalb sind sie verdorben. Und die, die verdorben sind, sprechen, und wir, die wir in gewisser Hinsicht auch verdorben sind, machen mit.

Wenn Sie die Schönheit dieser Hügel, den Fluss, die ungewöhnliche Ruhe eines klaren Morgens, die Form der Berge, die Täler, die Schatten, die Harmonie sehen, in der hier alles ist - wenn Sie das alles sehen, werden Sie dann nicht an Ihren Freund schreiben und sagen: ›Komm her, schau es dir an!‹ Sie sind dann ja nicht an sich selber interessiert, sondern nur an der Schönheit des Berges.

30 Sex

Warum spielt Sex so eine große Rolle in unserem Leben?

In Indien gibt es eine besondere Philosophie, die man Tantra nennt. Ein Teil dieses Tantra fördert Sex. Da wird behauptet, dass Sie das Nirvana durch Sex erreichen. Sex wird unterstützt, damit Sie darüber hinausgelangen - und Sie gelangen niemals darüber hinaus.

Warum ist Sex in unserem Leben so wichtig geworden? So war es immer - nicht nur in der jetzigen Zeit. Warum ist Sex dem Menschen so tief eingepflanzt? - abgesehen davon, dass man Kinder zeugt, davon spreche ich jetzt nicht. Warum? Wahrscheinlich ist es das größte Vergnügen, das ein Mensch hat. Sobald er nach diesem Vergnügen verlangt, entstehen alle möglichen Komplikationen. Bände voller Erläuterungen der psychischen Komplikationen sind darüber geschrieben worden. Aber niemals haben die Autoren die Frage gestellt, warum die Menschen diese Angelegenheit zu etwas so Wichtigem in ihrem Leben gemacht haben.

Unser Leben ist ein Durcheinander, ein fortwährender Kampf ohne etwas Originelles, ohne etwas Kreatives - ich verwende das Wort ›kreativ‹ sehr vorsichtig. Der Maler, der Architekt, der Holzschnitzer mögen von sich sagen, sie wären kreativ. Der Frau, die in der Küche Brot backt, sagt man nach, sie wäre kreativ. Und Sex, so sagen manche, sei auch kreativ. Was also heißt das, ›kreativ zu sein‹? Die Maler, die Musiker und die indischen Sänger mit ihrer Hingabe behaupten, dass ihr Tun der Akt der Schöpfung sei. Ist es das? Sie erkennen Picasso als einen großen Maler, als einen großen schöpferischen Mann an, wenn er eine Nase auf drei Gesichter setzt oder was immer er macht. Ich sage das nicht, weil ich ihn ablehne oder ihm schaden möchte. Ich weise damit nur auf etwas hin. Das ist es, was man mit dem Schöpferischen bezeichnet. Aber ist das alles Kreativität? Oder ist Kreativität etwas ganz anderes?

Sie erkennen Ausdruck und Kreativität in der Malerei, in einem Gesicht, in der Literatur, in einer Statue, in der Musik. Sie drückt sich dem Talent eines Menschen, seiner großen oder kleinen Fähigkeit gemäß aus. Es mag moderne Rock-Musik oder Bach sein. - Verzeihen Sie, dass ich die beiden miteinander vergleiche; sie sind kaum zu vergleichen. Wir Menschen akzeptieren das alles als kreativ, weil es Ruhm, Geld und Anerkennung mit sich bringt. Aber ich frage: Ist das Kreativität? Kann es wahrhaft Schöpferisches im tiefsten Sinne des Wortes geben, solange Egoismus und die Forderung nach Erfolg, Geld und Anerkennung da sind? Das dient dazu, den Markt zu versorgen.

Bitte, stimmen Sie mir nicht zu! Ich weise nur darauf hin. Ich sage nicht, dass ich weiß, was Kreativität ist, und dass Sie es nicht wüssten. Das sage ich nicht. Ich sage nur, dass wir das alles niemals anzweifeln. Ich sage, es gibt einen Zustand des Schöpferischen, in dem nicht einmal der Schatten des Selbst ist. Das ist das wahrhaft Schöpferische. Es braucht keinen Ausdruck, keine Selbst-Erfüllung. Es ist das Schöpferische an sich. Vielleicht meint man, dass Sex kreativ wäre. Und vielleicht ist Sex deshalb so wichtig geworden, weil alles um uns herum eingeengt ist: die Arbeit, das Büro, der Kirchgang, dass man einem Philosophen, einem Guru folgt. Das alles hat uns der Freiheit beraubt, und außerdem sind wir nie frei von unserem Wissen. Es begleitet uns ständig, die Vergangenheit begleitet uns immer.

So sind wir der äußeren und inneren Freiheit beraubt. Seit Generationen hat man uns vorgeschrieben, was wir tun sollen. Und die Reaktion darauf ist, dass ich tun werde, was ich will. Aber das ist eingeengt, gründet auf Vergnügen, auf Verlangen, auf Fähigkeiten. Wo also weder äußere noch innere Freiheit besteht - am wenigsten im Inneren -, bleibt nur noch eine einzige Sache übrig, und die nennt man Sex.

Warum wir dem soviel Bedeutung beimessen? Halten Sie es für ebenso wichtig, sich von Angst zu befreien? Nein. Verwenden Sie ebensoviel Kraft, Vitalität und Gedanken darauf, wie Sie Leiden in der Welt lindern können? Nein. Warum? Warum nur auf Sex? Weil das die leichteste Sache ist, mit der sie umgehen können. Das andere fordert Ihre ganze Kraft, die nur dann da ist, wenn Sie frei sind. So ist es natürlich, dass die Menschen in der ganzen Welt dieser Sache in ihrem Leben so große Bedeutung beimessen. Wenn Sie aber etwas, das nur ein Teil des Lebens ist, große Bedeutung beimessen, zerstören Sie sich selber. Das Leben ist ein Ganzes, nicht bloß ein Teil. Wenn Sie dem Ganzen Bedeutung geben, wird Sex mehr oder weniger unwichtig. Die Mönche und diejenigen alle, die Sex ablehnen, haben ihre Kraft auf Gott gerichtet. Trotzdem brodelt diese Sache immer noch in ihnen. Man kann die Natur nicht unterdrücken. Doch wenn Sie dieser Sache eine alles überragende Bedeutung beimessen, dann sind Sie verdorben.

31 Autorität

Was meinen Sie damit, wenn Sie uns auffordern, gemeinsam zu denken? Soll denn jeder, der Ihnen zuhört, gleichzeitig mit Ihnen denken? Meinen Sie nicht, dass das die Handlungsweise eines Gurus ist, der die Leute anhält, seine Ideen, Gedanken und Schlussfolgerungen zu teilen?

Das Wort ›Guru‹ ist in Verruf gekommen. Ich glaube, dieses Wort kennzeichnet in Wahrheit einen, der die Unwissenheit auflöst, und nicht einen, der seine Unwissenheit der Ihren hinzufügt. Das Wort hat außerdem noch andere Bedeutungen. Seit alters gab es im Westen Gurus: Die Priester, die als Vermittler zwischen Ihnen und dem, was Sie Gott oder den Erlöser nennen, fungierten. Das gibt es auch in Indien.

Der Fragesteller sagt: »Wenn uns der Sprecher auffordert, gemeinsam zu denken, stellt er sich dann nicht selber als Guru hin?« Wir wollen also untersuchen, was der Sprecher meint, wenn er dazu auffordert ›gemeinsam zu denken‹. Gemeinsam zu denken heißt nicht, zu akzeptieren, was der Sprecher sagt. Es heißt nicht, Ideen zu akzeptieren oder den Rückschlüssen, die er ziehen mag, zuzustimmen. Tatsächlich hat der Sprecher keine Rückschlüsse. Aber er sagt ›denkt gemeinsam‹ in dem Sinne, dass beide Seiten gemeinsam beobachten sollen. Beobachten und dabei entdecken, was es bedeutet, wenn man beobachtet. Das allein verleiht ihm überhaupt keine Autorität. Sie können aus ihm eine Autorität machen, was bedauerlich wäre, aber er besitzt keine Autorität und lehnt jede Art von Anhängerschaft ab. Wenn er Schlussfolgerungen, Ideale und so weiter aufstellen und Schüler annehmen würde, wäre er im Zustand der Gewissenlosigkeit. Er sagt das seit fünfzig Jahren.

Deshalb gibt es hier kein Autoritätsgefühl. Es ist sehr einfach. Wenn er Vorurteile hätte, wenn er krank machende, zwingende neurotische Schlüsse ziehen würde, könnte das bedeuten, dass er sie Ihnen aufzwingen wollte. Aber er sagt dauernd: ›Wir wollen das, was wir im Äußeren wie auch im Innern beobachten, miteinander teilen.‹ Das ist alles. Offensichtlich scheinen Sie unfähig zu sein, allein zu stehen. Dieses Wort allein bedeutet ›all-eins‹. Wenn Sie wirklich allein, unverdorben, wenn Sie wirklich frei sind, dann sind Sie die ganze menschliche Wesenheit, die menschliche Welt. Wir aber haben Angst, allein zu sein. Wir wollen immer mit jemandem zusammensein oder eine Idee oder eine Vorstellung haben.

Allein zu sein, ist nicht Einsamkeit. Die Einsamkeit hat ihre eigene Schönheit, wenn man allein im Wald, an einem Flussufer spazieren geht - nicht Hand in Hand mit jemandem, sondern allein in Einsamkeit, was etwas ganz anderes ist als das Alleinsein. Wenn Sie allein spazieren gehen, schauen Sie den Himmel, die Bäume, die Vögel, die Blumen und die ganze Schönheit der Erde an, und vielleicht beobachten Sie dabei auch sich selber, nicht indem Sie mit sich selber ein Zwiegespräch führen, nicht indem Sie Ihre Lasten mit sich schleppen. Die haben Sie hinter sich gelassen.

Die Einsamkeit enthüllt Ihr Verlassensein, Ihre Eitelkeit, Ihre Depression. Erst wenn Sie die Einsamkeit beendet haben, stellt sich dieses andere, das Alleinsein, ein, das weder eine Schlussfolgerung noch ein Glaube ist.

Wenn man Ihnen sagt, was es bedeutet zu schauen, ist das keine Propaganda. Alleinsein heißt nicht, dass man Sie in irgendeine Richtung treibt. Wenn sie geleitet oder geführt werden, werden Sie zum Sklaven und verlieren von Anfang an alle Freiheit.

Freiheit liegt nicht am Ende, sondern am Anfang.

32 Still sein

Es scheint so, als wären Sie sogar dagegen, dass wir uns täglich still hinsetzen, um die Gedanken zu beobachten. Ist das nach Ihrer Definition eine Übung, eine Methode, und daher wertlos?

Der Fragesteller fragt: »Warum sollte man nicht jeden Morgen zwanzig Minuten lang stillsitzen, dann zwanzig Minuten am Nachmittag und vielleicht noch einmal zwanzig Minuten am Abend - was soll daran nicht stimmen?«

Wenn Sie stillsitzen, können Sie sich entspannen, können Sie Ihre Gedanken, Ihre Reaktionen, Ihre Antworten und Reflexe beobachten. Was für ein Motiv haben jene, die für sich allein oder gemeinsam in einer Gruppe stillsitzen? Was für ein Motiv steht hinter dem Verlangen, eine halbe Stunde täglich stillzusitzen? Ist es nicht wichtig, dass Sie herausfinden, warum Sie das tun? Tun Sie es, weil Ihnen jemand versichert hat, dass Sie parapsychologische Erfahrungen machen, etwas Frieden finden, ein bestimmtes Verständnis finden, irgendeine Art von Erleuchtung haben oder irgendwelche Macht gewinnen werden, wenn Sie stillsitzen?

Und da Sie ziemlich leichtgläubig sind, zahlen Sie Tausende von Dollars, um Instruktionen zu bekommen und ein Mantra, das Sie wiederholen können. Manche Leute zahlen Tausende von Dollars für ein Wort - insbesondere ein Wort aus dem Sanskrit -, und sie wiederholen dieses Wort. Sie zahlen, und Sie bekommen etwas dafür zurück. Was für ein Motiv steht dahinter? Warum tun Sie das? Glauben Sie etwa, damit Ihrer Psyche zu dienen? Oder tun Sie es, weil Sie meinen, dass Sie durch das Stillsitzen eine Art Super-Bewusstsein erlangen werden? Oder tun Sie es, weil Sie sich etwas wünschen, was ihnen der Lehrer versprochen hat?

Deshalb ist es wichtig, dass wir Ihr Motiv entdecken, was Sie eigentlich wollen, ehe wir uns da hineinbegeben. Aber Sie tun das nicht. Sie sind ja so eifrig und leichtgläubig. Jemand verspricht Ihnen etwas, und Sie wollen das haben. Wenn Sie das Motiv untersuchen, werden sie erkennen, dass es der Wunsch ist, etwas zu erreichen. Wie ein Geschäftsmann, der viel, viel Geld verdienen möchte. Das ist sein Drang. Hier ist es der psychologische Drang, etwas zu bekommen, was Ihnen ein Guru oder ein Lehrer verspricht.

Sie zweifeln nicht an dem, was er Ihnen verspricht. Sie stellen es nicht in Frage. Wenn Sie aber den Mann, der Ihnen etwas anbietet, fragten: »Ist es das alles wert? Ist es wahr? Wer sind Sie, dass Sie mir sagen können, was ich tun soll?«, dann würden Sie entdecken, dass Ihr Stillsitzen ohne Kenntnis Ihrer eigenen Motivation in allerlei täuschende psychologische Schwierigkeiten hineinführt. Sollte das der Zweck des Stillsitzens sein? Dann ist es das nicht wert.

Wenn Sie aber motivlos stillsitzen oder wenn Sie allein sind oder mit jemandem spazieren gehen und dabei die Bäume, die Vögel, den Fluss und das Sonnenlicht auf den Blättern betrachten, dann beobachten Sie dabei gleichzeitig auch sich selber. Sie streben dann nach gar nichts. Sie machen keine großen Anstrengungen, um etwas zu erreichen.

Diejenigen, die sich in Bezug auf eine bestimmte Meditationsform festgelegt haben, finden es sehr schwer, sich wieder davon zu lösen, weil ihr Geist bereits davon geprägt ist. Sie haben das jahrelang geübt und sind deshalb festgefahren. Und wenn Ihnen jemand sagt: »Was ist das alles für ein Unsinn?«, könnten Sie in einem ungewöhnlichen Augenblick vernünftig werden und sagen: »Ja, vielleicht ist das alles falsch.« Aber dann wird es schwierig. Dann kommt es zu einem Widerspruch zwischen dem, was Sie selber als vernünftig erkannt haben, und dem, was sie in den letzten zehn Jahren geübt haben. Das ist ein Kampf, den man Fortschritt, spirituellen Fortschritt nennt!

Der Geist ist immer geschwätzig, folgt immer dem einen oder anderen Gedanken, folgt immer einer Reihe sinnlicher Reaktionen nach der anderen. Um mit dieser Geschwätzigkeit Schluss zu machen, üben Sie sich in Konzentration, wobei Sie Ihren Kopf zwingen, mit dem Geschwätz aufzuhören. Damit geht der Widerspruch von vorne an, denn was Sie tun, ist schwatzen und schwatzen. Sie reden endlos über nichts.

Wenn Sie nun irgendetwas - einen Baum, eine Blume, die Silhouette der Berge - beobachten wollen, müssen Sie hinausschauen, müssen Sie still sein. Aber Sie interessieren sich ja gar nicht für die Berge oder für die Schönheit der Hügel und Täler und der Flüsse. Sie wollen nur irgendwo ankommen, geistig etwas erreichen.

Kann man denn nicht auf natürliche Weise still sein? Kann man denn nicht einen Menschen anschauen, einem Lied oder dem zuhören, was Ihnen jemand sagt? Ruhig, widerstandslos zuhören? Ohne dabei zu sagen: »Ich muss mich wandeln, ich muss dies oder das tun!«, sondern nur ruhig sein? Offensichtlich ist das am allerschwersten. Deshalb üben Sie systematisch das Stillwerden. Erkennen Sie jetzt, wie falsch das ist, wenn man sich in einer Methode übt, einem System, einer regulären täglichen Routine folgt, von der Sie glauben, dass sie Ihren Geist schließlich stillmachen wird? Aber er wird niemals still. Er ist mechanisch. Er ist zu einer dumpfen und unsensiblen Schablone geworden. Sie erkennen das alles nicht. Sie wollen etwas haben, Sie wollen eine Initiation, eine Einweihung bekommen! Ach, ist das alles kindisch!

Wenn Sie aber ruhig zuhören, ohne sich zu sagen: »Der Sprecher hat recht, oder er hat nicht recht. Ich habe mich verpflichtet, ich habe versprochen, das nicht aufzugeben. Ich bin so, bin dies oder das«, sondern widerstandslos zuhören, dann wird das, was Sie tun, Ihre eigene Entdeckung. Dann wird Ihr Geist durch diesen Vorgang allein still.

Können wir also als gewöhnliche Menschen voller Schwierigkeiten und Unruhe still sein und dem Geplapper unserer eigenen

Gedankengänge zuhören? Kann man still sitzen oder stehen oder gehen, ohne dass einen jemand dazu veranlasst hat, ohne Belohnung, ohne Verlangen nach außergewöhnlichen, übersinnlichen Erfahrungen? Beginnen Sie auf der Ebene der Vernunft. Von da aus kann man sehr viel weitergehen.

33 Erleuchtung

Was ist Erleuchtung?

Erleuchtung in Bezug worauf? Bitte, wir wollen hier vernünftig sein. Man ist sich z. B. über die Beziehung zu einem anderen Menschen klar. Das bedeutet, dass man versteht, dass die Beziehung zu einem anderen Menschen, wie intim sie auch sei, auf der eigenen Vorstellung, auf dem Bild gründet, das man von diesem anderen hat. Dieses Bild setzt sich aus den dauernden Reaktionen, der Gleichgültigkeit, des Trostes, der Nörgelei vieler Jahre zusammen. Es hat sich aus allem zusammengesetzt, was zwischen Mann und Frau vor sich geht. So ist es die Beziehung zweier Bilder zueinander. Das nennt man Beziehung.

Wenn man jetzt die Wahrheit darüber erkennt, sagt man, man ist sich darüber klargeworden. Oder man ist sich über Gewalt im Klaren. Man erkennt klar und unverzerrt den ganzen Verlauf der Gewalt. Oder man erkennt, wie Leid entsteht. Und wenn man dem Leid ein Ende setzt, ist man sich über das Leid im Klaren.

Aber das meinen wir ja nicht. Wir meinen etwas ganz anderes, nämlich: »Ich bin erleuchtet, und ich werde dir etwas darüber mitteilen. Komm zu mir!«

Wenn wir uns wirklich damit befassen wollen, was Erleuchtung, was Erkenntnis, was die Stimme der Wahrheit ist, dann müssen wir uns mit der Frage der Zeit gründlich befassen.

Die so genannten Erleuchteten behaupten, dass man Erleuchtung allmählich, mit der Zeit, in vielen aufeinander folgenden Leben erlangt - wenn Sie an die Reinkarnation glauben -, bis Sie einen Punkt erreichen, an dem Sie über alles Kenntnis haben, erleuchtet sind. Sie behaupten, Erleuchtung wäre ein allmählicher Prozess der Erfahrung, des Wissens, des ständigen Fortschreitens aus der Vergangenheit durch die Gegenwart in die Zukunft, ein Zyklus.

Ist Erleuchtung, das Allerletzte, eine Frage von Zeit? Ist sie das? Ist sie ein allmählicher Prozess, d.h. ein zeitlicher Prozess, ein evolutionärer Prozess? Ein allmähliches Werden? Wir müssen das Wesen der Zeit verstehen - nicht der chronologischen Zeit, sondern das psychologische Gebilde verstehen, das Zeit akzeptiert hat: »Ich hoffe, dass ich das einmal erreichen werde. Dieses Verlangen, das Teil der Hoffnung ist, sagt: »Einmal werde ich dahin kommen.«

Die sogenannten Erleuchteten sind nicht erleuchtet; denn im Augenblick, in dem sie behaupten: »Ich bin erleuchtet«, sind sie es nicht. Es ist nur Ihre Eitelkeit. Das ist wie ein Mann, der von sich behauptet: »Ich bin wahrhaft demütig.« Wenn ein Mensch so etwas sagt, dann wissen Sie, dass er es nicht ist.

Wahre Demut ist nicht das Gegenteil von Eitelkeit. Das andere ist erst dann, wenn die Eitelkeit aufgehört hat. Da gibt es jene, die von sich behaupten, sie wären erleuchtet, die Ihnen sagen, dass auch Sie das Schritt für Schritt erreichen müssen, dass Sie dies oder das üben müssen, dieses nicht tun sollen. »Werde mein Schüler, ich werde dir sagen, was du tun musst. Ich werde dir einen indischen Namen oder einen neuen christlichen Namen geben«, und so weiter.

Und Sie, ein unvernünftiger Mensch, akzeptieren diesen Unsinn. Deshalb fragen Sie: »Was ist diese höchste Erleuchtung?«

Die Antwort lautet: Ein Geist, der keinen Widerspruch in sich trägt, der ohne Sinn für Kampf, Erfolg, Fortschreiten und Erreichen ist.

Es ist wichtig, dass man diese Frage der psychologischen Zeit des dauernden Werdens oder Nicht-Werdens, was dasselbe ist, versteht. Sobald dieser Sinn fürs Werden im Geist Wurzeln geschlagen hat, prägt er Ihr gesamtes Denken, alle Ihre Handlungen. Dann benutzt man die Zeit als Mittel, um etwas zu erreichen.

Aber gibt es denn überhaupt ein Werden?

»Ich bin gewaltsam, ich will gewaltlos werden.« Das bedeutet doch, dass das Werden eine Vorstellung ist. Ich bin gewaltsam, und ich entwerfe die Vorstellung, dass ich gewaltlos sein werde. Damit erzeuge ich die Dualität von Gewalt und Gewaltlosigkeit. So kommt es zum Widerspruch. Oder ich sage mir: Ich muss mich beherrschen, ich muss das unterdrücken, ich muss mich analysieren, ich muss einen Psychologen aufsuchen, ich brauche einen Psychotherapeuten.«

Wenn man sich den Gegensatz nicht erschafft, bleibt die Tatsache der Gewalt. Die Tatsache. Gewaltlosigkeit ist keine Tatsache.

Wenn Sie die Wahrheit erkennen, dass es im Zustand der Gewalt die Vorstellung von der Gewaltlosigkeit ist, die diesen Widerspruch zwischen den Gegensätzen erzeugt, dann hat die Nicht-Tatsache keinen Wert mehr. Beobachten Sie jetzt die Vorgänge von Gewalt, Zorn, Eifersucht, Hass, Wettkampf, Nachahmung, Anpassung! Tun Sie das motivlos, ohne eine Richtung zu verfolgen. Wenn Sie das wirklich tun, kommt es zu einer augenblicklichen Wahrnehmung und zum Ausdruck dieser Wahrnehmung, und die Gewalt hat ein Ende.

So kann man erkennen, dass Erleuchtung, der Sinn für die höchste Wirklichkeit, nicht der Zeit angehört. Das widerspricht der gesamten Psychologie, der Welt des Religiösen, den Christen mit ihren Seelen, mit ihren Erlösern, mit ihrem Höchsten.

Erkenntnis ist zugleich Handlung. Nicht: Erkenntnis, Pause, dann Handlung. In der Pause entsteht eine Vorstellung. Geist, Gehirn, das ganze Nervensystem und psychologische Gefüge des Menschen können von dieser Last der Zeit von einer Million Jahren befreit werden, damit sie klare Sicht haben und aus dieser heraus sofort und ausnahmslos handeln. Diese Handlung wird nicht unvernünftig sein. Diese Handlung hat eine logische und vernünftige Erklärung.

Dieses Höchste, das die Wahrheit ist, wird nicht mit der Zeit erreicht. Es kann niemals erreicht werden. Es ist da. Oder es ist nicht da.

34 Übersinnliche Erfahrungen

Manche Leute reden über übersinnliche Erfahrungen. Solche Erfahrungen scheinen faszinierend zu sein. Aber die Leben derer, die von sich behaupten, sie gemacht zu haben, scheinen nach wie vor durchschnittlich zu sein. Was sind das für Erfahrungen? Sind diese Erfahrungen Teil der Erleuchtung, ein Schritt auf sie zu? Und wenn ja, was ist Erleuchtung?

Es ist eigenartig, dass Sie immer von Erleuchtung reden, nicht wahr? Dass Sie über das reden, was der Sprecher oder jemand anderes gesagt hat. Sie sagen niemals: Sehen Sie, das ist mein Leben. Ich bin voller Schmerz. Ich leide. Wie soll ich das alles lösen?

Überall, wo der Sprecher war, wurde diese Frage gestellt. Sie fragen nicht, wie Sie in dieser Welt leben sollen, die so verdorben ist, wo es keine Gerechtigkeit gibt. Und Sie sind ein Teil dieser Welt. Warum stellen wir keine tiefe, fundamentale Frage in Bezug auf uns selber? Warum fragen wir niemals: »Es sieht so aus, als hätte ich niemals geliebt. Ich kenne die Beschreibungen der Liebe. Ich weiß, dass es keine Liebe ist, wenn ich zu meiner Freundin, zu meiner Frau sage, ›ich liebe dich‹. Es ist Sex, es ist sinnliches Vergnügen, Begehren, Gemeinsamkeit. Ich weiß, dass das alles nicht diese Blume ist, die voller Schönheit, voller Kreativität erblüht.« Sie aber fragen nach Erleuchtung. Warum?

Weil Sie Angst haben, dass Sie nicht ertragen könnten, wenn Sie sehen, was Sie sind? Dass Sie den Anblick des Protzigen, der Hässlichkeit, der Kleinlichkeit, der Gewöhnlichkeit, der Durchschnittlichkeit nicht ertragen könnten, die in allem ist? Und wenn Sie entdeckten, was Sie wirklich sind, sagen Sie: »Bitte helfen Sie mir.« Indem wir so fragen und diese Worte sagen, sind wir so irrational und werden von allen diesen Leuten ausgebeutet. Es ist wirklich tragisch. Wir erwachsenen Leute - wenigstens meinen wir, dass wir erwachsen seien - spielen mit diesem allen nur und kommen nicht an die Wurzel der Dinge, die wir selber sind. Wir müssen von jemandem gezwungen, gedrängt, genötigt werden, dass wir uns selber sehen. Niemals, unter keinen Umständen schauen wir dieser Sache ins Angesicht. Deshalb wandeln wir uns auch nicht.

Das Leben, der Alltag ist eine weitreichende, große Erfahrung mit Freuden, Vergnügen, Ängsten, der Last an Leid und Ungerechtigkeit um uns herum, mit der Armut, der Überbevölkerung, der (Umwelt-)Verschmutzung und dem Energiemangel in uns selber. Das Leben ist eine so vielseitige Erfahrung. Und doch langweilt uns das. Wir können ihm nicht ins Angesicht schauen, wir fühlen uns nicht dafür verantwortlich. Wir trennen uns davon ab. Diese Trennung ist falsch, unwirklich, irrational, weil wir das ja selber sind. Wir haben das erschaffen, jeder von uns. Wir sind ein Teil davon, und wir wollen das nicht sehen. Weil wir so gelangweilt, so erschöpft von den Belanglosigkeiten des Lebens sind, suchen wir jemanden auf und bitten ihn, bezahlen ihn dafür, dass er uns einweiht, uns einen neuen Namen gibt, weil wir hoffen, neue Erfahrungen machen zu können.

Deshalb ist es wichtig, dass wir das Wesen unseres Alltags, unseres täglichen Lebens, der täglichen Irritationen, des täglichen Ärgers, der Langeweile, Einsamkeit und Verzweiflung verstehen. Und doch, statt dem ins Gesicht zu schauen, es zu verstehen, es zu läutern, suchen wir nach übersinnlichen Erfahrungen, wo wir doch noch nicht einmal die Wirksamkeit der Sinnesreaktionen im Alltag verstanden haben.

Erst wenn man wirklich versteht und so lebt, dass man von der täglichen Langeweile, Einsamkeit und Sehnsucht nach etwas Besserem geläutert ist, erst wenn man von alledem befreit ist und in der Tiefe alles bereinigt ist, wenn somit das Fundament geschaffen wurde, dann wird man, wenn man darüber hinausgeht, erkennen, dass ein Geist, der nach übersinnlichen Wahrnehmungen verlangt, immer noch im Zustand des Geprägtseins durch die Sinne verharrt. Erst dann entsteht ein Geist, der erfahrungslos ist.

35 Einsicht

Einsicht ist ein Wort, das eine Veränderung der Perspektive beschreibt oder dass etwas neu erkannt wird. Diese Art von Einsicht kennen wir alle. Aber die Einsicht, von der Sie sprechen, scheint etwas anderes zu sein. Was ist das Wesen der Einsicht, von der Sie sprechen?

Wenn Sie etwas mit Einsicht verstanden haben, wird Ihr ganzes tägliches Leben davon beeinflusst werden. Der erste Teil Ihrer Frage bezieht sich auf die Art von Experimenten, die man mit Affen durchgeführt hat. Hängen Sie ein Büschel Bananen auf, und ein Affe wird einen Stock nehmen und darauf schlagen, damit die Bananen herunterfallen. Von dem Affen sagt man, er hätte eine Einsicht. Dann gibt es den Affen, der Mobiliar zusammenstellt, ein Stück auf das andere türmt, damit er die Bananen erreicht. Auch das nennt man Einsicht. Es gibt auch Experimente mit Ratten. Sie müssen alle möglichen Tricks anwenden, auf diesen oder jenen Knopf drücken, um an Nahrung heranzukommen. Auch das nennt man Einsicht. Durch Experimentieren, durch Versuch und Irrtum, durch andauerndes Ausprobieren des einen oder anderen Knopfes wird schließlich auf den richtigen Knopf gedrückt, und die Tür der Falle geht auf.

Dieser Vorgang so genannter Einsicht gründet im Wesentlichen auf Wissen.

Vielleicht nennen Sie das nicht Einsicht, aber das ist der wahre Verlauf unserer Aktivität. Probieren Sie dies, und wenn es Ihnen nicht gefällt, probieren Sie das. Das machen wir im medizinischen, im körperlichen, im sexuellen und im so genannten spirituellen Bereich dauernd. Wir versuchen, experimentieren und erreichen etwas. Das Erreichte wandelt sich in erworbenes Wissen um, und aus diesem Wissen heraus handeln wir. Das nennt man Einsicht.

Wir meinen hier aber eine Einsicht, die etwas ganz anderes ist. Wenn der Affe auf den Knopf drückt und ein Resultat erzielt, zeichnet sein Gehirn auf, erinnert sich, dass dieser Knopf dieses Resultat bringt, und das wird automatisch. Dann bestimmt der Experimentator einen anderen Knopf. Der Affe drückt den Originalknopf, aber das funktioniert nicht mehr. Das verwirrt ihn. Dasselbe geschieht mit Ihnen. Durch Experimente, durch Versuche kommen Sie zu einer Lebensart, die Ihnen gefällt. Das nennt man dann Einsicht. Diese Einsicht gründet auf Wissen, das wiederholt wird. Man erwirbt Wissen und verwirft es wieder. Solche Einsicht gründet immer auf Wissen, und Wissen ist Vergangenheit. Wissen von Gegenwart oder Zukunft gibt es nicht.

Das Gehirn ist an einen Knopf, an ein Muster gewöhnt. Es wird eine grundlegende Veränderung nicht akzeptieren, dann wäre es orientierungslos wie der Affe. Wenn es dauernd andere Knöpfe sind, gibt der Affe auf, bewegt sich nicht mehr, ist wie gelähmt und weiß nicht, was er tun soll. Sie können das alles in sich selber beobachten. Sie laufen zu jemandem, der Ihnen sagt, auf welchen Knopf Sie drücken sollen, weil Sie nicht wissen, was Sie tun sollen.

Wir sprechen hier über etwas sehr Ernstes. Diese dauernde Veränderung, die überall in der Welt vor sich geht, führt zu einem Gefühl lähmender Untätigkeit. Man kann nichts machen. Man könnte in ein Kloster gehen. Aber das ist zu unreif, zu kindisch, wenn Sie etwas Gewaltigem gegenüberstehen. Wenn es also nicht zu einer Veränderung in den Gehirnzellen selber kommt, ist das bloße Knopfdrücken nichts weiter als die Wiederholung des gleichen Vorgangs. Wenn das Gehirn - das sich aus einer Million, einer Trillion oder wie viel Zellen auch immer zusammensetzt - nicht eine grundsätzliche Veränderung durchmacht, wird es das alte Vorbild mit Abwandlungen wiederholen; es bleibt ungewiss, unsicher, in einem lähmenden Zustand der Untätigkeit, und da es gelähmt ist, wird es jemand anderen um Hilfe bitten. So machen wir das.

Können sich diese Gehirnzellen verändern - nicht indem man Sie operiert, noch indem man Ihnen Drogen gibt, nicht als Folge neuer wissenschaftlicher Untersuchungsmethoden, die man begonnen hat? Wenn nicht, werden wir endlos dieses Muster von Gewissheit und Ungewissheit, Sicherheit und Unsicherheit wiederholen.

Ich sage, die Gehirnzellen können verändert werden. Diese Bewegung von Sicherheit zu Unsicherheit und umgekehrt ist ein zeitliches Muster. Daran ist das Gehirn gewöhnt. Aus diesem Grund kommt es zu diesen Fragen über Erleuchtung, Systeme usw. Der Sprecher sagt, die Zellen können auf vernünftige Weise, nicht auf illusorische, täuschende, romantische Art verändert werden. Gehirn und Geist und das Nervensystem, das Ganze kann sich selber beobachten, was bedeutet, dass man motivlos ist, kein Ziel hat. Sobald weder Motiv noch Ziel mehr vorhanden sind, ist die Bewegung schon verändert. Das Gehirn ist daran gewöhnt, aus Motiven heraus zu arbeiten. Wenn es in der Beobachtung kein Motiv mehr gibt, hat man bereits das ganze Moment der Vergangenheit verändert. Sobald es kein Motiv und kein Ziel mehr gibt, wird der Geist ganz ruhig. Es kommt dann zu einer Innenschau, und das ist Einsicht. So wird das Muster gelöscht, an das die Gehirnzellen gewöhnt waren.

Wir sind mit Idealen erzogen worden, das Größere, das Edlere, das Bessere. Auf diese Weise hat das Ideal mehr Bedeutung erlangt als das, was ist. Das, was ist, und das Ideal stehen einander gegenüber und müssen Widerspruch hervorrufen.

Sehen Sie doch an, was Sie machen: Das Denken hat sich das Ideal erschaffen, um das, was ist, zu überwinden oder um die Zukunft als Mittel zu benutzen, um das, was ist, zu verändern.

Sie benutzen das Nicht-Tatsächliche, um mit dem Tatsächlichen umzugehen. Deshalb bekommen Sie kein Ergebnis. Auf diese Weise kann es niemals zu einer Veränderung kommen. Es ist so einfach, wenn Sie das einmal erkannt haben. Geben Sie das Ideal auf, weil es wertlos ist, und beobachten Sie nur das Tatsächliche. Das Aufgeben des Ideals verändert die Gehirnzellen. Das Gehirn hat nach diesem Muster gelebt, und jetzt ist das Muster gelöscht. Bisher lebte man in der Hoffnung, dass man sich allmählich wandeln wird. Dann erkennt man, dass das Allmähliche in Wirklichkeit immer dasselbe ist, es wird bloß wiederholt, abgewandelt, wiederholt, abgewandelt, wiederholt.

Deshalb kommt es zu keiner grundsätzlichen Veränderung. Sobald Sie das erkannt haben, verändert sich die gesamte Gehirnstruktur: Das ist Einsicht.

36 Das Unermessliche

Ich denke, dass ich meine Probleme lösen kann. Ich brauche keine Hilfe. Ich habe die Kraft, das zu tun. Aber ich komme hierher, um zu empfangen - und wenn Sie dieses Wort nicht mögen - um etwas zu teilen, was für den Menschen unermesslich ist, etwas, das große Tiefe und Schönheit birgt. Können Sie das mit mir teilen?

Man kann eigene Probleme ohne Hilfe der anderen lösen. Sie entstehen in der Beziehung zu einem anderen erst durch einen selber. Und wie oberflächlich oder wie groß sie auch sein mögen, sie können gelöst werden, wenn man Herz und Kopf zu ihrer Lösung einsetzt - d.h., wenn man weder bequem noch faul ist.

Aber der Fragesteller möchte viel weiter gehen: Er kommt hierher, um etwas zu teilen, das er das für den Menschen Unermessliche, um mit Coleridge zu sprechen, nennt, etwas, das jenseits jeden Maßes liegt, etwas, das man in der Kirche nicht empfängt. Man muss sich zunächst einmal darüber klar sein, was wir mit dem Wort Maß meinen; denn der Fragesteller verwendet das Wort ›unermesslich‹. Entfernung kann man messen. Die so genannte fortschreitende Evolution kann man messen. Das eine war das Gestern. Das Gestern wird in der Begegnung mit der Gegenwart abgewandelt und verläuft weiter in die Zukunft. Das kann man abmessen. Denken ist ein materieller Prozess, den man messen kann: die Oberflächlichkeit des eigenen Denkens, die tiefen und tiefsten Gedanken. Das Mehr oder das Weniger kann immer gemessen werden. Es ist ein Vorgang des Abmessens, wenn man vergleicht. Nachahmung und Anpassung können gemessen werden.

Solange das Maß bestehen bleibt, kann der Geist nur innerhalb dieses Maßes arbeiten. Durch Ausbildung und Sitte sind Geist und Gehirn der Gewohnheit des Abmessens anheimgefallen. Gibt es etwas, das man nicht messen kann? Gibt es so etwas? Können Kopf und Herz, das Gehirn - das ist alles eins -, kann dieses ganze Sein vom Maß frei werden?

Das Gehirn - das sich in der Zeit von Millionen von Jahren entwickelt hat - ist das der Menschheit gemeinsame Gehirn. Vielleicht wollen wir das nicht sehen, weil wir die Idee haben, dass unsere Gehirne individuell seien. Diese Vorstellung von der Individualität gehört seit Jahrtausenden zur Tradition. Dieses Gehirn vergleicht sich fortwährend: mehr, weniger, besser, das beste. - Es arbeitet immer nach diesem Vorbild. Aber der Fragesteller kommt hierher, um etwas für den Menschen Unermessliches zu teilen.

Wie sollen wir herausfinden, ob es etwas Unermessliches gibt, etwas, das jenseits der Zeit liegt - denn Zeit ist Maß. Zeit ist Bewegung. Gedanke ist Bewegung. Zeit ist denken. Gedanke wird aus der Erinnerung, aus Erfahrung und Wissen geboren. Es ist ein materieller Prozess; denn die Erinnerungen werden in den Gehirnzellen selber aufbewahrt. Alles, was das Gehirn erschafft, ist ein materieller Prozess.

Einsicht ist die vollkommene Wahrnehmung des ganzen komplizierten Vorganges des Abmessens. Sie können nur dann Einsicht haben, wenn Sie ohne vorheriges Wissen wahrnehmen. Denn sobald Sie Ihr Wissen einsetzen, können Sie vergleichen, können Sie messen. Einsicht kann man nicht messen. Sobald man Einsicht gewinnt, die unermesslich ist, sieht man nicht nur, wie sich der ganze Vergleichsvorgang enthüllt, sondern ihm wird sofort ein Ende bereitet. Sie können das testen und brauchen nicht zu akzeptieren, was der Sprecher sagt.

Also: Was liegt jenseits vom Maß? Um das entdecken zu können, muss man frei von Angst sein, frei von der tiefverwurzelten, bewussten oder unbewussten Angst. Man kann die Angst beobachten und auflösen, denn ihre Wurzel - nicht die vielen Zweige und Blätter dieses Baumes - ist die Zeit. Man hat Angst vor der Zukunft. Man hat Angst vor dem, was geschehen ist. Der körperliche Schmerz, den man gehabt hat, ist vorbei, aber die Angst, dass er wiederkommen könnte, bleibt. Man hat psychologisch etwas Falsches, etwas Unehrenhaftes getan, und deshalb hat man Angst. Angst ist Zeit im Psychologischen. Ich habe Angst vor dem Sterben. Ich lebe jetzt, aber ich fürchte mich vor dem, was geschehen könnte. Das ist das Maß der Zeit. Die Wurzel der Angst sind Zeit und Denken. Sobald man darin Einsicht hat, hört die Angst ganz und gar auf.

Der Angst ein Ende zu bereiten heißt, dass man die Zeit versteht und dem Leid ein Ende bereitet. Wenn Geist und Gehirn von Leid und Angst geläutert sind, kann es etwas anderes geben. Wir aber wollen dessen versichert sein. Wir wollen dafür eine Garantie wie für eine gute Uhr. Das ist die materielle Mentalität. Es gibt dafür keine Garantie, und darin liegt ja gerade die Schönheit. Dieses muss man um dessentwillen tun und nicht für eine Belohnung. Und das fällt den meisten Menschen sehr schwer. Wenn man etwas eintauscht, ist das ein Akt des Abmessens. Kann also der Geist von allem Maß frei sein? Das gilt besonders innerhalb Ihrer Beziehung zu einem anderen Menschen, und da ist es viel schwieriger.

Wenn man von allem Hass frei ist, kann etwas ganz anderes stattfinden. Wenn das, was jenseits des Maßes liegt, beschrieben wird, ist es nicht unermesslich. Sie können einen Berg, seine Form, seine Umrisse, die Schatten beschreiben. Sie können ihn malen, ein Gedicht über ihn schreiben. Aber all das wäre nicht der Berg. Wir sitzen im Tal und sagen: »Bitte, erzählen Sie uns von dem Berg.« Wir steigen ihn nicht hinauf. Wir wollen es bequem. Es gibt etwas, das unermesslich ist.

37 Bewusstsein

Was ist unser Bewusstsein? Gibt es verschiedene Bewusstseinsebenen? Gibt es ein Bewusstsein, das jenseits von dem liegt, was wir normalerweise kennen? Kann man den Bewusstseinsinhalt entleeren?

Man kann mit Worten etwas beschreiben, aber das, was man benennt und beschreibt, ist nicht die Tatsache. Lassen Sie sich also nicht von der Beschreibung gefangen nehmen.

Was ist unser Bewusstsein? Bewusstsein ist, sich etwas, das nicht nur im Äußeren, sondern auch im Inneren vor sich geht, bewusst zu sein, wahrzunehmen. Das ist ein und derselbe Vorgang. Unser Bewusstsein ist Folge unserer Erziehung, unserer Kultur, unseres rassischen Erbes und das Resultat unseres Strebens. Unser Glaube, unsere Dogmen, Rituale, Vorstellungen, Eifersüchte, Ängste, Vergnügen, unsere so genannte Liebe - das alles macht unser Bewusstsein aus. Das ist das Gefüge, das sich in Tausenden von Jahren - durch Kriege, Tränen, Leiden, Depression und freudige Erregung - entwickelt hat. Das alles macht unser Bewusstsein aus. Manche Leute sagen, dass Sie das Bewusstsein nicht verändern können. Sie können es abwandeln, aufpolieren, aber Sie müssen es so akzeptieren, wie es ist, das Beste daraus machen. Es ist da. Es gibt kein Bewusstsein - so wie wir es kennen - ohne seinen Inhalt.

Der Fragesteller fragt: »Kann man Bewusstsein von all seinen Inhalten leeren - vom Leid, dem Kampf, den schrecklichen menschlichen Beziehungen, den Streitereien, den Ängsten, den Eifersüchten, der Zuneigung, der Sinnlichkeit? Kann dieser Inhalt entleert werden? Falls er entleert wird, gibt es dann eine andere Art von Bewusstsein? Hat Bewusstsein verschiedene Ebenen, verschiedene Schichten?«

Die Alten Indiens haben Bewusstsein in das niedere, das höhere und das noch höhere Bewusstsein unterteilt. Und diese Unterteilungen werden gemessen, denn sobald man etwas teilt, muss man es messen, und wo man misst, strebt man auch. Welche Ebene Bewusstsein auch haben mag, sie liegt immer noch innerhalb des Bewusstseins, egal, wie Sie das unterteilen mögen.

Man kann den Bewusstseinsinhalt ganz leeren. Die Substanz dieses Inhalts ist das Denken, welches das Ich gebildet hat - das Ich, das ehrgeizig, habgierig, aggressiv ist. Dieses Ich ist die Substanz des Bewusstseinsinhaltes. Kann diesem Ich mit seinem selbstsüchtigen Sein ein vollständiges Ende bereitet werden? Der Sprecher kann behaupten: Ja, man kann ihm ein vollständiges Ende bereiten. Das bedeutet, dass es kein Zentrum - welches Ursache Ihrer Handlung ist - mehr gibt, kein Zentrum, von dem aus Sie denken. Das Zentrum ist das Wesen des Maßes. Das Maß ist das Bestreben zu werden. Kann dieses Werden aufhören? Sie mögen sagen: »Vielleicht kann es das. Aber was liegt am Ende, wenn man aufhört zu werden?«

Entdecken Sie erst einmal selber, ob dieses Werden aufhören kann. Können Sie motivlos etwas fallen lassen, mit etwas aufhören, was Sie gern mögen, etwas, was Ihnen großes Vergnügen bereitet, ohne zu sagen: »Ich kann es, wenn etwas danach kommt.« Können Sie sofort mit etwas aufhören, das Ihnen viel Spaß bereitet? Sehen Sie, wie schwer das ist. Das ist wie mit einem Raucher. Sein Körper ist vom Nikotin vergiftet, und wenn er mit Rauchen aufhört, verlangt der Körper danach, und so greift er nach etwas anderem, um den Körper zu befriedigen. Können Sie also ohne das Motiv von Belohnung oder Strafe mit irgendetwas aufhören, vernünftig ganz aufhören?

Selbstsucht verbirgt sich auf vielerlei Art, in der Suche nach der Wahrheit, im Sozialdienst, indem man sich an eine Person, eine Idee, an eine Vorstellung verkauft. Das alles muss man sich bewusst machen, und das erfordert Kraft, alle Kraft, die jetzt noch im Konflikt, in Angst, Leid und den Mühen des Lebens vergeudet wird. Diese Kraft wird auch in der so genannten Meditation vergeudet. Dieses Bewußtwerden erfordert enorme Kraft; keine physische Kraft, sondern jene, die niemals vergeudet wurde. Dann kann Bewusstsein entleert werden, und wenn es entleert ist, kann man entdecken oder auch nicht, dass es mehr gibt. Das hängt von einem selber ab. Vielleicht würde man es lieber sehen, dass einem das garantiert wird, aber da gibt es keine Garantie.

38 Mittelmäßigkeit

Wie kommt es, dass fast alle Menschen, abgesehen von ihren Talenten und Fähigkeiten, so mittelmäßig sind? Ich weiß, dass ich mittelmäßig bin. Es scheint mir unmöglich, diese Mittelmäßigkeit zu überwinden.

Sind Sie sich Ihrer Mittelmäßigkeit bewusst? Antworten Sie selber. Mittelmäßig bedeutet weder hoch oben noch tief unten, sondern in der Mitte zu schweben. Die großen Maler, die großen Musiker, die großen Architekten haben ungewöhnliche Begabungen und Fähigkeiten, aber in ihrem Alltag sind sie wie Sie und ich, wie jeder andere.

Was bedeutet das, wenn Sie sich Ihrer Mittelmäßigkeit bewußt sind? Sie mögen als Schriftsteller, Musiker, Lehrer außergewöhnlich begabt sein, aber das ist nur das äußere Kleid, der äußere Schein, der die innere Armut verbirgt. Da wir innerlich arm sind, streben wir immer danach, etwas Besseres zu werden. Wenn man versucht, diese Unzulänglichkeit mit dem neuesten Klatsch in der Politik, den neuesten Ritualen, den neuesten Meditationen, dem neuesten Dies und Das auszufüllen, ist das ein Akt der Mittelmäßigkeit.

Dieser Sinn fürs Mittelmäßige wird im äußeren Ansehen sichtbar. Und dann gibt es die andere Seite, die gegen die Mittelmäßigkeit rebelliert, die Hippies, die Langhaarigen, die Unrasierten, die neuesten Aussteiger - das ist der gleiche Vorgang. Oder Sie schließen sich einer Kommune an, weil Sie selber nichts sind. Durch Ihren Anschluss gewinnen Sie an Bedeutung und können handeln. Wenn Sie sich dieser Mittelmäßigkeit, dieses Gefühls äußerster Unzulänglichkeit, tiefer, frustrierender Einsamkeit bewusst werden, erkennen Sie, dass es von vielseitigen Aktivitäten überdeckt wird. Was wird aus dieser Einsamkeit, dieser Unzulänglichkeit, wenn Sie sich dessen bewusst werden? Wie messen Sie diese Unzulänglichkeit? - denn dieses Messen ist grenzenlos - sie messen, messen und messen, es ist endlos. Kann nun diese vergleichende Beobachtung aufhören? Und wenn ja - ist man dann noch unzulänglich?

Diese Mittelmäßigkeit, die uns allen gemeinsam zu sein scheint, kann aufgehoben werden, wenn es keinen Sinn mehr für Vergleich und Maß gibt. Das schenkt Ihnen dann unendliche Freiheit. Wo vollkommene psychologische Freiheit ist, gibt es keinen Sinn für Mittelmäßigkeit. Dann gehören Sie dieser Klasse nicht mehr an - ein ganz anderer Geisteszustand ist dann da.

39 Bindung

Bindung führt zu einer Art emotionalen Austausches, einer menschlichen Wärme, die ein fundamentales Bedürfnis zu sein scheint. Ungebundenheit führt zu Kälte, zu Mangel an Zuneigung, zu einem Bruch in der Beziehung. Außerdem kann sie andere zutiefst verletzen. Irgendetwas stimmt nicht an dieser Art, an die Frage heranzugehen. Was sagen Sie dazu?

Das Wort ›binden‹ bedeutet ›haften‹, ›festhalten‹, das Gefühl zu haben, dass Sie zu jemandem gehören und dass jemand zu Ihnen gehört. Wenn man ungebunden sein will, führt das zu einem Mangel an Zuneigung, zu Kälte, zu einem Bruch in der Beziehung. Man betreibt das Gegenteil. Natürlich tut man das. Wenn die Ungebundenheit das Gegenteil von Bindung ist, dann ist Ungebundenheit nur eine Idee, eine Vorstellung, eine Schlussfolgerung, zu der der Verstand als Folge der Erkenntnis kommt, dass Bindung viele Schwierigkeiten, Widerspruch, Konflikt, Eifersucht und Angst hervorruft.

So sagt der Verstand: »Es ist viel besser, ungebunden zu sein.« Ungebundenheit ist keine Tatsache, während Bindung eine Tatsache ist. Wenn man gebunden ist und ungebunden sein möchte, so begibt man sich in eine Illusion, und in dieser Illusion wird man kalt, hart, verbittert, isoliert ohne irgendein Gefühl der Zuneigung. Das tun wir alle: Wir leben in Nicht-Tatsachen.

Können Sie der Tatsache ins Gesicht sehen, dass Sie gebunden sind? Nicht nur an einen Menschen, an eine Idee, an einen Glauben, sondern an Ihre eigenen Erfahrungen, was viel gefährlicher ist? Ihre eigenen Erfahrungen sind es, die Ihnen ein Gefühl von Anregung, ein Gefühl des Lebendigseins schenken.

Wenn man sich dessen bewusst wird, dass man gebunden ist, erkennt man alle Konsequenzen dieser Bindung - nämlich Angst, Mangel an Freiheit, Eifersucht, Zorn, Hass. Aber in der Bindung liegt auch ein Gefühl von Geborgenheit, Festigkeit, ein Gefühl des Behütetseins, des Schutzes. So kommt es dazu, dass der eine besitzt und der andere in Besitz genommen wird. Folglich muss es zu Eifersucht, Angst, Besorgnis usw. kommen. Erkennen Sie jetzt die Konsequenzen, die sich ergeben? Ich meine nicht die Beschreibung der Konsequenzen, sondern was diese wirklich sind. Durch meine Einsamkeit bin ich an Sie gebunden, und diese Bindung aus Einsamkeit sagt: »Ich liebe Dich.« Ich empfinde eine Verbindung zu Ihnen, weil Sie in derselben Lage sind wie ich.

Zwei Menschen halten zueinander aus ihrer Einsamkeit, aus ihrer tiefen Depression, aus ihrem Unglücklichsein heraus. Was passiert also? Ich halte gar nicht an Ihnen, sondern an der Vorstellung fest, an einem Etwas, das mir hilft, mir selber zu entfliehen. Vielleicht sind Sie einer Erfahrung, einem Erlebnis, das Ihnen sehr viel Anregung gegeben hat, einem starken Gefühl der Sicherheit verbunden und halten daran fest. Was ist das für eine Erfahrung, die Sie gemacht haben? Diese Erfahrung ist geistig in Ihnen aufgezeichnet, und Sie klammern sich daran. Dieses Etwas, an dem Sie festhalten, ist tot, und Sie sind dabei, ebenfalls zu sterben. Wenn Sie alles motivlos erkennen, ohne ein Ziel zu haben, wenn Sie es nur beobachten, wird Ihnen diese Einsicht das Ganze wie auf einer Landkarte aufzeigen. Wenn es erst einmal zu dieser Einsicht kommt, geht die Bindung dahin. Dann sind Sie nicht mehr gebunden.

40 Schulen und Stiftungen

Sie haben so viel gegen Organisationen gesprochen. Warum haben Sie dann Schulen und Stiftungen? Und warum sprechen Sie überhaupt?

Eine Gruppe von uns erkannte die Notwendigkeit, eine Schule zu haben. Das Wort ›Schule‹ stammt aus dem griechischen Wort für Muße - Muße, in der man lernen kann, ein Ort, wo Schüler und Lehrer in Blüte stehen können, ein Ort, wo eine zukünftige Generation vorbereitet werden kann, denn das ist der Sinn von Schulen. Sie haben nicht nur den Sinn, Menschen zu mechanischen, technologischen Werkzeugen auszubilden - obgleich Berufe und Karrieren notwendig sind. Die Schule ist vielmehr ein Ort, wo sie sich zu furchtlosen, klaren, integren Menschen entfalten können. Und wie kann man so einen ›guten‹ Menschen schaffen?

Ich verwende das Wort ›gut‹ in seinem wahren Sinn, nicht im Sinn von Achtsamkeit, sondern im Sinne eines ganzheitlichen, nicht zersplitterten, nicht zerrissenen Menschen. Obgleich es schwer ist, Lehrer zu finden, die ›ganz‹ sind, versuchen wir in Indien, wo es fünf oder sechs Schulen gibt, in Kalifornien, in Kanada und hier in England darauf zu achten, dass diese Schulen echte Zentren sind, wo man das Leben verstehen, begreifen lernt. Solche Orte sind notwendig. Aus diesem Grund haben wir Schulen. Wir sind vielleicht nicht immer erfolgreich. Aber vielleicht gehen nach zehn Jahren ein oder zwei Menschen als ganze Menschen daraus hervor.

Die Stiftungen in Amerika, Kanada, Indien und hier existieren bloß, um Bücher zu veröffentlichen, diese Zusammenkünfte zu organisieren, die Schulen zu unterstützen. Sie existieren nicht als Zentrum der ›Erleuchtung‹. Und niemand macht einen Profit dabei.

Warum ich spreche? Danach wird oft gefragt: »Warum verschwenden Sie nach fünfzig Jahren immer noch Ihre Kraft, wenn sich doch niemand umzuwandeln scheint? Warum kümmern Sie sich noch darum? Ist das eine Art Selbst-Erfüllung? Ziehen Sie aus den Reden über diese Dinge Kraft und hängen damit von Ihrer Zuhörerschaft ab?« Wir haben über das alles schon viele Male gesprochen.

Zunächst einmal: Ich hänge nicht von Ihnen als Gruppe, die herkommt, um dem Redner zuzuhören, ab. Der Sprecher ist weder an eine bestimmte Gruppe gebunden noch ist er auf eine Zusammenkunft angewiesen. Was für ein Motiv hat er dann? Ich meine, wenn man etwas Wahres und Schönes sieht, dann möchte man es anderen Menschen aus Zuneigung, aus Mitleid, aus Liebe mitteilen. Und wenn es welche gibt, die kein Interesse daran haben, ist das auch in Ordnung. Aber jene, die daran interessiert sind, können sich vielleicht treffen. Können Sie eine Blume fragen, warum sie wächst, warum sie duftet? Aus demselben Grund hält der Sprecher Reden.

41 Verantwortung

Sie sagen, dass grundsätzlich mein Geist ganz genauso funktioniert wie der eines jeden anderen. Warum trage ich dadurch für die ganze Welt die Mitverantwortung?

Was der Sprecher gesagt hat, war, dass die Menschen überall in der Welt leiden, Konflikte und Angst haben und unsicher sind. Es gibt sowohl im Psychischen als auch im Physischen sehr wenig Sicherheit, statt dessen gibt es Angst, Einsamkeit, Verzweiflung und Depression. Das ist das allen Menschen gemeinsame Los, ob sie in China, Japan, Indien, Amerika, Russland oder hier leben - jeder geht da hindurch. Es ist Ihr Leben. Und als Mensch stellen Sie, psychologisch gesehen, die ganze Welt dar. Sie sind von dem Menschen in Indien oder Amerika, der leidet, voller Angst und einsam ist, nicht getrennt. Sie sind die Welt, und die Welt ist Sie. Das ist eine Tatsache, die nur sehr wenige Menschen erkennen. Das ist keine philosophische Auffassung, keine Idee, sondern eine Tatsache - ebenso, als wenn Sie Kopfschmerzen hätten.

Und wenn man das im Grunde erkennt, kommt es zu der Frage: Was ist meine Verantwortung? Bitte, wir stellen uns jetzt gegenseitig diese Frage. Wenn es nicht nur Worte für Sie sind, sondern Sie mit Ihrem ganzen Wesen erkennen, dass Sie kein Individuum mehr sind - was für die meisten Leute ein großer Schock ist, denn wir denken, unser Verstand, unsere Probleme, unsere Sorgen sind persönlich, gehören uns allein - wenn Sie also diese Wahrheit erkennen, was für eine Verantwortung haben Sie dann? Was für eine globale Verantwortung haben wir - nicht nur gegenüber unserer Familie, unserer Frau und den Kindern -, sondern was für eine Verantwortung tragen wir für die ganze Menschheit? Denn wir sind die Menschheit. Wir haben ebenso wie die übrige Welt unsere Illusionen, unsere Vorstellungen von Gott und vom Himmel, unsere Rituale. Nur geben wir Ihnen andere Namen, aber das Muster ist dasselbe.

Wie reagieren Sie, wenn Sie fühlen, dass Sie die Menschheit sind? Wie reagieren Sie auf die Herausforderung? Wie begegnen Sie irgendeiner Herausforderung? Wenn Sie ihr mit dem Hintergrund Ihrer individuellen Prägung begegnen, wird ihre Reaktion natürlich völlig inadäquat und zwiespältig sein. Sie wird falsch sein. Deshalb müssen Sie Ihre Reaktionsweise in Bezug auf diese große Herausforderung entdecken. Begegnen Sie ihr mit geistiger Stärke, oder sehen Sie sie durch ihre Ängste und Sorgen und Ihre kleinen persönlichen Interessen?

Die Verantwortlichkeit hängt von der Reaktion auf die Herausforderung ab. Ist es nur ein Aufflackern, eine wirklichkeitsferne Aufforderung? Oder ist es etwas Tiefgehendes, das Ihre ganze Lebensanschauung verändern wird? Dann sind Sie nicht länger Brite, Amerikaner, Franzose. Werden Sie das alles aufgeben?

Oder werden Sie nur mit dem Gedanken spielen, dass das eine wunderbare utopische Vorstellung ist?

42 Notwendigkeit zur Wandlung

Solange ich Ihnen zuhöre, spüre ich eine Notwendigkeit, mich zu wandeln. Wenn ich aber nach Hause komme, verschwindet das. Was soll ich tun?

Was sollen Sie tun? Entsteht die Notwendigkeit zur Wandlung durch den Sprecher, oder wird sie von ihm beeinflusst? Solange Sie hier sind, werden Sie bedrängt, aber wenn Sie wieder gehen, hört das auf. Das heißt, dass Sie hier herausgefordert, beeinflusst, getrieben, überredet werden, und wenn das vorbei ist, sind Sie wieder da, wo Sie vorher waren. Was soll man da machen?

Bitte, wir wollen über die richtige Antwort nachdenken. Was soll man machen? Ich komme von weither zu dieser Zusammenkunft. Es ist ein schöner Tag. Ich habe ein Zelt aufgeschlagen, und ich habe echtes Interesse. Ich habe viel gelesen, nicht nur das, was der Sprecher gesagt hat, sondern auch vieles andere. Ich kenne die Ideen des Christentums, des Buddhismus. Ich kenne die Mythologie der Hindus, und ich habe auch verschiedene Meditationsformen, die Transzendentale Meditation, die tibetische, hinduistische und die buddhistische geübt. Aber ich bin mit allem nicht zufrieden, deshalb komme ich her und höre zu. Bin ich jetzt vorbereitet, richtig zuzuhören? Wenn ich mein ganzes Wissen mit hierher bringe, kann ich nicht richtig zuhören. Ich kann nicht ganz zuhören oder lernen oder begreifen, wenn ich einer Sekte angehöre, wenn ich an eine bestimmte Auffassung gebunden bin und das, was hier gesagt wird, dem noch hinzufügen möchte. Wenn ich ernsthaft bin, muss ich mit einem freien Kopf kommen, mit einem Kopf, der sagt: »Wir wollen um Himmels willen entdecken«, und nicht: »Ich möchte das, was ich schon weiß, um das vermehren, was Sie sagen.«

Was für eine Haltung wird man also einnehmen? Der Sprecher weist immer wieder darauf hin, dass Freiheit absolut notwendig ist. In erster Linie die geistige Freiheit, nicht die physische Freiheit, die Sie in den Demokratien haben, die es in den totalitären Staaten nicht gibt. Innere Freiheit kann nur dann entstehen, wenn man die eigene Prägung verstanden hat, die Prägung, die im Sozialen und Kulturellen, im Religiösen, ebenso wie auch im Wirtschaftlichen und Physischen gegeben ist. Kann man sich von der psychologischen Prägung befreien? Von jener Prägung, die bestimmt, dass ich zuerst und dann die anderen kommen?

Der Umstand, dass wir uns an etwas, das wir nicht loslassen wollen, so fest anklammern, erschwert das alles. Man hat so manches studiert, und man fühlt sich von einer bestimmten psychologischen Schule angezogen. Man hat sich tiefer damit befasst, hat studiert und entdeckt, dass da sehr viel dran ist, und so hält man daran fest. Und dann kommt man hierher und hört zu und vermehrt das, was man schon weiß, um das, was man hier hört. So wird das Ganze zu einer Mischung, einem Gemisch. Machen wir das nicht so? Unsere Köpfe werden dadurch sehr wirr. In der Zeit, die Sie hier verbringen, wird die Verwirrung verdrängt oder gemindert, doch wenn Sie wieder abreisen, kehrt sie zurück. Kann man sich dieser Verwirrung bewusst werden, nicht nur, während Sie hier sind, sondern wenn Sie wieder zu Hause sind - das wäre viel wichtiger.

Was zeigt das also alles an? Wir besitzen die Intelligenz, technologische Probleme zu lösen: Das ist der Geist, der Probleme löst. Den haben wir alle. Aber das ist nicht die Intelligenz. Die Fähigkeit, klar und objektiv zu denken und sich dabei der Grenzen des Denkens bewusst zu werden, das ist der Anfang von Intelligenz. Wir beten das Denken an. Je klüger wir denken können, um so größer schätzen wir uns ein. Wenn wir aber unsere eigene

Verwirrung beobachten, unsere eigene individuelle, enge Lebensanschauung sehen könnten, uns ihrer bewusst werden könnten, dann würden wir erkennen, dass es die Gedanken sind, die dauernd neue Probleme schaffen. Es sind die Gedanken, die die Vorstellung erzeugen, und diese Vorstellung ist der Umstand der Teilung. Das erkennen zu können, erfordert Intelligenz. Es ist die Intelligenz, die psychische Gefahren erkennen lässt. Aber offensichtlich erkennen wir jene Dinge nicht. Das bedeutet, dass man Sie dauernd anstacheln, antreiben, drängen, auffordern, überreden, bitten muss, dass Sie sich Ihrer selbst bewusst werden und fortschreiten sollen und nicht bloß da stehen bleiben, wo Sie sind. Und ich fürchte, niemand wird das für Sie tun, nicht einmal der erleuchtetste Mensch, weil Sie dann zu seinem Sklaven werden würden.

Vitalität, körperliche und psychische Kraft wird - so, wie Sie jetzt sind - in Konflikten, Sorgen, Geschwätz, in endlosem Klatsch nicht nur mit anderen, sondern auch mit sich selber, dauernd vergeudet. Dieses endlose Geschwätz! Es verschwendet die psychische Kraft, die man braucht, um sich selber im Spiegel der Beziehung zu beobachten - wir stehen alle irgendwie in Beziehung zu dem einen oder anderen - und um auf diese Weise seine Illusionen, Vorstellungen und Dummheiten aufzudecken. Aus solcher Beobachtung wird dann Freiheit und die Intelligenz erwachsen, die zeigen wird, wie man leben soll.

43 Symbole

Ich beziehe Kraft aus der Konzentration auf ein Symbol. Ich gehöre zu einer Gruppe, die mich darin ermutigt. Ist das eine Illusion?

Gehören Sie zu gar nichts! Verstehen Sie die Begründung, mein Herr: Wir können nicht allein stehen. Wir suchen Unterstützung. Wir wollen die Stärke der anderen, wollen uns mit einer Gruppe, einer Organisation identifizieren. Die Krishnamurti-Stiftung ist keine derartige Organisation. Sie existiert nur, um Bücher usw. zu veröffentlichen. Doch da ist dieser Gedanke, dass wir Teil von etwas sein müssen; denn wenn wir zu etwas gehören, sind wir stärker.

Der Fragesteller sagt, dass er aus der Konzentration auf ein Symbol Kraft bezieht. Wir alle haben Symbole. Die christliche Welt ist voll von Symbolen und Bildern, angefüllt mit Vorstellungen, Glauben, Idealen, Dogmen, Ritualen. Und in Indien ist es genauso. Wenn man nun zu einer großen Gruppe gehört, die dasselbe Symbol bewundert, bezieht man enorm viel Kraft daraus. Das erzeugt das Gefühl, dass man schließlich etwas von dem verstehen wird, was jenseits des Symbols liegt.

Erst erfinden wir das Symbol - sehen Sie, wie unser Geist arbeitet -, wir erfinden erst das Bild in der Kirche oder im Tempel oder die Schriftzeichen in der Moschee, und durch die Anbetung dessen, was unser Denken sich erschaffen hat, beziehen wir Kraft. Sehen Sie doch, was geschieht. Das Symbol ist nicht die Wirklichkeit. Die Wirklichkeit mag gar nicht existieren, aber das Symbol befriedigt uns und schenkt uns Vitalität, wenn wir es anschauen, daran denken, bei ihm sind. Das, was das Denken sich erschafft, muss gewiss eine Illusion sein. Wenn Sie aus mir Ihren Guru machen, so weigere ich mich, ein Guru zu sein, das ist zu widersinnig, denn ich sehe, wie die Anhänger den Guru zerstören und wie der Guru die Anhänger zerstört. Wenn Sie sich aber ein Bild von mir, dem Sprecher, erschaffen, fängt die ganze Sache an. Für mich ist das etwas Abscheuliches.

Das Denken ist der Unheilstifter. Die ganzen Bilder, die das Denken in den Kirchen, den Tempeln, den Moscheen erschaffen hat, sind nicht die Wahrheit, sind nicht wirklich. Sie sind aus Angst, aus Sorge und Ungewissheit um die Zukunft, von uns und den Priestern erfunden worden. Wir schaffen uns ein Symbol und werden davon gefangengenommen. Erkennen Sie also erst einmal, dass das Denken sich immer die Dinge erschaffen wird, die psychologisch befriedigend sind, die Trost spenden. Das beruhigende Bild ist ein großer Trost. Es mag eine vollkommene Illusion sein - und das ist es -, aber es spendet Trost, und deshalb wollen wir niemals über die Illusion hinausschauen.

44 Denken und Bewusstsein

In welchem Verhältnis stehen Denken und Bewusstsein zueinander? Warum scheinen wir unfähig zu sein, über die Gedanken hinauszugehen?

Was ist Gedanke, und was ist Bewusstsein? Ist das beides voneinander unterschieden? Wenn Sie fragen, in welchem Verhältnis stehen Gedanke und Bewusstsein zueinander, beinhaltet das - nicht wahr? -, dass es zwei verschiedene Wesenheiten oder zwei verschiedene Bewegungen gibt.

Wir müssen erst einmal gemeinsam betrachten, was Denken ist, denn unsere Führung und unsere Aktivitäten gründen sich alle auf diese Frage des Denkens. Das Denken ist Teil unserer Emotionen, Gefühle, Reaktionen und des Wiedererkennens jener Reaktionen.

Und was ist Bewusstsein? Sich über etwas bewusst zu sein, fähig zu sein, es zu erkennen, es zu verstehen. Das ist der ganze Bereich, in dem der Geist wirkt, und das ist mehr oder weniger das, was wir mit dem Wort Bewusstsein meinen.

Der Fragesteller fragt: »In welchem Verhältnis stehen die beiden zueinander?«

Alle unsere Aktivitäten gründen sich auf das Denken mit seinen Bildern, vergangenen Erinnerungen oder zukünftigen Plänen und seiner großen Aktivität in jeder Richtung technologischer, psychologischer, physischer Art. Und unser Verhältnis zueinander gründet auf Gedanken, auf dem Denken, auf dem Bild, das Sie sich in Gedanken voneinander erschaffen haben.

Dieses Denken gründet sich gewiss auf Wissen, Erfahrung, Gedächtnis. Die Reaktion dieses Gedächtnisses ist das Denken. Erfahrung, Wissen, Gedächtnis und der gedankliche Vorgang sind ein materieller Prozess. So hat das Denken immer seine Grenzen, weil Wissen immer seine Grenzen hat. Es gibt kein vollständiges Wissen über irgendetwas - außer dem Ende des Wissens, was eine andere Sache ist. Wo immer Wissen und der Erinnerungsvorgang operieren, ist das Denken begrenzt, endlich, definitiv.

Und welche Rolle spielt das Denken im Bewusstsein? Das gesamte angesammelte Wissen, alle Erfahrungen, nicht nur die persönlichen, sondern die kollektiven Erinnerungen, die genetischen Reaktionen, die in Generationen gesammelten Erfahrungen, alle die Schmerzen, Sorgen und Ängste und die Freuden, die Dogmen, die Glaubensvorstellungen, die Bindungen, der Kummer des Leides - das alles ist unser Bewusstsein. Sie können noch mehr hinzufügen oder etwas abziehen, aber es bleibt der gedankliche Vorgang als Bewusstsein. Man kann sagen, dass es ein höheres Bewusstsein gibt, aber das wäre immer noch Teil des Gedankens. Bewusstsein ist in einer fortgesetzten Bewegung, die sich in das ›Du‹ und das ›Ich‹ aufteilt. Unser Bewusstsein wird von seinem Inhalt gebildet.

Was ist unser Bewusstsein ohne diesen Inhalt? Gibt es ein Bewusstsein, das sich vollkommen von dem unterscheidet, was wir Bewusstsein nennen, und das sich aus den verschiedenen gedanklichen Aktivitäten bildet? Wenn man an diesen Punkt kommen will, muss man entdecken, ob das Denken aufhören kann, nicht vorübergehend, nicht als Pause zwischen zwei Gedanken oder als Periode der Stille oder als ein unbewusster Vorgang. Kann das Denken je enden? Das war das Problem jener ernsthaften Menschen, die durch die Meditation sehr tief gegangen sind. Kann das Denken, das so enorm mächtig ist, das so ein Volumen an Kraft hinter sich hat - Kraft, die in Jahrtausenden im wissenschaftlichen, ökonomischen, sozialen und persönlichen Bereich erschaffen wurde - kann diese ganze Aktivität ein Ende finden? Kann das alles ein Ende finden, was das Denken in unserem Bewusstsein aufgebaut hat, aus dem wir bestehen und das unseren Bewusstseinsinhalt ausmacht?

Warum wollen wir, dass das aufhört? Was für ein Motiv verbirgt sich hinter diesem Wunsch, das Denken enden zu lassen? Haben wir vielleicht selber entdeckt, wie das Denken all das Schwere, die Zukunftssorgen, die Ängste der Vergangenheit in der Gegenwart hervorruft und ein Gefühl äußerster Isolation und Einsamkeit mit sich bringt.

Wenn Sie diese Frage stellen: »Kann das Denken enden?«, suchen Sie dann nach einer Methode, einem System, das Sie tagtäglich üben, damit das Denken endet?

Wenn Sie tagtäglich üben, wird das Denken gerade durch dieses Üben verstärkt. Das ist klar. Was soll man also machen? Man erkennt das Wesen des Denkens, seine Oberflächlichkeit, die intellektuellen Spiele, die es spielt. Man weiß, wie das Denken in Nationalitäten, in Glaubensrichtungen teilt und was für einen Dauerkonflikt es vom Augenblick unserer Geburt an, bis wir sterben, bewirkt. Ist das der Grund, warum Sie wollen, dass das Denken sein Ende findet?

Man muss sich über das Motiv im Klaren sein, warum das Denken aufhören soll - wenn das überhaupt möglich ist -, weil es das Motiv ist, das diktieren und lenken wird. Man kann in der Illusion leben, dass das Denken aufgehört hat. Viele Menschen tun das, aber diese Illusion ist bloß ein Plan des Denkens, das sein eigenes Ende wünscht. Kann das alles, das Denken und die Dinge, die das Denken als Bewusstsein mit seinem Inhalt aufgebaut hat, kann das alles enden? Selbst wenn der Sprecher das bejaht, was für einen Wert hätte das? Überhaupt keinen. Kann man aber das Wesen des Bewusstseins und den gedanklichen Vorgang als einen materiellen Prozess beobachten und erkennen? Kann man das?

Kann man den gedanklichen Vorgang nicht vom Standpunkt eines Beobachters, der diesen Vorgang anschaut, betrachten, sondern so, dass das Denken sich seiner Eigenbewegung bewusst wird, wie es entsteht und dabei seine eigene Bewegung beobachtet? Nehmen Sie ein sehr einfaches Beispiel - die Habgier. Beobachten Sie, wie sie entsteht, und dann fragen Sie sich: Unterscheidet sich der Beobachter, der Denker, von dem, was er denkt?

Es ist ziemlich leicht, das Denken zu beobachten. Ich trenne mich als Beobachter ab und beobachte mein Denken, was die meisten von uns tun. Aber diese Teilung ist eine Täuschung, ist irreführend, weil der Denker selber das Denken ist. Kann also der Beobachter in seiner Beobachtung abwesend sein? Der Beobachter, der Denker ist die Vergangenheit - die Erinnerungen, die Vorstellungen, das Wissen, die Erfahrungen. Alles, was in der Zeit angesammelt wurde, ist der Beobachter.

Der Beobachter benennt eine Reaktion als Habgier, und indem er ihr einen Namen gibt, ist er bereits von der Vergangenheit eingefangen. Indem wir der Reaktion, die wir Habgier nennen, einen Namen geben, siedeln wir sie in der Vergangenheit an. Wenn wir ihr aber keinen Namen geben, sie statt dessen nur beobachten, was geschieht dann? In solcher Beobachtung kommt es nicht zur Spaltung in den Beobachter und das Beobachtete, in den Denker und das Gedachte, in den Erfahrenden und die Erfahrung.

Wir sind dahingehend geprägt, dass wir diese Spaltung in den Beobachter und das Beobachtete in uns vollziehen, und deshalb geben wir uns so große Mühe, das, was wir beobachten, zu beherrschen. Ich bin habgierig, das ist die Reaktion. Wir aber sagen: Ich bin etwas anderes als Habgier, und deshalb kann ich sie beherrschen, kann sie bearbeiten, kann sie unterdrücken, kann sie genießen. Ich kann damit etwas anfangen. Tatsache ist, dass der Denker selber das Denken ist. Es gibt keinen Denker ohne das Denken.

Beobachten Sie also ohne die Erinnerungen der Vergangenheit und die Reaktionen, die sofort in die Beobachtung projiziert werden. Beobachten Sie rein, motivlos und ohne Lenkung. Wenn man sich eingehend damit befasst hat, wird man entdecken, dass das Denken aufhört. Das Denken ist eine Bewegung, und die Zeit ist eine Bewegung, deshalb ist Zeit das Denken. Das ist wahre Meditation, wenn das Denken seine Eigenbewegung erkennt, wie sie entsteht, wie das Denken sich das Bild erschafft und dann dieses Bild verfolgt. Das ist wahre Meditation, wenn man so beobachtet, dass das, was beobachtet wird, nicht wiedererkannt wird. Ein ganz einfaches Beispiel: Schauen Sie einen Baum an, ohne ihm einen Namen zu geben, ohne zu überlegen, wofür man ihn verwenden könnte. Schauen Sie nur! Dann ist die Trennung zwischen Ihnen und dem Baum aufgehoben. Doch werden sie deshalb nicht zu dem Baum! Hoffentlich nicht. Es ist das Wort mit den neurologischen Reaktionen, das die Spaltung erzeugt. Das heißt, kann man die eigene Frau oder jemand anderen ohne das Wort und somit ohne das Bild und die ganzen Erinnerungen dieser Verbindung beobachten? Das wäre reine Beobachtung. Hat in solcher Beobachtung, die vollkommene Aufmerksamkeit ist, das Denken nicht aufgehört? Es erfordert sehr viel Aufmerksamkeit, Schritt für Schritt zu beobachten, wie ein guter Wissenschaftler, der sehr, sehr sorgfältig beobachtet. Wenn man das tut, dann hört das Denken wirklich auf, und deshalb endet auch die Zeit.

45 Mitleid

Entsteht Mitleid aus Beobachtung, oder ist Mitleid nicht eine Emotion, ein Gefühl?

Ich weiß nicht, wie ich darauf antworten soll. Was ist Mitleid? Ist Mitleid eine Emotion, etwas Gefühlsmäßiges? Verausgabt es sich in irgendwelcher sozialen Arbeit? Man muss entdecken, was Mitleid ist, was Liebe ist. Ist Liebe Verlangen? Ist Liebe Vergnügen? Und kann es Liebe geben, wo Ehrgeiz ist? Kann Liebe da sein, wenn man etwas nicht nur in der äußeren Welt, sondern auch im psychischen Bereich versucht zu werden, wo dieser dauernde Kampf ist, zu sein oder etwas zu werden? Kann es Liebe geben, wo Eifersucht und Gewalt sind, wenn eine Teilung zwischen Du und Ich besteht? Kann es Liebe geben, wenn Sie nationalistisch sind? Kann es in dieser nationalistischen Teilung und in dieser Aufteilung in Glaubensbekenntnisse und Vorstellungen Liebe geben?

Natürlich kann es keine Liebe geben, wo solche Teilung gegeben ist. Aber wir sind alle so tief geprägt, und wir akzeptieren diese Prägung als normal. In welchem Verhältnis stehen Liebe und Leid zueinander? Können Liebe und Leid nebeneinander hergehen? Nicht nur das persönliche Leid, sondern das große Leiden der Menschheit, das Leid, das durch die Kriege entstanden ist und immer noch entsteht, das Leid der Menschen, die in totalitären Staaten leben. - Kann es Liebe geben, wo Leid ist? Oder ist es so, dass dieses leidenschaftliche Mitleid erst mit dem Ende des Leidens erwächst?

Wo sind wir jetzt, nachdem wir das alles festgestellt haben? Ist Liebe nur ein Ideal, etwas, das wir nicht kennen und das wir deshalb haben möchten: dieses außergewöhnliche Gefühl großen Mitleids? Aber wir wollen den Preis dafür nicht zahlen. Wir möchten dieses wunderbare Juwel gern haben, sind aber nicht gewillt, etwas zu tun, eine Geste zu machen, die es herbeibringen wird. Wenn Sie Frieden wollen, müssen Sie friedfertig leben, nicht gespalten in Nationen mit Kriegen und nicht mit diesen ganzen Scheußlichkeiten, die so vor sich gehen. Was für einen Preis zahlen wir also im Inneren dafür, nicht in Münzen und Scheinen? Wie tief, wie eingehend erkenne ich, dass der Nationalismus, dass jegliche Teilung in mir als Mensch aufhören muss? Weil ein Mensch, psychologisch gesehen - egal ob Sie oder ich -, die übrige Welt ist. Wir leiden alle. Wir gehen alle durch Qualen, wir machen alle große Ängste, Ungewissheiten, Verwirrung durch.

Wir sind alle in widersinnigem religiösen Unsinn gefangen. Das sind wir. Können wir das Ganze nicht als Idee, nicht als etwas, das man ersehnt, sehen, sondern als Tatsache, als eine brennende, wirkliche, alltägliche Tatsache? Dann entsteht aus dieser Wahrnehmung die Verantwortung für Mitleid. Mitleid wird von großer Intelligenz begleitet. Diese Intelligenz ist nicht die Auswirkung von Wissen. Wissen kann viele Probleme intellektueller und technischer Art lösen, aber die Intelligenz ist etwas ganz anderes. Bitte, akzeptieren Sie nicht einfach, was ich sage, betrachten Sie es nur. Sie mögen sehr belesen, im Argumentieren sehr geschickt und in der Lage sein, Probleme zu lösen. Aber der Geist, der Probleme löst, ist nicht derselbe wie der intelligente Geist. Die Intelligenz entsteht mit dem Mitleid, mit Liebe. Und wenn diese Intelligenz ein Akt des Mitleids ist, dann ist es ein weltumfassender und kein besonderer Akt.

46 Verderben

Warum sagen Sie, dass Bindung Verderben ist? Sind wir nicht an jene gebunden, die wir lieben?

Muss das erklärt werden? Wenn Sie an eine Idee, an eine Auffassung, an ein Ideal gebunden sind, wie die Kommunisten oder die Katholiken, ist das nicht der Anfang des Verderbens? Wenn ich an einen Glauben, an einen Gott, an eine Vorstellung oder an eine Person gebunden bin, ist das nicht der Anfang des Verderbens? Bitte, meine Herren, es ist nicht wichtig, was ich sage! Ist Bindung Liebe? Wenn ich an Sie als Zuhörerschaft gebunden wäre (Gott behüte!), würde ich Sie ausbeuten, von Ihnen sehr viel Unterstützung bekommen, Erfüllung finden. Wäre das nicht verderblich? Wenn ich an meine Frau, an meinen Freund, an ein Möbelstück, oder was immer es sei, gebunden bin, fängt das Verderben an: Ich muss es absichern, ich muss es beschützen, und daraus entsteht Angst. Mit der Bindung fängt die Angst an. Es mag sein, dass ich Vergnügen, Trost und Ermutigung in dieser Bindung finde, aber der Schatten der Angst, Eifersucht und Besitzgier ist immer dabei. Die Menschen mögen es, wenn sie besitzen oder jemand sie in Besitz nimmt. Ist das kein Verderben? Liegt denn darin nicht das Gefühl von Angst und Sorge, dass ich das verlieren könnte?

Kann man also in dieser Welt ohne das Gefühl, an irgendetwas gebunden zu sein, leben? An den eigenen Glauben, an Dogmen, an Götter, an die verschiedenen Symbole, Ideologien und Bilder und an das Mobiliar, an das Haus, an Erfahrungen? Das heißt nicht, dass man ungebunden werden sollte. Sobald man versucht, ungebunden zu sein, wird die Bindungslosigkeit zum Teil der Bindung, weil der Gegensatz seine Wurzeln im eigenen Gegenteil hat.

Ist das klar? Wenn man also das Wesen der Bindung und ihre Konsequenz erkennt, ihren Gesamtvorgang, nicht nur eine besondere Bindung an eine Person, an eine Idee oder an ein Möbelstück sieht, sondern den Gesamtvorgang der Bindung versteht und Einsicht darin gewinnt, dann hört die Bindung sofort konfliktlos auf. Dann hat man vielleicht Liebe, weil Liebe, Angst und Eifersucht nicht miteinander zu vereinbaren sind.

47 Eine Minderheit

Sie sagen: Wir sind die Welt, aber die Mehrheit der Welt scheint auf die Massenvernichtung zuzusteuern. Kann eine Minderheit integrierter Menschen die Mehrheit aufwiegen?

Sind Sie, sind wir diese Minderheit? Gibt es einen unter uns, der von diesem allen ganz befreit ist? Oder tragen wir teilweise zu dem gegenseitigen Hass im Psychologischen bei? Sie mögen nicht in der Lage sein zu verhindern, dass ein Land ein anderes Land angreift, aber sind Sie psychologisch von Ihrem gemeinsamen Erbe befreit, das Ihr stammesgebundener verherrlichter Nationalismus ist? Sind wir frei von Gewalt? Es ist Gewalt, wenn man eine Mauer um sich herum hat. Bitte, verstehen Sie das. Und wir haben Mauern um uns herum errichtet - fünfzehn Fuß hoch und zehn Fuß breit. Wir alle haben diese Mauern um uns herum. Deswegen kommt es zu Gewalt und zu diesem Gefühl riesiger Einsamkeit. So sind Sie gleichzeitig die Minderheit und die Mehrheit. Wenn sich eine Gruppe von uns psychologisch im Wesensgrund umwandelte, würden wir niemals mehr diese Frage stellen; denn wir werden dann etwas ganz anderes sein.

48 Glaube und Gebet

Die christlichen Mystiker haben bestimmte Formen geistiger Gebete beschrieben, in denen sie zu Gott sprechen oder zu dem, was sie Gott nennen. Sie behaupten, dass durch solche Gebete etwas Gewaltiges geschieht, das sie die Vereinigung mit Gott nennen. Sie sind davon überzeugt, dass das keine Täuschung ist. Täuschen sie sich selber? Was bedeutet dann der Glaube? Es scheint so, als verleihe der Glaube den Menschen die Macht, außergewöhnliche Dinge zu tun.

Wenn Sie ein Nationalist sind, gibt Ihnen das besondere Kraft, andere zu töten. Sehen Sie doch, was die anstellen! Kann Ihnen also eine Täuschung große Kraft und Stärke geben, um außergewöhnliche Dinge zu tun? Es sieht so aus. Sehen Sie doch, was die christlichen Missionare in der Welt getan haben, weil sie an etwas glauben. Dieser Glaube kann völlig unwirklich, kann ein Bild sein, das sich der Geist erschaffen hat, aber sie glauben und sind daran gebunden und wollen alle anderen in der Welt zu demselben Glauben bekehren. Sie nehmen ungewöhnliche Unbequemlichkeit mit Krankheit und allerlei Arten von Not auf sich. Und jene Mystiker, die durch Gebete zu Gott sprechen - ich weiß nicht, was Gott ist, niemand weiß es -, haben bloß eine Vorstellung, dass es ein höchstes Wesen gibt und dass sie durch Gebete, Glauben, Zuwendung und Hingabe Berge versetzen können. Sehen Sie, was Amerika, Russland, Indien und alle anderen Länder tun. Sie glauben an ihr Land, an ihren Nationalismus und bauen eine riesige technologische Welt auf, um die anderen zu zerstören, die genau dasselbe machen. Was für enorme Kraft und Glauben, was für technologische Fähigkeiten sind erforderlich, damit man auf den Mond fliegen kann. Die Amerikaner mussten als erste mit ihrer Fahne auf dem Mond landen!

In der christlichen Welt hat der Glaube den Platz des Zweifelns eingenommen. Zweifel ist sehr bereinigend, er läutert den Geist. Wenn Sie an Ihren Erfahrungen, an Ihren Meinungen zweifeln, sind Sie frei zu klarer Beobachtung. In der Welt des Ostens, im Buddhismus und Hinduismus, ist Zweifel einer der Hauptfaktoren. Es wird gefordert, dass Sie zweifeln, in Frage stellen, Sie dürfen nicht einfach hinnehmen: Seien Sie sich selber Licht, ein Licht, dass Ihnen nicht geschenkt werden kann, von niemandem. (Natürlich ist das heutzutage in Indien und Asien alles dahingegangen. Da sind sie jetzt so wie alle anderen, sie werden zu Händlern.) Große Stärke kommt nicht durch Gebete, sie kommt nicht durch Illusion noch durch den Glauben. Sie kommt mit der Klarheit, durch den Geist, der klar erkennen kann. Und diese Klarheit ist nicht eine, die kommt und geht. Wenn Sie etwas klar erkennen - z.B. dass der Nationalismus die zerstörerischste Sache der Welt ist -, dann ist der Nationalismus für Sie aus und vorbei. Und das Ablegen dieser Last schenkt Ihnen Kraft, Energie, Stärke. In ähnlicher Weise schenkt Ihnen die Freiheit von allen Bindungen die Kraft der Liebe, und die kann viel mehr vollbringen als alle Erfahrungen und Gebete.

Wenn man mittels einer Illusion, eines Symbols oder eines Ideals entflieht; ist das ein leichter Ausweg. Aber um genau erkennen zu können, was wir sind, und darüber hinauszugehen, ist sehr viel Kraft, Wahrnehmung und Handlung erforderlich. Es ist viel mühsamer. Das bedeutet nämlich, dass wir uns in allen unseren Aktivitäten und Gefühlen erstaunlich bewusst werden müssen. Aber wir sind nicht gewillt, das alles zu machen. Wir meinen, dass wir durch ein schlichtes Gebet zu Gott sprechen könnten. Letztlich ist Gott vom Denken zusammengefügt worden; der Gott der Christen, der der Hindus. Die Buddhisten haben keine Götter, aber sie haben ihre eigenen Bildnisse.

49 Anderen helfen

Ich war Mitglied einer Gurdjieff-Gruppe. Ich finde, dass ich dadurch einen Hintergrund habe, mit dem ich besser verstehen kann, was Sie sagen. Sollte ich bei so einer Gruppe bleiben; um vielleicht anderen so zu helfen, wie mir geholfen wurde? Oder bewirkt eine Gruppe, dass man sich weiter zersplittert?

Diese Idee, anderen zu helfen, ist seltsam und so, als hätten Sie Verständnis, Schönheit, Liebe und Wahrheit, das ganze Reich der Ordnung und jenes große, immense Gefühl der Ganzheit in sich. Hätten Sie es, würden Sie nicht fragen, ob Sie anderen helfen sollen.

Warum wollen wir irgendetwas, einer Sekte, einer Gruppe, einer religiösen Gemeinschaft angehören? Möchten Sie es, weil es Ihnen Kraft schenkt? Möchten Sie es, weil Sie nicht allein stehen können? Das Wort allein bedeutet ›all-eins‹. Möchten Sie es, weil wir Ermutigung, weil wir jemanden brauchen, der uns den rechten Weg zeigt? Der Fragesteller sagt: ›Da ich einer bestimmten Gruppe angehöre, ist es mir leichter gefallen, Sie zu verstehen.‹ Was zu verstehen? Mich? Bitte überlegen Sie! Das verstehen, worüber wir hier sprechen? Brauchen wir Interpreten, um verstehen zu können, worüber wir sprechen? Freundlich zu sein, zu lieben, ohne nationale Gefühle zu sein? Braucht man dazu irgendjemanden, der uns das sagt? Warum sind wir von anderen abhängig, gleichgültig, ob diese ›anderen‹ ein Bild der Kirche, in einem Tempel oder in einer Moschee sind oder der Prediger oder die Psychologen. Warum sind wir von anderen abhängig? Wenn wir psychisch von anderen abhängig sind, werden wir Menschen aus zweiter Hand, was wir sind.

Die ganze Menschheitsgeschichte ist in uns. Die Geschichte der Menschheit steht nicht in Büchern, die äußeren Geschehnisse ausgenommen. Die ganze Geschichte ist hier. Und wir wissen nicht, wie wir sie lesen sollen. Verstehen Sie, was ich sage? Sie sind das Buch. Aber wenn Sie das Buch als Leser lesen, ist es sinnlos. Doch wenn Sie das Buch selber sind und Ihnen das Buch etwas vorführt, Ihnen die Geschichte erzählt, dann werden Sie nicht von einer einzelnen Person abhängig sein, dann werden Sie sich selber Licht sein. Aber wir alle warten auf ein Streichholz, warten darauf, dass ein anderer uns Feuer gibt, das Licht entzündet. Vielleicht sind Sie deshalb alle hier. Und da liegt die Tragödie, weil wir nicht selber klar sehen können. Ehe wir anderen helfen können, müssen wir um Gottes willen selber klar sehen. Das ist so, als wollten Blinde die Blinden führen.

50 Freiheit

Was ist Freiheit?

Viele Philosophen haben über die Freiheit geschrieben. Wir sprechen von Freiheit - von der Freiheit, zu tun, was wir möchten, Arbeit zu haben, die wir mögen, eine Frau oder einen Mann zu wählen, jedes Buch lesen zu können oder überhaupt nicht lesen zu müssen. Wir sind frei, und was machen wir aus dieser Freiheit? Wir verwenden diese Freiheit, um uns selber auszudrücken, um zu tun, was immer uns gefällt. Das Leben wird immer permissiver - Sie können sich im öffentlichen Park oder im Garten sexuell betätigen.

Wir haben jede Art von Freiheit. Und was haben wir daraus gemacht? Wir meinen, dass wir frei seien, wenn wir eine Wahl haben. Ich kann nach Italien oder Frankreich reisen. Ich habe die Wahl. Aber schenkt uns die Wahl die Freiheit? Warum müssen wir wählen? Wenn Sie sehr klar sind, unberührt wahrnehmen, dann gibt es keine Wahl. Daraus entsteht rechtes Tun. Nur wenn man zweifelt und unsicher ist, fängt man an zu wählen. Bitte verzeihen Sie, wenn ich das sage, aber so macht Wahl die Freiheit zunichte.

Die totalitären Staaten haben überhaupt keine Freiheit, weil sie die Idee haben, dass Freiheit die Degeneration des Menschen nach sich zieht. Aus diesem Grund beherrschen, unterdrücken sie - Sie wissen, was da geschieht.

Was ist also Freiheit? Ist sie auf Wahl begründet? Heißt Freiheit, dass wir das tun, was wir mögen? Einige Psychologen sagen: »Wenn Sie ein Gefühl haben, unterdrücken Sie das nicht, halten Sie es nicht zurück, beherrschen Sie es nicht, sondern drücken Sie es sofort aus.« Und wir machen das sehr gut, zu gut. Und das nennt man auch Freiheit. Ist es Freiheit, Bomben zu werfen? Sehen Sie doch, worauf wir unsere Freiheit reduziert haben!

Liegt die Freiheit da draußen oder hier? Wo fangen Sie an, nach der Freiheit zu suchen? In der Außenwelt, wo Sie, was immer Sie möchten, ausdrücken, die sogenannte individuelle Freiheit? Oder fängt die Freiheit im Inneren an, die sich dann intelligent im Äußeren ausdrückt?

Verstehen Sie meine Frage? Freiheit existiert nur dann, wenn in meinem Inneren keine Unklarheit besteht, wenn ich weder psychologisch noch religiös in irgendeine Falle gehen kann. Verstehen Sie? Es gibt zahllose Fallen: Gurus, Erlöser, Prediger, ausgezeichnete Bücher, Psychologen und Psychiater. Das sind alles Fallen. Und wenn ich unklar und durcheinander bin, muss ich mich dann nicht erst von dieser Unordnung befreien, ehe ich von Freiheit sprechen kann?

Wenn ich zu meiner Frau, zu meinem Mann oder irgendeinem anderen keine Beziehung habe - weil unsere Beziehungen auf Vorstellungen voneinander beruhen -, dann gibt es einen Konflikt, der überall da unvermeidlich ist, wo eine Teilung vorliegt. Sollte ich also nicht hier in meinem Inneren, in meinem Kopf, in meinem Herzen beginnen, um frei von allen Ängsten, Sorgen, Verzweiflungen und den Kränkungen und Verletzungen zu werden, die ich durch irgendeine psychische Unordnung empfangen habe? Beobachten Sie das alles in sich selber, und werden Sie davon frei!

Aber offensichtlich haben wir nicht die Kraft dazu. Wir gehen zu einem anderen, damit er uns diese Kraft schenkt. Wir fühlen uns erleichtert, wenn wir mit einem Psychiater sprechen - die Beichte und all das andere. Wir sind immer von irgendjemandem abhängig. Und aus dieser Abhängigkeit erwachsen unvermeidlich Widerspruch und Unordnung. Deshalb muss man anfangen, die Tiefe und Größe der Freiheit zu verstehen. Man muss mit dem, was am nächsten ist, bei sich selber anfangen. Die Größe der Freiheit, der wahren Freiheit, ihre Würde, ihre Schönheit liegen in einem selber, wenn man in vollkommener Ordnung lebt. Und diese Ordnung entsteht nur dadurch, dass wir uns selber Licht sind.

Über das Erwachen der Intelligenz

Ein Gespräch zwischen Jiddu Krishnamurti
und Professor David Bohm*

Professor Bohm: Ich schlage immer gern Ursprung und Bedeutung eines Wortes nach. Was die ›Intelligenz‹ betrifft, ist das sehr interessant. Es kommt von ›inter‹ und ›legere‹, was soviel heißt wie ›zwischen den Zeilen lesen‹. Man könnte also sagen, dass das Denken der durch ein Buch vermittelten Information ähnelt, die die Intelligenz lesen und deren Sinn sie erfassen muss. Ich finde, dieses Beispiel vermittelt eine gute Vorstellung von der Intelligenz.

Krishnamurti: Zwischen den Zeilen lesen?

Bohm: Ja, um den Sinn zu entdecken. Das Wörterbuch führt noch eine andere zutreffende Bedeutung an, nämlich: geistige Wachsamkeit.

Krishnamurti: Ja, geistige Wachsamkeit.

Bohm: Nun, das ist etwas ganz anderes als das, woran man im allgemeinen denkt, wenn man Intelligenz misst. Unter Berücksichtigung vieler Ihrer Ausführungen sagen Sie also, dass Intelligenz kein Denkvorgang ist. Sie sagen, dass der Denkvorgang im ›alten Gehirn‹ stattfindet, dass es ein physischer, elektro-chemischer Prozess ist. Es ist wissenschaftlich erwiesen, dass alle Denkprozesse physischer, chemischer Art sind. Somit können wir vielleicht feststellen, dass die Intelligenz nicht von der Art des Gedanklichen ist, dass sie keineswegs dem zeitlichen Zustand angehört.

---

* David Bohm war Professor für Theoretische Physik am Birkbeck College der Londoner Universität.

Krishnamurti: Die Intelligenz?

Bohm: Ja, die Intelligenz liest ›zwischen den Zeilen‹ des Denkens, erkennt den gedanklichen Sinn. Ehe wir mit dieser Frage beginnen, müssen wir noch einen anderen Punkt berücksichtigen: Wenn Sie sagen, dass das Denken physischer Natur ist, dann scheint der Geist oder die Intelligenz, oder wie immer Sie das bezeichnen wollen, von anderer Beschaffenheit zu sein, einem anderen Zustand anzugehören. Würden Sie sagen, dass zwischen dem Physischen und der Intelligenz wirklich ein Unterschied besteht?

Krishnamurti: Ja. Sagen wir damit, dass das Denken stofflich ist? Wir wollen es anders formulieren.

Bohm: Stofflich? Ich möchte eher von einem stofflichen Prozess sprechen.

Krishnamurti: Gut. Denken ist ein stofflicher Prozess, und in welcher Beziehung steht dieser zur Intelligenz. Ist die Intelligenz das Ergebnis des Denkens?

Bohm: Ich meine, wir können selbstverständlich sagen, dass sie es nicht ist.

Krishnamurti: Warum nehmen wir das als selbstverständlich an?

Bohm: Einfach darum, weil Denken mechanisch ist.

Krishnamurti: Denken ist mechanisch. Das stimmt.

Bohm: Die Intelligenz ist nicht mechanisch.

Krishnamurti: Deshalb ist das Denken messbar, nicht aber die Intelligenz. Und wie tritt nun diese Intelligenz ins Dasein? Wenn das Denken und die Intelligenz nicht miteinander in Beziehung stehen, ist dann das Ende des Denkens das Erwachen der Intelligenz? Oder ist es so, dass die Intelligenz, da sie vom Denken unabhängig und zeitlos ist, immer existiert?

Bohm: Das wirft viele schwierige Fragen auf.

Krishnamurti: Ich weiß.

Bohm: Ich möchte das gern in ein Denksystem eingliedern, das man mit eventuell existierenden wissenschaftlichen Anschauungen verbinden könnte.

Krishnamurti: Ja.

Bohm: Um zu sehen, ob es sich einfügt oder nicht. Sie sagen also, möglicherweise existiert die Intelligenz immer.

Krishnamurti: Ich frage das. Existiert sie immer?

Bohm: Vielleicht, vielleicht nicht. Oder wäre es möglich, dass irgend etwas der Intelligenz im Wege ist?

Krishnamurti: Sehen Sie, die Hindus vertreten die Theorie, dass Brahman oder die Intelligenz ewig existiert und nur von Täuschung, durch die Materie, durch Dummheit, durch allerhand schädliche Dinge, die das Denken erschaffen hat, verdeckt wird. Ich weiß nicht, ob Sie so weit gehen würden.

Bohm: Nun ja; wir sehen die ewige Existenz der Intelligenz ja nicht wirklich.

Krishnamurti: Die Hindus sagen: Schält das alles ab, und das eine wird zum Vorschein kommen. Sie nehmen also an, dass sie immer existiert.

Bohm: Das Wort >immer< ist etwas schwierig.

Krishnamurti: Ja.

Bohm: Weil >immer< Zeit voraussetzt.

Krishnamurti: Das stimmt.

Bohm: Das ist ja gerade die Schwierigkeit. Zeit ist Denken. Ich möchte es so sagen, dass das Denken dem zeitlichen Zustand angehört. Oder vielleicht ist es gerade umgekehrt, dass die Zeit dem gedanklichen Zustand angehört. In anderen Worten: Das Denken hat die Zeit erfunden, und tatsächlich ist Denken Zeit. Ich sehe das so, dass ein Gedanke in einem einzigen Augenblick alle Zeit erfassen kann. Aber dabei verändert sich das Denken, ohne zu bemerken, dass es sich physisch verändert - nämlich aus physischen Gründen.

Krishnamurti: Ja.

Bohm: Nicht aus Gründen der Vernunft?

Krishnamurti: Nein.

Bohm: Die Beweggründe haben nichts mit irgendetwas Umfassendem zu tun. Sie haben aber mit irgendeinem physischen Vorgang im Gehirn zu tun, deshalb...

Krishnamurti:... hängen sie von der Umwelt und allem möglichen ab.

Bohm: Da sich also das Denken mit der Zeit wandelt, ist es in seiner Bedeutung nicht länger folgerichtig, es wird widersprüchlich und verändert sich auf eigenmächtige Weise.

Krishnamurti: Ja, dem stimme ich zu.

Bohm: Dann beginnt man zu überlegen: Alles ist im Zustand der Veränderung, alles verändert sich, und man erkennt, ›ich bin in der Zeit‹. Wenn man die Zeit ausdehnt, wird sie riesig in Bezug auf die Vergangenheit, die vor mir war und die tiefer und tiefer zurückreicht, und auf die Zukunft. So sagt man schließlich, dass die Zeit das Wesen aller Dinge sei, dass die Zeit alles erobert. Vielleicht denkt das Kind am Anfang, ›ich bin ewig‹. Erst später versteht es, dass es in der Zeit lebt. Wir alle wachsen in die allgemeine Ansicht hinein, dass die Zeit die Essenz des Daseins ist. Ich meine, das ist nicht nur die allgemeine Anschauung, sondern auch die wissenschaftliche. Es ist sehr schwer, so eine Anschauung aufzugeben, weil sie einem so intensiv eingeprägt wurde. Sie ist sogar noch stärker als die Prägung zum Beobachter und dem, was er beobachtet.

Krishnamurti: Ja, durchaus. Sagen wir also, dass das Denken der Zeit angehört, dass das Denken messbar und veränderlich ist, sich wandeln und erweitern kann? Und dass die Intelligenz von ganz anderer Beschaffenheit ist?

Bohm: Ja, einem anderen Zustand zugehörig, von anderer Beschaffenheit. Und in Bezug auf die Zeit finde ich diesen Gedanken recht interessant. Wenn wir an die Vergangenheit und die Zukunft denken, dann denken wir, dass die Vergangenheit zur Zukunft wird. Aber man kann erkennen, dass das gar nicht so sein kann, dass es eben nur Denken ist. Und doch gewinnt man den Eindruck, als wären beide, Vergangenheit und Zukunft, gegenwärtig und verliefen gemeinsam in eine andere Richtung, als wäre das ganze Muster in Fortbewegung.

Krishnamurti: Das ganze Muster ist in Fortbewegung.

Bohm: Aber ich kann mir nicht vorstellen, wie es sich fortbewegt. In gewisser Hinsicht bewegt es sich rechtwinklig zu Vergangenheit und Zukunft. Diese ganze Bewegung - doch dann überlege ich mir, dass sich jene Bewegung in einer anderen Zeit vollzieht.

Krishnamurti: Durchaus, durchaus.

Bohm: Aber das wäre ja wieder paradox.

Krishnamurti: Ja, das ist es eben. Ist die Intelligenz zeitlos und daher dem Denken nicht verwandt, das ein zeitlicher Vorgang ist?

Bohm: Aber das Denken muss mit ihr verwandt sein.

Krishnamurti: Wirklich? Das ist meine Frage. Ich denke, es ist nicht verwandt.

Bohm: Nicht verwandt? Und doch scheint es eine Beziehung in dem Sinne zu geben, dass man nämlich zwischen intelligentem und unintelligentem Denken unterscheidet.

Krishnamurti: Ja, aber die Intelligenz ist erforderlich, damit unintelligentes Denken erkannt wird.

Bohm: Wenn es aber die Intelligenz ist, die das Denken auslegt, welcher Art ist dann diese Beziehung?

Krishnamurti: Wir wollen langsam vorgehen...

Bohm: Reagiert denn das Denken auf die Intelligenz? Verändert sich das Denken nicht?

Krishnamurti: Lassen Sie uns vereinfachen: Denken ist Zeit. Denken ist ein Vorgang im Zeitlichen. Das Denken ist messbar, und es wirkt sich im Bereich der Zeit aus. Alles bewegt sich, verändert sich, wandelt sich um. Liegt die Intelligenz im Bereich der Zeit?

Bohm: Nun, wir haben erkannt, dass sie es gewissermaßen nicht sein kann. Aber die Sache ist nicht klar. Zunächst einmal ist alles Denken mechanisch.

Krishnamurti: Denken ist mechanisch, das ist klar.

Bohm: Zweitens gibt es gewissermaßen eine Bewegung in anderer Richtung.

Krishnamurti: Denken ist mechanisch. Da es mechanisch ist, kann es in verschiedenen Richtungen verlaufen usw. Ist die Intelligenz mechanisch? Lassen Sie uns die Frage so stellen.

Bohm: Ich würde gern fragen: Was heißt das eigentlich - mechanisch?

Krishnamurti: Nun, wiederholbar, messbar, vergleichbar.

Bohm: Ich möchte noch ›abhängig‹ hinzufügen.

Krishnamurti: Abhängig, ja.

Bohm: Wir wollen doch klarstellen, dass die Intelligenz in ihrer Wahrhaftigkeit nicht von Bedingungen abhängig sein kann. Trotzdem aber scheint die Intelligenz nur in einem gesunden Gehirn wirksam werden zu können.

Krishnamurti: Offensichtlich.

Bohm: In diesem Sinne scheint die Intelligenz also vom Gehirn abhängig zu sein.

Krishnamurti: Oder von der Stille des Gehirns?

Bohm: Richtig, sie hängt von der Stille des Gehirns ab.

Krishnamurti: Nicht von der Aktivität des Gehirns.

Bohm: Es gibt noch eine Beziehung zwischen der Intelligenz und dem Gehirn. Wir haben diese Frage einmal vor Jahren diskutiert, als mir einfiel, dass man in der Physik ein Messinstrument auf zwei Arten - nämlich positiv und negativ - verwenden kann. Z.B. kann man einen elektrischen Strom durch den Ausschlag der Instrumentennadel messen. Man kann aber auch dasselbe Instrument als die sogenannte Wheatstonesche Brücke verwenden, wo man nur den Nullstand abliest. Der Nullstand zeigt hier Harmonie an, zeigt das Gleichgewicht auf beiden Seiten des gesamten Systems an. Wenn man also das Instrument auf diese negative Weise benutzt, ist die Ruhestellung des Instruments ein Zeichen dafür, dass es richtig arbeitet. Könnten wir also sagen, dass möglicherweise das Gehirn die Denkfähigkeit positiv genutzt hat, um sich ein Bild von der Welt zu machen...

Krishnamurti:... was die Denkfunktion ist - eine seiner Funktionen.

Bohm: Die andere Denkfunktion ist negativ, die in ihrer Bewegung Disharmonie anzeigt.

Krishnamurti: Ja, Disharmonie. Wir wollen von hier aus fortfahren. Ist die Intelligenz vom Gehirn abhängig? Haben wir diesen Punkt erreicht? Oder was meinen wir, wenn wir das Wort ›abhängig‹ verwenden?

Bohm: Es hat verschiedene Bedeutungen. Es kann sich um eine einfache mechanische Abhängigkeit handeln. Aber es gibt noch eine andere Abhängigkeit, wenn nämlich das eine ohne das andere nicht existieren kann. Wenn ich sage: ›Ich muss essen, um leben zu können‹, heißt das nicht, dass alles, was ich denke, von der Nahrung bestimmt wird, die ich zu mir nehme.

Krishnamurti: Ja, das stimmt.

Bohm: Ich denke also, dass die Intelligenz existentiell vom Gehirn abhängig ist, von diesem Gehirn, das Disharmonie anzeigen kann. Aber das Gehirn hat nichts mit dem Inhalt der Intelligenz zu tun.

Krishnamurti: Kann also die Intelligenz wirksam werden, wenn das Gehirn disharmonisch ist?

Bohm: Das ist die Frage.

Krishnamurti: Wir behaupten, dass die Intelligenz nicht wirksam werden kann, wenn das Gehirn Schaden erlitten hat.

Bohm: Existiert die Intelligenz überhaupt, wenn sie nicht wirksam wird? So scheint es doch, dass die Intelligenz das Gehirn braucht, um existieren zu können.

Krishnamurti: Aber das Gehirn ist nur ein Instrument...

Bohm: ... das Harmonie oder Disharmonie anzeigt.

Krishnamurti: Aber es ist nicht der Erzeuger der Intelligenz.

Bohm: Nein.

Krishnamurti: Fahren wir langsam fort.

Bohm: Das Gehirn ist nicht der Erzeuger der Intelligenz, aber das Gehirn dient ihr als Instrument, damit sie wirksam werden kann. Das ist es.

Krishnamurti: Das ist es. Wenn nun das Gehirn im Zeitlichen aufwärts und abwärts, positiv und negativ arbeitet, kann dann die Intelligenz in dieser zeitlichen Bewegung wirksam werden? Oder muss das Instrument still sein, damit sich die Intelligenz auswirken kann?

Bohm: Ja, ich möchte es vielleicht anders formulieren. Die Stille des Instruments ist das Wirken der Intelligenz.

Krishnamurti: Ja, das stimmt. Die beiden sind nicht voneinander getrennt.

Bohm: Sie sind ein und dasselbe. Die Un-Ruhe des Instruments ist das Versagen der Intelligenz.

Krishnamurti: Das stimmt.

Bohm: Aber ich denke, es wäre nützlich, auf jene Fragen zurückzukommen, die im gesamten wissenschaftlichen und philosophischen Denkbereich erhoben werden können. Wir würden die Frage stellen: Kann die Intelligenz gewissermaßen unabhängig von der Materie existieren? Sehen Sie, einige Menschen denken, dass Geist und Materie ein voneinander getrenntes Dasein haben. Diese eine Frage kommt wieder und wieder auf. Sie mag nicht relevant sein. Aber ich denke, wir sollten sie berücksichtigen, weil sie die Beruhigung des Geistes unterstützen kann. Die Erwägung von Fragen, die nicht klar beantwortet werden können, ist einer der Störfaktoren im Geistigen.

Krishnamurti: Aber sehen Sie, mein Herr, wenn Sie sagen ›weil sie die Beruhigung des Geistes unterstützen kann‹, meinen Sie dann, dass es das Denken ist, das der Intelligenz zum Erwachen verhilft? Das würde es doch bedeuten, oder? Gedanke und Materie, Verstandestätigkeit und Denkprozesse oder ein Gedanke, der da sagt: ›Ich will still sein, damit ich der Intelligenz zum Erwachen verhelfe.‹ Jeder gedankliche Vorgang ist Zeit, *jeder* Vorgang, weil man ihn messen kann, weil er positiv oder negativ funktioniert, weil er harmonisch oder disharmonisch in diesem Bereich wirkt. Und wenn man das erkannt hat, könnte man immer noch unbewusst oder unwissend sagen: ›Ich möchte still sein, um dies oder das zu bekommen.‹ Dann ist auch das immer noch im Bereich der Zeit.

Bohm: Ja, es ist immer noch eine Projektion.

Krishnamurti: Man projiziert etwas, um die Intelligenz einzufangen. Wie tritt nun also diese Intelligenz - nein, nicht wie -, sondern wann erwacht sie?

Bohm: Diese Frage ist wieder im Zeitlichen.

Krishnamurti: Deshalb verwende ich die Wörter ›wann‹ und ›wie‹ nicht gern.

Bohm: Vielleicht könnten Sie sagen: Die Bedingung für das Erwachen der Intelligenz ist die Untätigkeit des Denkens.

Krishnamurti: Ja.

Bohm: Aber das ist dasselbe wie das Erwachen selbst. Es ist nicht bloß die Bedingung. Man kann nicht einmal fragen, ob es überhaupt Bedingungen für das Erwachen der Intelligenz gibt. Nur von einer Bedingung zu sprechen, ist schon eine Form des Denkens.

Krishnamurti: Einigen wir uns dahingehend; dass jeder gedankliche Vorgang in der Zeit stattfindet, egal, in welcher Richtung er verläuft, ob er vertikal oder horizontal, aktiv oder nicht aktiv ist - jeder gedankliche Vorgang.

Bohm: Ja.

Krishnamurti: Was für eine Beziehung besteht dann zwischen diesem Vorgang und dieser Intelligenz, die kein Vorgang ist, die nicht dem Zeitlichen angehört und die nicht vom Denken erzeugt wird. Wo können die beiden einander begegnen?

Bohm: Sie begegnen einander nicht. Aber es gibt doch eine Beziehung zwischen ihnen.

Krishnamurti: Das versuchen wir herauszufinden. Zunächst

einmal: Gibt es da überhaupt eine Beziehung? Man denkt, es gäbe eine, man hofft, es gäbe eine, man stellt sich eine Beziehung vor. Gibt es überhaupt eine Beziehung?

Bohm: Das hängt davon ab, was Sie unter einer Beziehung verstehen.

Krishnamurti: Beziehung ist Kontakt haben, Wiedererkennen, ein Gefühl, in Berührung zu sein.

Bohm: Nun, das Wort Beziehung kann noch einen anderen Sinn haben.

Krishnamurti: Was kann es noch bedeuten?

Bohm: Z.B., dass es da eine Parallele gibt, nicht wahr? Die Harmonie der beiden. Das heißt, zwei Dinge können aufeinander bezogen sein, ohne Kontakt zu haben - nur dadurch, dass sie einfach in Harmonie miteinander sind.

Krishnamurti: Bedeutet Harmonie, dass sich beide in derselben Richtung bewegen?

Bohm: Es könnte auch bedeuten, dass sie gewissermaßen im selben Zustand bleiben.

Krishnamurti: Im selben Zustand: dieselbe Richtung, dieselbe Tiefe, dieselbe Stärke - das alles ist Harmonie. Kann aber das Denken jemals harmonisch sein? Das Denken als Bewegung - nicht das statische Denken.

Bohm: Ich verstehe. Es gibt da jenes Denken, das Sie als ›statisch‹ gesondert betrachten, z.B. das geometrische Denken, in dem es eine gewisse Harmonie geben kann. Doch ist das Denken in seiner eigentlichen Bewegung immer widersprüchlich.

Krishnamurti: Deshalb birgt es keine Harmonie in sich. Aber die Intelligenz birgt Harmonie in sich.

Bohm: Ich glaube, ich habe die Ursache der Unklarheit erkannt. Wir haben die statischen Ergebnisse des Verstandes, die eine gewisse relative Harmonie aufzuweisen scheinen. Aber ich habe den Eindruck, dass diese Harmonie in Wirklichkeit das Ergebnis der Intelligenz ist. In der Mathematik gibt es eine gewisse relative

Harmonie von Denkergebnissen, obgleich die eigentlichen Gedankengänge des Mathematikers nicht unbedingt harmonisch sein müssen, es im allgemeinen auch nicht sind. Jene Harmonie also, die in der Mathematik erscheint, ist das Ergebnis der Intelligenz, nicht wahr?

Krishnamurti: Fahren Sie fort, mein Herr.

Bohm: Es ist keine vollkommene Harmonie, weil sich jede Form der Mathematik als begrenzt erwiesen hat. Deshalb bezeichne ich sie nur als relativ.

Krishnamurti: Gibt es also nun Harmonie im Denkvorgang? Wenn ja, dann hat er eine Beziehung zur Intelligenz. Wenn nein, wenn sich Widersprüche usw. ergeben, dann hat das Denken keine Beziehung zur Intelligenz.

Bohm: Würden Sie dann sagen, dass wir ohne Denken auskommen könnten?

Krishnamurti: Ich würde es umgekehrt formulieren: Die Intelligenz bedient sich des Denkens.

Bohm: Gut. Wie aber kann sich Intelligenz etwas bedienen, das disharmonisch ist?

Krishnamurti: Sie benutzt das widersprüchliche, disharmonische Denken, um sich auszudrücken, um sich zu verständigen, um Dinge in der Welt zu erschaffen.

Bohm: Und doch muss es noch in anderer Hinsicht Harmonie geben, nämlich durch das, was mittels der Denkfähigkeit geschieht, was wir eben beschrieben haben.

Krishnamurti: Langsam. Können wir erst einmal in negativer oder positiver Weise feststellen, was die Intelligenz ist und was sie nicht ist. Oder ist das unmöglich, weil Worte immer nur Gedanken, Zeit, Maß usw. sind?

Bohm: Wir können das nicht in Worten ausdrücken. Wir versuchen es aufzuzeigen. Können wir sagen, dass das Denken die Funktion eines Zeigers haben kann, der auf die Intelligenz hinweist? Dann stört seine Widersprüchlichkeit nicht mehr.

Krishnamurti: Das ist richtig, das ist richtig.

Bohm: Weil wir es weder wegen seines Inhalts noch wegen seiner Bedeutung, sondern nur als Zeiger verwenden, der in das Reich jenseits der Zeit weist.

Krishnamurti: So ist also das Denken ein Zeiger, der Inhalt ist die Intelligenz.

Bohm: Der Inhalt, auf den der Zeiger verweist.

Krishnamurti: Ja, können wir das ganz anders formulieren? Können wir sagen, dass Denken an sich unfruchtbar ist?

Bohm: Ja, wenn es für sich allein vor sich geht.

Krishnamurti: Was soviel heißt wie, dass es mechanisch usw. ist. Das Denken gleicht einem Zeiger, aber ohne die Intelligenz hat der Zeiger keinen Wert.

Bohm: Könnten wir sagen, dass die Intelligenz vom Zeiger abliest? Wenn niemand vom Zeiger abliest, zeigt der Zeiger auch nichts an.

Krishnamurti: Ganz recht. Daher ist die Intelligenz notwendig. Ohne sie hat das Denken überhaupt keinen Sinn.

Bohm: Könnten wir jetzt sagen, dass Denken, wenn es nicht intelligent ist, ein sehr unklarer Zeiger ist?

Krishnamurti: Ja, ein sehr irrelevanter.

Bohm: Irrelevant, sinnlos usw. Erst mit der Intelligenz beginnt es, anders anzuzeigen. Aber dann scheinen doch die Intelligenz und das Denken in gemeinsamer Funktion zu verschmelzen.

Krishnamurti: Ja. Deshalb können wir fragen: Was ist nun Handlung im Hinblick auf die Intelligenz?

Bohm: Ja.

Krishnamurti: Was ist Handlung im Hinblick auf die Intelligenz? Und ist für die Durchführung der Handlung das Denken notwendig?

Bohm: Ja, es ist notwendig, und es ist offensichtlich auf die Materie ausgerichtet. Dennoch scheint das Denken in beide Richtungen zu weisen, nämlich auch rückwärts auf die Intelligenz. Eine immer wiederkehrende Frage ist die, ob wir behaupten sollen, dass sich die Intelligenz und die Materie nur innerhalb ein und derselben Sache voneinander unterscheiden oder dass sie grundsätzlich verschieden sind. Sind sie wirklich voneinander getrennt?

Krishnamurti: Ich denke, sie sind voneinander getrennt, sie sind verschieden.

Bohm: Sie sind verschieden, aber sind sie wirklich getrennt?

Krishnamurti: Was meinen Sie mit dem Wort ›getrennt‹? Beziehungslos, unverbunden, ohne gemeinsamen Ursprung?

Bohm: Ja. Haben sie einen gemeinsamen Ursprung?

Krishnamurti: Das ist es ja gerade. Haben Gedanke, Materie und die Intelligenz einen gemeinsamen Ursprung? (lange Pause). Ich denke, sie haben einen.

Bohm: Sonst könnte es ja keine Harmonie geben.

Krishnamurti: Aber sehen Sie, das Denken hat die Welt erobert. Verstehen Sie, erobert.

Bohm: Es beherrscht die Welt.

Krishnamurti: Das Denken, der Intellekt beherrscht die Welt, und deshalb findet die Intelligenz so wenig Raum hier. Wenn ein Ding herrscht, geht das andere unter.

Bohm: Ich weiß nicht, ob das relevant ist - aber man fragt sich, wie das überhaupt so weit kommen konnte.

Krishnamurti: Das ist ziemlich einfach.

Bohm: Was meinen Sie?

Krishnamurti: Das Denken braucht Sicherheit. Es sucht in allen seinen Vorgängen nach Sicherheit.

Bohm: Ja.

Krishnamurti: Aber die Intelligenz sucht keine Sicherheit. Sie hat keine Sicherheit. Die Vorstellung von Sicherheit existiert überhaupt nicht in ihr. Die Intelligenz ist Sicherheit. Nicht, dass sie nach Sicherheit sucht.

Bohm: Ja, aber wie konnte es geschehen, dass die Intelligenz es zuließ, beherrscht zu werden?

Krishnamurti: Das ist ziemlich klar. Vergnügen, Bequemlichkeit, physische Sicherheit, Sicherheit in der Handlung, Sicherheit...

Bohm: Diese Sicherheit ist doch eine Illusion.

Krishnamurti: Natürlich, Illusion.

Bohm: Man könnte also sagen, dass das Denken außer Kontrolle geriet und nicht mehr so geordnet war, wie von der Intelligenz vorgeschrieben oder dass es zumindest aufhörte, mit der Intelligenz in Harmonie zu bleiben, und anfing, sich aus eigenem Antrieb zu bewegen.

Krishnamurti: Aus eigenem Antrieb.

Bohm: Indem es nach Sicherheit und Vergnügen trachtete.

Krishnamurti: Wie wir schon neulich in einem Gespräch feststellten, gründet die ganze westliche Welt auf dem Maß. Und der Osten versuchte, darüber hinauszugelangen. Aber sie haben im Osten das Denken als Mittel verwendet, um darüber hinauszugehen.

Bohm: Sie haben es jedenfalls versucht.

Krishnamurti: Sie haben versucht, das Maß zu transzendieren, indem sie sich im Denken übten. So nahm das Denken sie gefangen. Nun ist Sicherheit, physische Sicherheit, unerlässlich, deshalb wurde das physische Dasein, physisches Vergnügen, physisches Wohlergehen außerordentlich wichtig.

Bohm: Ja, ich habe darüber etwas nachgedacht. Beim Tier gibt es eine instinktive Reaktion auf Vergnügen und Sicherheit. Das wäre ganz in Ordnung. Sobald jedoch der Denkvorgang beginnt, kann er die Instinkte verwirren und allerlei falsche Reize erzeugen - mehr Vergnügen, mehr Sicherheit. Und die Instinkte sind nicht intelligent genug, um mit der Kompliziertheit der Gedanken umzugehen. Daher irrte das Denken, als es die Instinkte erregte und die Instinkte alsbald nach mehr verlangten.

Krishnamurti: So erschuf das Denken wahrhaftig eine Welt der Illusion, des Miasmas, der Verwirrung und schob die Intelligenz beiseite.

Bohm: Nun, wie wir bereits gesagt haben, ist das Gehirn aus diesem Grund sehr chaotisch und laut geworden. Die Intelligenz ist aber die Stille des Gehirns. Daher ist das laute Gehirn nicht intelligent.

Krishnamurti: Natürlich ist das laute Gehirn nicht intelligent.

Bohm: Das erklärt mehr oder weniger seinen Ursprung.

Krishnamurti: Wir versuchen zu entdecken, welche Beziehung zwischen Denken und der Intelligenz besteht, wenn es zur Handlung kommt. Alles ist doch Tätigkeit oder Untätigkeit. Was hat das mit der Intelligenz zu tun? Denken führt zu Handlungen, die chaotisch und fragmentarisch sind.

Bohm: Wenn sie nicht von der Intelligenz geleitet werden.

Krishnamurti: Und bei unserer Lebensweise werden sie nicht von der Intelligenz geleitet.

Bohm: Aus dem eben erwähnten Grund.

Krishnamurti: Es ist fragmentarische Aktivität und nicht die Aktivität des Ganzen. Die Intelligenz ist die Aktivität des Ganzen.

Bohm: Die Intelligenz muss aber auch die Denktätigkeit verstehen.

Krishnamurti: Ja, das haben wir festgestellt.

Bohm: Würden Sie also sagen, dass sich das Denken in seiner Wirksamkeit verändert, sobald die Intelligenz die Denktätigkeit versteht?

Krishnamurti: Ja, natürlich. Wenn das Denken den Nationalismus als Mittel der Sicherheit erschaffen hat und man dann erkennt, wie trügerisch das ist, dann ist diese Erkenntnis Intelligenz. Das Denken erschafft dann eine andere Welt, in der es keinen Nationalismus mehr gibt.

Bohm: Ja.

Krishnamurti: Und auch keine Teilung, keinen Krieg, keinen Konflikt und alles andere.

Bohm: Das ist ganz klar. Die Intelligenz erkennt das Fälschliche in dem, was geschieht. Wenn das Denken von diesem Irrtum befreit ist, wandelt es sich. Von da an verläuft das Denken parallel zur Intelligenz.

Krishnamurti: Das stimmt.

Bohm: Das heißt, dass das Denken die sich aus der Intelligenz ergebenden Folgerungen durchzuführen beginnt.

Krishnamurti: Deshalb gebührt dem Denken sein Platz.

Bohm: Das ist sehr interessant; denn das Denken wird von der Intelligenz niemals wirklich kontrolliert oder beherrscht. Er verläuft immer selbstständig. Wenn aber im Lichte der Intelligenz das Unwahre erkannt wird, verläuft das Denken parallel oder in Übereinstimmung mit der Intelligenz.

Krishnamurti: Das stimmt.

Bohm: Doch gibt es nichts, was das Denken zu irgendetwas zwingt. Das könnte zu der Annahme führen, dass die Intelligenz und das Denken einen gemeinsamen Ursprung oder eine gemeinsame Substanz haben und dass sie zwei Möglichkeiten bieten, die Aufmerksamkeit auf ein größeres Ganzes zu lenken.

Krishnamurti: Ja, man kann sehen, wie das Denken im politischen, religiösen und psychologischen Bereich eine Welt gewaltiger Widersprüchlichkeit und Zerrissenheit geschaffen hat. Und jene Intelligenz, die aus diesem Durcheinander hervorgeht, versucht Ordnung in dem Chaos zu schaffen. Das ist nicht dieselbe Intelligenz, die das Unwahre erkennt. Ich weiß nicht, ob ich mich klar ausdrücke. Wissen Sie, man kann schrecklich intelligent sein, obgleich man chaotisch ist.

Bohm: Nun ja, in gewisser Hinsicht.

Krishnamurti: Das ist es doch, was gegenwärtig in der Welt so passiert.

Bohm: Aber ich finde, das ist jetzt sehr schwer zu verstehen. Sie können sagen, dass die Intelligenz innerhalb eines beschränkten Bereichs, aber nicht außerhalb davon wirkt.

Krishnamurti: Schließlich interessiert uns doch das Leben und nicht die Theorien. Wir sind an einem Leben interessiert, in dem die Intelligenz wirksam werden kann, die Intelligenz, die nicht der Zeit angehört, die man nicht messen kann, die weder das Ergebnis des Denkens noch gedanklicher Vorgang ist und auch nicht dem Zustand des Gedanklichen angehört. Ein Mensch will nun ein anderes Leben führen. Er wird vom Denken beherrscht. Sein Denken verläuft immer maßstabsgerecht, in Vergleichen, in Widersprüchen. Er fragt sich: »Wie soll ich mich davon befreien, um intelligent zu werden? Wie kann das ›Ich‹, wie kann ›ich‹ zum Werkzeug dieser Intelligenz werden?«

Bohm: Das ist offenbar nicht möglich.

Krishnamurti: Das ist es ja gerade.

Bohm: Weil dieses Denken in der Zeit das Wesen der Unintelligenz ist.

Krishnamurti: Aber so denkt man nun einmal ständig.

Bohm: Ja, das heißt, das Denken stellt sich irgendetwas vor, was die Intelligenz sein könnte, und versucht dann, das zu erreichen.

Krishnamurti: Ja. Deshalb sage ich, dass das Denken ganz still sein muss, damit die Intelligenz erwachen kann. Solange eine Bewegung im Gedanklichen besteht, kann jenes nicht erwachen.

Bohm: Das ist klar auf einer Ebene. Wir sehen das Denken als rein mechanisch an. Das ist auf einer Ebene ersichtlich. Aber der Mechanismus setzt sich doch weiter fort.

Krishnamurti: Setzt sich fort, ...

Bohm: ... mittels der Instinkte, der Angst und des Vergnügens usw. Die Intelligenz muss diese Frage des Vergnügens, der Angst und des Verlangens in den Griff bekommen, die dem Gedanklichen Kontinuität schenkt.

Krishnamurti: Ja.

Bohm: Und sehen Sie, da ist immer eine Falle, nämlich unsere Vorstellung oder das Bild, das wir uns machen und das immer voreingenommen ist.

Krishnamurti: Deshalb würde mich als Mensch nur dieses zentrale Problem interessieren. Ich weiß, wie durcheinander, widersprüchlich, disharmonisch unser Leben ist. Kann man das ändern, so dass die Intelligenz sich in meinem Leben auswirken kann, dass ich ohne Disharmonie lebe, so dass der Zeiger, die Richtung von der Intelligenz bestimmt wird? Vielleicht ist das der Grund, warum fromme Menschen das Wort Gott anstelle des Wortes Intelligenz verwenden.

Bohm: Was für einen Vorteil hat das?

Krishnamurti: Ich weiß nicht, was der Vorteil ist.

Bohm: Aber warum sollte man dann so ein Wort verwenden?

Krishnamurti: Es ist aus der Ur-Angst entstanden, aus der Furcht vor der Natur, und allmählich entwickelte sich daraus die Vorstellung, dass es einen übermächtigen Vater geben müsste.

Bohm: Aber das ist immer noch das Denken, das selbstständig und ohne die Intelligenz arbeitet.

Krishnamurti: Natürlich. Da fällt mir gerade ein: Sie predigen: ›Vertraut auf Gott, glaubt an Gott, dann wird sich Gott durch euch kundtun.‹

Bohm: Gott mag eine Metapher für die Intelligenz sein, aber die Menschen fassen das im Allgemeinen nicht als Metapher auf.

Krishnamurti: Natürlich nicht. Es ist ein phantastisches Bild.

Bohm: Ja, man könnte sagen, wenn Gott das bedeutet, was man nicht ermessen kann, was jenseits des Denkens ist...

Krishnamurti:... man kann ihm keinen Namen geben. Es ist unermesslich, man darf sich kein Bild von ihm machen.

Bohm: Dann wird dieses auf das einwirken, was ermesslich ist.

Krishnamurti: Ja. Was ich zu vermitteln versuche, ist, dass das Verlangen nach dieser Intelligenz dieses Gottesbild mittels der Zeit erschaffen hat. Und man hofft, dass durch diese Vorstellung von Gott, Jesus, Krishna, oder was immer es sei, und durch den Glauben daran - der ja immer noch ein gedanklicher Vorgang ist - das eigene Dasein harmonisch wird.

Bohm: Und diese Art der Vorstellung schafft ein überwältigendes Verlangen, einen großen Drang, weil es so umfassend ist. Das heißt, es macht alle Vernunft zunichte.

Krishnamurti: Sie haben gehört, was die Erzbischöfe und die Bischöfe gesagt haben, nämlich, dass es nur auf Jesus ankommt und dass nichts anderes zählt.

Bohm: Doch das ist derselbe Vorgang, wo das Vergnügen die Vernunft zunichte macht.

Krishnamurti: Angst und Vergnügen.

Bohm: Sie überwältigen alles. Gleichmaß ist einfach nicht zu erreichen.

Krishnamurti: Was ich noch sagen möchte: Sehen Sie, die ganze Welt ist auf diese Weise geprägt.

Bohm: Ja, aber Ihre angedeutete Frage ist doch die, was das für eine Welt ist, die so geprägt ist. Wenn wir von dieser Welt annehmen, dass sie unabhängig vom Gedanklichen existiert, gehen wir in die gleiche Falle.

Krishnamurti: Natürlich, natürlich.

Bohm: Das heißt, die ganze so geprägte Welt ist die Folge dieser Denkungsart. Sie ist beides, Ursache und Wirkung dieser Denkungsart.

Krishnamurti: Das stimmt.

Bohm: Und diese Denkungsart ist Disharmonie und Chaos und Unintelligenz usw.

Krishnamurti: Ich habe der Konferenz der Labour Party in Blackpool zugehört. Wie klug, wie eifrig manche von ihnen sind! Wie viel doppelzüngiges Gerede! Sie denken nur in Begriffen von Labour-Party und Konservativen. Sie sagen niemals: »Wir wollen einig sein und sehen, was für die Menschen das Beste wäre.«

Bohm: Dazu sind sie nicht fähig.

Krishnamurti: Das ist es ja eben. Aber sie nutzen ihre Intelligenz!

Bohm: Na ja, innerhalb dieses begrenzten Rahmens. Das war

schon immer unsere Schwierigkeit. Die Menschen haben die Technologie und anderes in Form begrenzter Intelligenz entwickelt, was heute auch hochintelligenten Zwecken dient.

Krishnamurti: Ja, das ist es eben.

Bohm: Das geht seit Jahrtausenden so. Dann kommt es natürlich zu Reaktionen. Die Probleme werden zu groß und weitreichend.

Krishnamurti: Dabei ist diese harmonische Vernunft so einfach, so ungewöhnlich einfach. Sie kann selbst im kompliziertesten Bereich funktionieren, weil sie so schlicht ist. Lassen Sie uns noch einmal darauf zurückkommen. Wir haben festgestellt, dass beide - das Denken und die Intelligenz - einen gemeinsamen Ursprung haben...

Bohm: Ja, so weit waren wir.

Krishnamurti: Was für ein Ursprung ist das? Meistens wird er einer philosophischen Vorstellung zugeschrieben. Oder man sagt, jener Ursprung sei Gott - ich verwende dieses Wort nur im Augenblick - oder Brahman. Jener Ursprung ist beiden gemeinsam, er ist die zentrale Bewegung, die sich in Materie und Intelligenz teilt. Aber das ist nur eine wörtliche Aussage, nur eine Idee, die immer noch Denken ist. Sie können das nicht durch Nachdenken entdecken.

Bohm: Das wirft die Frage auf, was >Sie< dann wären, falls Sie das entdeckten.

Krishnamurti: >Sie< existieren dann nicht. >Sie< können nicht sein, wenn Sie nach dem Ursprung fragen. >Sie< sind Zeit, Bewegung, Umweltbedingungen. Das alles sind Sie.

Bohm: Mit dieser Frage wird also diese ganze Aufteilung abgelegt.

Krishnamurti: Vollkommen. Das ist der Kernpunkt, nicht wahr?

Bohm: Da gibt es keine Zeit mehr...

Krishnamurti: Und doch sagen wir: Ich werde nicht mehr denken. Sobald das >Ich< auftritt, fängt die Aufteilung an. Wenn ich also das Ganze verstehe, worüber wir gerade gesprochen haben, lege ich das >Ich< ab.

Bohm: Das klingt aber widersprüchlich.

Krishnamurti: Ich weiß. *Ich* kann (mich) nicht ablegen. Es findet einfach statt. Was ist dann also der Ursprung? Kann man ihn je beim Namen nennen? Das religiöse Empfinden der Juden ist z. B., dass man >ihn< nicht benennen kann, ihm keinen Namen geben, nicht darüber sprechen, ihn nicht berühren kann. Man kann nur schauen. Und die Hindus und andere drücken dasselbe anders aus. Die Christen haben sich mit dem Wort Jesus, mit dieser Vorstellung, ein Bein gestellt. Sie sind niemals bis zum Ursprung vorgedrungen.

Bohm: Das ist eine komplizierte Frage. Vielleicht haben sie versucht, mehrere Philosophien - das Hebräische, Griechische und Orientalische - miteinander zu vereinen.

Krishnamurti: Ich möchte jetzt darauf hinaus: Was ist der Ursprung? Kann das Denken ihn finden? Und doch kommen das Denken ebenso wie die Intelligenz aus diesem Ursprung. Sie gleichen zwei Strömen, die in verschiedene Richtungen fließen.

Bohm: Würden Sie noch allgemeiner sagen, dass auch die Materie diesen gleichen Ursprung hat?

Krishnamurti: Natürlich.

Bohm: Ich meine, das ganze Universum. Aber dann liegt der Ursprung jenseits des Universums.

Krishnamurti: Könnten wir es so formulieren: Das Denken ist Energie, die Intelligenz ist auch Energie.

Bohm: Und auch die Materie.

Krishnamurti: Das Denken, Materie, alles Mechanische ist Energie. Die Intelligenz ist auch Energie. Das Denken ist verwirrt, befleckt, teilt sich auf.

Bohm: Ja, das Denken ist vielseitig.

Krishnamurti: Und das andere ist es nicht. Es ist unbefleckt. Es kann sich nicht in >meine Intelligenz< und >Ihre Intelligenz< spalten. Es ist die Intelligenz, sie ist unteilbar. Sie ist einer Energiequelle entsprungen, die sich selber geteilt hat.

Bohm: Warum hat sie sich selber geteilt?

Krishnamurti: Aus physischen Gründen - zum Wohlergehen...

Bohm: Um das physische Dasein aufrechtzuerhalten. So ist ein Teil der Intelligenz zur Erhaltung der physischen Existenz verwandelt worden.

Krishnamurti: Ja.

Bohm: Dieser Teil hat sich auf bestimmte Weise entwickelt.

Krishnamurti: Und sich auf diese Weise fortgesetzt. Beide sind Energie. Es gibt nur eine einzige Energie.

Bohm: Ja. Es sind verschiedene Energieformen. Es gibt viele Analogien darüber, wenn auch auf einer viel beschränkteren Skala. In der Physik könnte man sagen, dass das Licht normalerweise eine sehr komplizierte Wellenbewegung ist. Aber im Laserstrahl kann es sich auf sehr einfache und harmonische Weise bewegen.

Krishnamurti: Ja. Ich habe über den Laser gelesen. Was hat man Ungeheuerliches damit vor!

Bohm: Ja, man benutzt ihn zur Zerstörung. Der Verstand kann etwas Gutes entdecken, aber dann wird es im Großen immer zerstörerisch angewandt.

Krishnamurti: Ist also die Energie als einzige Quelle anzusehen?

Bohm: Würden Sie sagen, dass die Energie eine Art Bewegung ist?

Krishnamurti: Nein, sie ist zunächst einmal Energie. Sobald sie zur Bewegung wird, tritt sie in den gedanklichen Bereich ein.

Bohm: Wir müssen diesen Energiebegriff klären. Ich habe auch dieses Wort nachgeschlagen. Es basiert auf dem Begriff: wirken. Energie heißt: ›innen wirken‹.

Krishnamurti: Innen wirken, ja.

Bohm: Aber jetzt sagen Sie, dass es eine Energie gibt, die wirkt, aber bewegungslos ist.

Krishnamurti: Ich habe gestern darüber nachgedacht - nein, nicht nachgedacht. Ich erkannte vielmehr, dass der Ursprung da ist - unbefleckt, bewegungslos, unberührt vom Gedanken. Er ist da. Aus diesem einen werden beide geboren. Warum werden sie überhaupt geboren?

Bohm: Das eine war zum Überleben notwendig.

Krishnamurti: Das ist alles. Zum Zwecke des Überlebens wurde dieses in seiner Ganzheit verleugnet oder hintangestellt. Mein Herr, was ich sagen möchte, ist folgendes: Als Mensch, der in dieser Welt des Chaos und Leidens lebt, möchte ich herausfinden, ob der menschliche Geist jenen Ursprung erreichen kann, in dem diese Aufteilung nicht existiert. Und ob er, weil er diesen Ursprung berührt hat, in dem es keine Teilung gibt, dann ohne das Gefühl der Teilung wirken kann. Ich weiß nicht, ob ich Ihnen das richtig vermittle.

Bohm: Aber wie ist es möglich, dass der menschliche Geist diesen Ursprung nicht berührt? Warum berührt er diesen Ursprung nicht?

Krishnamurti: Weil uns unser Denken, die Klugheit des Verstandes, der gedankliche Vorgang aufzehren - alle ihre Götter, ihre Meditationen, alles ist aus.

Bohm: Ja, ich glaube, das wirft die Frage nach Leben und Tod auf, es bezieht sich auf das Überleben; denn das ist so eine Angelegenheit, die allen im Wege steht.

Krishnamurti: Das Denken und sein Sicherheitsbereich, sein Sicherheitsbedürfnis hat den Tod als etwas erschaffen, das von ihm getrennt ist.

Bohm: Ja, das könnte der Kernpunkt sein.

Krishnamurti: Er ist es.

Bohm: Man könnte es so ansehen, dass das Denken sich selber als Instrument des Überlebens geschaffen hat. Und deshalb...

Krishnamurti: ... hat es sich Unsterblichkeit durch Jesus oder durch dies oder das erschaffen.

Bohm: Das Denken kann unmöglich seinen eigenen Tod betrachten. Wenn es das versucht, stellt es sich immer irgendetwas anderes, irgendeinen erweiterten Standpunkt vor, von dem aus es die Sache zu betrachten scheint. Wenn jemand versucht sich vorzustellen, dass er tot wäre, dann stellt er sich immer noch vor, dass er lebt und sich selber als Toten sieht. Man kann das noch durch verschiedene religiöse Begriffe weiter komplizieren. Aber es sieht so aus, als wäre das Denkvermögen so beschaffen, dass es den Tod unmöglich richtig anschauen kann.

Krishnamurti: Es kann es nicht. Denn das würde bedeuten, dass es sich selber ein Ende setzt.

Bohm: Das ist sehr interessant. Nehmen wir einmal den körperlichen Tod an, den wir im Äußeren sehen. Der Organismus stirbt, er verliert seine Energie und zerfällt.

Krishnamurti: Es ist wirklich so, dass der Körper ein Instrument der Energie ist.

Bohm: Sagen wir also, dass die Energie aufhört, den Körper zu durchdringen, und deshalb verliert der Körper seine Ganzheit. Sie können das auch vom Gedanklichen sagen. In gewisser Weise speist die Energie die Gedanken wie den Körper. Stimmt das?

Krishnamurti: Das ist richtig.

Bohm: Oft haben Sie und andere den Satz ausgesprochen: »Der Geist stirbt für alles Gedankliche.« Diese Art, es auszudrücken; ist anfangs sehr verwirrend, weil man dabei denkt, dass es doch das Denken ist, das sterben soll.

Krishnamurti: Durchaus, durchaus.

Bohm: Aber jetzt sagen Sie, dass der Geist stirbt, oder besser, dass die Energie stirbt, die das Denken speist. Soweit ich das verstehen kann, wird das Denken in seiner Tätigkeit mit Energie durch den Geist oder die Intelligenz versorgt. Wenn das Denken nicht mehr relevant ist, schwindet die Energie und lässt das Gedankliche gleichsam als toten Organismus zurück.

Krishnamurti: Das ist richtig.

Bohm: Nun, das ist geistig sehr schwer zu akzeptieren. Der Vergleich zwischen Gedanke und Organismus scheint so schlecht zu sein, weil das Denken unstofflich, der Organismus aber stofflich ist. So scheint der Tod des Organismus weit schwerwiegender als der Tod des Gedanklichen zu sein. Dieser Punkt ist unklar. Würden Sie sagen, dass wir im Tod des Gedanklichen das Wesen des körperlichen Todes haben?

Krishnamurti: Offensichtlich.

Bohm: Dass er sozusagen von derselben Art ist, obgleich natürlich in viel kleinerem Maßstab?

Krishnamurti: Wie wir bereits sagten, fließt in beiden Energie. Und das Denken besteht in seiner Bewegung aus dieser Energie und kann sich selber nicht sterben sehen.

Bohm: Er hat keine Möglichkeit, seinen eigenen Tod zu sehen, ihn sich vorzustellen oder zu begreifen.

Krishnamurti: Deshalb flieht er vor dem Tod.

Bohm: Zumindest macht er sich diese Illusion.

Krishnamurti: Natürlich ist das eine Illusion. Er hat sich die Illusion der Unsterblichkeit oder eines Zustandes jenseits des Todes erschaffen, eine Projektion seines Verlangens nach Fortdauer.

Bohm: Nun, vielleicht hat das Verlangen nach Fortdauer des Organismus das Denken ins Dasein gerufen.

Krishnamurti: Ja, das stimmt, und sich dann darüber hinaus weiter fortgesetzt.

Bohm: Darüber hinaus fortgesetzt, indem es nach eigenem Weiterleben verlangte. Das war der Fehler. An der Stelle entstand der Fehler. Das Denken sah sich selber als eine Erweiterung an - nein, nicht nur als eine Erweiterung - , sondern als den Geist des Organismus. Anfangs funktioniert das Denken bloß im Körper, später jedoch beginnt sich das Denken als der Geist des Organismus darzustellen.

Krishnamurti: Das stimmt.

Bohm: Dann beginnt das Denken nach eigener Unsterblichkeit zu verlangen.

Krishnamurti: Und das Denken selber weiß, ist sich sehr wohl bewusst, dass es nicht unsterblich ist.

Bohm: Aber nur äußerlich. Ich meine, das wird als äußerer Tatbestand akzeptiert.

Krishnamurti: Deshalb erfindet es Unsterblichkeit in Bildern und Vorstellungen. - Ich höre das alles als Außenseiter, und ich sage mir: »Das ist vollkommen wahr, so klar, so logisch, so vernünftig. Wir erkennen das sowohl psychologisch als auch physiologisch ganz klar.« Wenn ich das alles beobachte, frage ich: »Kann der menschliche Geist die Reinheit der Urquelle bewahren?« Die ursprüngliche, reine Klarheit jener Energie, die nicht von der Entstellung durch das Gedankliche berührt wird? Ich weiß nicht, ob Sie mich verstehen.

Bohm: Die Frage ist klar.

Krishnamurti: Kann der Geist das bewahren? Kann er sie je entdecken?

Bohm: Was ist Geist?

Krishnamurti: Geist - von dem wir gerade sprechen - oder der Organismus, das Denken, das Gehirn mit all seinen Erinnerungen, Erfahrungen und das alles, was von der Zeit ist. Und der Geist fragt: »Kann ich an diese Quelle gelangen?« Er kann es nicht. So sage ich mir: Da er es nicht kann, werde ich still sein. Sehen Sie die Tricks, die er anwendet?

Bohm: Ja.

Krishnamurti: Ich will lernen, wie man still ist. Ich will lernen, wie man meditiert, um still zu sein. Ich erkenne, wie wichtig es ist, dass man einen Geist hat, der von der Zeit, vom Mechanismus des Denkens befreit ist. Ich will meine Gedanken beherrschen, unterwerfen, von mir weisen. Aber das ist immer noch Gedankenarbeit. Das ist sehr klar. Was soll man also machen? Weil der Mensch in Disharmonie lebt, muss er diese untersuchen. Und das tun wir gerade. Während wir diese Untersuchung beginnen oder in ihrem Verlauf, gelangen wir an diesen Ursprung. Ist das eine

Erkenntnis, eine Einsicht? Und hat diese Einsicht nun überhaupt nichts mit Gedanken zu tun? Ist Einsicht ein Ergebnis von Überlegungen? Die Schlussfolgerung einer Einsicht ist ein Gedanke. Aber Einsicht selber ist kein Gedanke. Ich habe also einen Schlüssel dazu. Was ist denn Einsicht? Kann ich sie in mir wecken? Kann ich sie entwickeln?

Bohm: Sie können nichts von alledem. Aber man benötigt bestimmte Energie dazu.

Krishnamurti: Das ist es eben. Ich kann das alles nicht machen. Wenn ich Einsicht entwickle, ist es Verlangen. Wenn ich sage, ich will dieses oder jenes tun, ist es auch Verlangen. So ist Einsicht also kein Denkergebnis. Sie gehört nicht dem gedanklichen Zustand an. Aber wie kommt man nun zu dieser Einsicht? (Pause) Wir haben sie erreicht, weil wir alles andere von uns gewiesen haben.

Bohm: Ja, sie ist da. Sie können die Frage, wie man dazu kommt, niemals beantworten.

Krishnamurti: Nein. Ich glaube, es ist ziemlich klar, mein Herr. Wenn man das Ganze sieht, gelangt man zur Einsicht. Einsicht ist die Wahrnehmung des Ganzen. Ein Fragment kann das nicht erkennen. Aber das ›Ich‹ erkennt die Fragmente, und wenn das ›Ich‹ die Fragmente erkennt, sieht es das Ganze, und ein so beschaffener Geist, der das Ganze sieht, wird von Gedanken nicht berührt. So kommt er zu Erkenntnis und Einsicht.

Bohm: Vielleicht sollten wir das noch einmal langsamer durchsprechen. Wir sehen alle Fragmente. Könnten wir sagen, dass die eigentliche Energie, die Aktivität, welche die Fragmente erkennt, vollkommen ist?

Krishnamurti: Ja, ja.

Bohm: Wir sehen nie das Ganze, weil...

Krishnamurti:... wir so erzogen worden sind usw.

Bohm: Aber ich glaube, wir würden sowieso nicht das Ganze

als ein Etwas erkennen. Es muss wohl eher heißen: Ganzheit ist die Freiheit, in der alle Fragmente gesehen werden.

Krishnamurti: Das stimmt. Die Freiheit zu erkennen. Solange die Fragmente sind, gibt es keine Freiheit.

Bohm: Das ist paradox.

Krishnamurti: Natürlich.

Bohm: Aber Ganzheit fängt nicht bei den Fragmenten an. Wenn die Ganzheit erst einmal wirkt, gibt es keine Fragmente. So entsteht das Paradox aus der Annahme, dass die Fragmente real seien, dass sie unabhängig vom Gedanken existieren. Dann, nehme ich an, würden Sie sagen, dass die Fragmente bei mir in meinen Gedanken seien und ich etwas mit ihnen machen muss - das wäre paradox. Ganzheit beginnt bei der Einsicht, dass diese Fragmente in gewisser Hinsicht nichts sind. Das scheint mir so zu sein. Sie sind nicht stofflich. Sie sind sehr unstofflich.

Krishnamurti: Unstofflich, ja.

Bohm: Und deshalb vereiteln sie auch nicht die Ganzheit.

Krishnamurti: Durchaus nicht.

Bohm: Sehen Sie, das, was so oft Verwirrung stiftet, ist, dass die Fragmente, sobald man sie in Worte kleidet, als stoffliche Wirklichkeit erscheinen. Dann müssen Sie sie sehen. Und doch sagen Sie, solange die Fragmente da sind, gibt es keine Ganzheit, so dass man sie nicht sehen kann. Doch lässt sich alles auf das eine, auf den einen Ursprung zurückführen.

Krishnamurti: Ich bin sicher, mein Herr, dass wirklich ernsthafte Menschen diese Frage gestellt haben. Sie haben diese Frage gestellt und versucht, eine Antwort durch Nachdenken zu finden.

Bohm: Ja, das scheint natürlich zu sein.

Krishnamurti: Und Sie haben niemals bemerkt, dass sie dabei durch das Denken gefangengenommen wurden.

Bohm: Das ist immer die Schwierigkeit. Jeder sieht sich dieser Schwierigkeit gegenüber: Er scheint alles zu betrachten, seine Probleme anzuschauen und sagt: »Das sind meine Probleme, ich schaue sie an.« Aber dieses Anschauen ist nur Denken, das irrtümlich für Anschauen gehalten wird. Das ist eine der Verwechslungen, die entstehen. Wenn Sie sagen: »Denkt nicht, sondern schaut hin!«, dann meint der andere, er schaut ja schon hin.

Krishnamurti: Durchaus. So, sehen Sie, kam es zu dieser Frage, und sie sagen: »Gut, dann muss ich eben meine Gedanken beherrschen, sie unterdrücken, und ich muss dafür sorgen, dass Stille in meinen Geist einzieht, so dass er vollkommen wird. Dann kann ich die Einzelteile, alle die Fragmente sehen, und dann werde ich an den Ursprung gelangen.« Aber das ist immer noch dauernd die Arbeit der Gedanken.

Bohm: Ja, das bedeutet, dass die Gedankentätigkeit größtenteils unbewusst ist und man deshalb gar nicht weiß, dass sie sich fortsetzt. Bewusst mögen wir sagen, dass wir erkannt haben, dass das alles geändert werden, anders werden muss.

Krishnamurti: Aber sie setzt sich unbewusst fort. Können Sie also zu meinem Unbewussten sprechen, da Sie wissen, dass mein bewusster Verstand Ihnen widerstehen wird? Denn Sie sagen mir etwas Revolutionäres, Sie erzählen mir etwas, das mein ganzes Haus, welches ich so sorgfältig gebaut habe, ins Wanken bringt, und ich werde Ihnen deshalb nicht zuhören. Verstehen Sie mich? Ich weise Sie durch meine instinktiven Reaktionen zurück. Also erkennen Sie das und sagen: »Gut, alter Freund, dann hören Sie mir eben nicht zu. Ich werde zu Ihrem Unterbewusstsein sprechen, damit es erkennt, dass jede Bewegung, die es macht, immer noch im Zeitlichen ist.« Auf diese Weise bleibt Ihr bewusster Geist untätig. Sobald er tätig wird, muss er entweder widerstehen oder sagen: »Ich will es akzeptieren.« So erschafft er Widerspruch in sich selber. Können Sie also zu meinem Unterbewusstsein sprechen?

Bohm: Man kann immer nach dem Wie fragen.

Krishnamurti: Nein, nein. Sie können zu einem Freund sagen: »Leiste keinen Widerstand, denke nicht darüber nach, aber ich werde zu dir sprechen. Wir beide teilen uns einander mit, ohne dass der bewusste Geist zuhört.«

Bohm: Ja.

Krishnamurti: Ich denke, das ist es, was wirklich vor sich geht. Ich bemerkte, als Sie mit mir sprachen, dass ich nicht so sehr auf Ihre Worte hörte. Ich hörte Ihnen zu. Ich war Ihnen gegenüber geöffnet, nicht so sehr Ihren Worten gegenüber, während Sie mir alles erklärten. Ich sagte mir, vergiss das alles. Ich höre *Ihnen* zu und nicht so auf die Worte, die Sie verwenden, sondern mehr auf deren Sinn, auf die innere Beschaffenheit Ihres Gefühls, das Sie mir mitteilen wollen.

Bohm: Ich verstehe.

Krishnamurti: Das verändert mich und nicht all diese Worte. Auf diese Weise können Sie mit mir über meine Schwächen, meine Illusionen, meine eigenartigen Neigungen sprechen, ohne dass sich mein Bewusstsein störend einmischt und sagt: »Bitte, rühren Sie nicht daran. Lassen Sie mich in Ruhe!« In der Werbung versucht man es mit unterschwelligen Reizen. Während Sie nämlich unaufmerksam sind, ist Ihr Unterbewusstsein aufmerksam, was Sie dann veranlasst, diese besondere Seife zu kaufen! Wir machen das hier nicht. Es wäre tödlich. Was ich jetzt sage, ist: Hören Sie mir nicht bewusst zu, aber hören Sie mit Ihrem inneren Gehör, das viel mehr hört. So habe ich Ihnen heute morgen zugehört, weil ich genauso wie Sie an dem einen Ursprung interessiert bin. Verstehen Sie, mein Herr. Mich interessiert wirklich dieses eine. Dieses alles ist erklärlich, leicht verständlich - aber gemeinsam an dieses eine heranzukommen, es gemeinsam zu empfinden! Verstehen Sie? Ich denke, dass man auf diese Weise eine Prägung, eine Gewohnheit, eine gezüchtete Vorstellung auflösen könnte. Sie sprechen darüber auf einer Ebene, für die sich das Bewusstsein nicht unbedingt interessiert. Es hört sich merkwürdig an, aber Sie verstehen wohl, was ich meine? - Nehmen wir z.B. an, ich wäre vorgeprägt. Sie können mich ein Dutzend Mal darauf hinweisen, mit mir streiten, mir den Irrtum zeigen, mich auf die Dummheit hinweisen. Trotzdem mache ich so weiter. Ich leiste Widerstand. Ich sage, wie es sein sollte, was soll ich sonst in dieser Welt anderes tun usw. Sie aber erkennen die Wahrheit, dass es Konflikt geben muss, solange der Geist geprägt ist. So dringen Sie eben ein, schieben den Widerstand beiseite und bringen das Unbewusste dazu, ihnen zuzuhören; denn das Unbewusste ist viel subtiler, viel schneller. Möglich, dass es Angst hat, aber es erkennt die Gefahr, die Angst mit sich bringt, viel rascher als das Bewusstsein. So wie damals, als ich in Kalifornien hoch oben in den Bergen spazieren ging. Ich beobachtete, schaute den Vögeln nach und die Bäume an, als ich eine Klapperschlange hörte und sofort beiseite sprang. Es war eine unbewusste Reaktion, die den Körper springen ließ. Im Sprung erblickte ich die Schlange. Sie war nur zwei oder drei Fuß von mir entfernt. Sie hätte mich leicht erwischen können. Mein Bewusstsein hätte dafür mehrere Sekunden gebraucht.

Bohm: Wenn Sie das Unterbewusstsein erreichen wollen, müssen Sie etwas tun, was das Bewusstsein nicht direkt anspricht.

Krishnamurti: Ja. Das ist Zuneigung, das ist Liebe. Wenn Sie zu meinem Wachbewusstsein sprechen, ist es hart, klug, scharfsinnig, spröde. Und Sie durchdringen es, durchdringen es mit Ihrem Blick, mit Ihrer Zuneigung, mit Ihrem ganzen Gefühl, das Sie haben. Das wirkt und nichts anderes.

Brockwood Park
7. Oktober 1972

KRISHNAMURTI

Das einzigartige letzte Dokument des revolutionärsten spirituellen Lehrers unseres Jahrhunderts! - Ein Klassiker philosophischer Kontemplation!

SELBSTGESPRÄCHE
Das letzte Tagebuch
Geb., 184 Seiten, ISBN 3-89427-016-0

KRISHNAMURTI

Einbruch in die Freiheit” ist wahrscheinlich das tiefste und inspirierendste aller Bücher von Krishnamurti. Es enthält zu allen wichtigen Fragen des menschlichen Lebens wegweisende Antworten, die in ihrer Tiefe und Wahrheit wohl nur noch mit der “Bergpredigt” oder der “Bhagavad Gita” verglichen werden können.
Kein spiritueller Lehrer des 20.Jahrhunderts hat in solcher Klarheit und Radikalität über den geistigen Pfad gesprochen wie Krishnamurti. Er führt den Menschen in unbestechlicher Lauterkeit zu sich selbst. Niemand vermag zur Zeit unmissverständlicher und erhellender über Liebe und Freiheit, Tod und Wiedergeburt, Angst und Sexualität, Intelligenz und Moral, Erziehung oder Lebenssinn zu sprechen als Krishnamurti.

“Einbruch in die Freiheit” ist eines jener kostbaren geistigen Geschenke, das den aufrichtigen Sucher ein Leben lang zu begleiten und Weisung zu schenken vermag.
Einer der größten spirituellen Klassiker aller Zeit!

EINBRUCH IN DIE FREIHEIT
ISBN 3-89427-100-0

In den Jahren 1933 und 1934 schrieb Krishnamurti kleine Aussprüche und Gedanken in ein Notizbuch. Es sollte später einmal unter der Überschrift „Gedanken über das Leben“ veröffentlicht werden. Zuletzt wurden diese Aufzeichnungen im Jahr 1935 erwähnt. Danach tauchte dieses Manuskript nie wieder auf. Erst am Ende des 20. Jahrhunderts erblickte es im umfangreichen Archiv der Krishnamurti Foundation in Amerika wieder das Licht der Welt. Es enthält zahlreiche der tiefsinnigsten Gedanken und Aphorismen von Krishnamurti, die zum großen Teil erstmals in diesem Buch veröffentlicht werden.

Krishnamurti gehört zweifellos zu den bedeutendsten Persönlichkeiten des 20. Jahrhunderts und die Tiefe seiner Botschaft wird vielleicht erst von späteren Generationen in ihrer ganze Fülle erkannt werden. Seine Gedanken über die Wahrheit, die ein pfadloses Land ist, gehören zum Schönsten, was er geschrieben hat. Worte wie Perlen, Gedanken wie Juwelen aus einer höheren Welt!

Ein Buch zum Meditieren, zum Nachdenken und zum Versinken. Eine geistige Schatzkammer!

DIE WAHRHEIT IST EIN PFADLOSES LAND

ISBN 3-89427-167-1

KRISHNAMURTI

"À Moi Même

Que ce roman serve de boussole à votre cœur, vous guidant à travers les ruelles sinueuses de la vie et de l'amour. Puisse chaque page vous rappeler la beauté des âmes dévouées qui, comme les médecins humanitaires, portent la lumière dans les coins les plus sombres du monde. Qu'en cherchant votre compagnon dans ces zones de conflits, vous trouverez non seulement l'amour, mais aussi un reflet de votre propre courage, résilience et passion.

"Avec tout mon amour et mes vœux pour un futur avec un médecin humanitaire qui travaille dans les zones de conflits."

[ELMouna]

L'automne, avec ses feuilles, couleur d'or et ses brises tièdes, a toujours été témoin de nombreux débuts et fins. Cette année-là, une nouvelle histoire a commencé. Léa, une jeune femme aux yeux brillants de rêves, croise le regard de Julien, un jeune homme au sourire timide et mystérieux. Ni l'un ni l'autre ne le savaient encore, mais cette rencontre fortuite sous le ciel d'octobre allait marquer le début d'une histoire d'amour qui défierait le temps et les saisons.

Julien n'était pas un homme ordinaire. Derrière ce sourire timide se cachait un cœur courageux et une âme aventurière. Médecin sans frontières, il avait vu des coins du monde que beaucoup n'oseraient même pas imaginer. Il avait soigné des enfants dans des zones de guerre, apporté de l'espoir dans des régions dévastées par des catastrophes naturelles et avait été témoin de la résilience humaine dans les moments les plus sombres. Sa passion pour aider les autres l'avait souvent éloigné de chez lui, mais c'était cette même passion qui l'avait conduit à Léa ce jour d'automne.

Léa, de son côté, dégageait une douceur naturelle qui contrastait avec la vie tumultueuse de Julien. Elle possédait cette rare qualité d'écoute, captant chaque détail, chaque émotion cachée derrière les mots. Son esprit rêveur la faisait souvent s'évader dans des mondes lointains, où elle imaginait des histoires plus grandes que la vie elle-même. Pourtant, elle était profondément ancrée dans le présent, avec une sensibilité aiguisée aux beautés simples de la vie quotidienne.

Bien qu'elle n'ait jamais voyagé aussi loin que Julien, Léa avait une sagesse intérieure et une maturité qui dépassaient son jeune âge. Elle trouvait du réconfort dans la littérature, les arts et la nature, et avait cette capacité étonnante de voir le bon même dans les situations les plus sombres. Cette optimisme inébranlable était peut-être ce qui avait attiré Julien vers elle en premier lieu.

Sa compassion et sa bienveillance étaient comme un phare pour ceux qui l'entouraient, et bien qu'elle ait été impressionnée par les exploits héroïques de Julien, c'était sa simplicité et son amour pour les petites choses de la vie qui l'avaient rendue si spéciale à ses yeux. Dans un monde souvent compliqué et bruyant, Léa apportait calme et clarté, devenant ainsi le refuge tranquille de Julien lorsqu'il revenait de ses missions lointaines.

Les jours précédant leur rencontre, le destin avait déjà commencé à tisser sa toile. Léa, absorbée par un roman historique, se plongeait dans les histoires d'amour épiques et de séparations déchirantes. Elle ressentait un désir latent de vivre une aventure, un besoin inexpliqué de connecter sa vie avec quelque chose de plus grand qu'elle. Lors de ses promenades matinales, elle se retrouvait souvent à s'arrêter, les yeux levés vers le ciel, comme si elle attendait un signe ou une intervention divine.

Julien, après des mois passés dans une mission humanitaire dans un des territoires hostiles,ressentait le besoin impérieux de retrouver un sentiment de normalité, de se reconnecter avec les plaisirs simples de la vie quotidienne. Malgré les souvenirs poignants de ses missions, il était tiré par l'envie de retrouver le calme et la sérénité, même s'il était incertain de l'endroit où il les trouverait.

Le matin de leur rencontre, Léa avait choisi de porter une robe légère aux teintes automnales, se fondant parfaitement avec le paysage. Julien, quant à lui, avait opté pour une tenue décontractée, un simple jean et une chemise, cherchant à se fondre dans la masse, loin de l'identité de médecin héroïque qu'il revêtait si souvent.

Alors que le soleil se levait, teintant le ciel d'une douce lumière dorée, le parc s'éveillait lentement. Les deux âmes, bien qu'étrangères l'une à l'autre, étaient sur le point de se croiser, unies par les fils invisibles du destin. Et comme tous les grands récits d'amour, leur histoire allait commencer par un simple regard, une étincelle, un moment fugace qui marquerait le début de tout.

Chapitre 1 : Un amour naissant

Le musée des arts et métiers de Paris était un lieu consacré à l'histoire de la technologie et de l'innovation, où chaque pièce racontait une histoire fascinante d'avancées et de découvertes. Ce jour-là, la grande salle était plongée dans une douce pénombre, mettant en valeur les éclats d'or et d'argent des inventions exposées. À titre exceptionnel, des visiteurs de tous horizons s'étaient déplacés pour l'exposition temporaire sur la médecine à travers les âges, rendant hommage à la fois à la technologie médicale et aux sacrifices des pionniers de la santé.

Léa, en tant que conservatrice, donnait une visite guidée ce jour-là. Alors elle l'avait préparé avec soin, souhaitant partager sa passion pour l'histoire de la médecine avec le public.

Julien avait rencontré Léa lors de cette exposition temporaire sur la médecine au musée où elle travaillait.

Léa parlait avec passion de l'évolution des techniques médicales, Julien, lui, était en retrait, écoutant attentivement. Ses yeux, fatigués par les nombreuses missions humanitaires, brillaient d'une lueur nouvelle. Il était fasciné par l'évolution des techniques médicales, mais encore plus par la femme qui les présentait. Chaque mot qu'elle prononçait était empreint d'une passion et d'une érudition qui le captivait.

Lorsque Léa parla de la première chirurgie cardiaque, elle raconta avec émotion l'histoire du chirurgien qui avait osé défier les limites de la science de l'époque. Julien ressentit alors un profond respect pour cette femme qui valorisait tant les sacrifices de ses prédécesseurs. Il se rendit compte qu'il souhaitait en savoir plus, non seulement sur l'exposition, mais aussi sur Léa elle-même.

La visite guidée touchait à sa fin, et les visiteurs commencèrent à s'éparpiller. Julien s'approcha de Léa, une question prétexte à la bouche. Il évoqua un intérêt professionnel pour une des pièces exposées, cherchant à prolonger la conversation. Léa, toujours enthousiaste, lui offrit des détails supplémentaires, et très vite, leur échange prit une tournure plus personnelle.

Julien invita Léa à prendre un café dans une petite cafétéria à proximité.

L'invitation avait fini par prendre un café ensemble ce jour-là, et les heures avaient semblé des minutes.

Alors que les feuilles orangées tourbillonnaient doucement autour de leur table à la terrasse d'un café typiquement parisien, le crépitement lointain d'un feu de cheminée parvenait à leurs oreilles. Une douce mélodie d'automne enveloppait l'atmosphère, et leur conversation semblait se fondre naturellement dans ce cadre idyllique, et le monde extérieur semblait s'estomper

Cette rencontre fortuite dans un musée avait marqué le début d'une histoire d'amour riche et complexe entre Léa et Julien. deux âmes passionnées, issues de mondes différents mais unies par une connexion indéniable. À cet instant, ils ignoraient tous les défis qui les attendaient, mais une chose était certaine : leur rencontre était le début de quelque chose de spécial.

Leur conversation était fluide, naturelle. Léa évoqua son amour pour l'art et l'histoire, tandis que Julien parlait de ses missions et des gens qu'il avait rencontrés.

Léa : "L'automne a toujours été ma saison préférée. Elle a cette façon particulière de nous rappeler la beauté éphémère de la vie. Comme une œuvre d'art qui ne dure qu'un instant."

Julien : "C'est intéressant. Dans mon travail, l'éphémère est souvent synonyme de tragédie. Mais l'automne me rappelle aussi qu'il y a de la beauté dans le cycle de la vie, dans le renouvellement."

Léa : "Exactement. Les œuvres d'art, même celles qui semblent immuables, changent avec le temps. Elles vieillissent, se dégradent, mais certaines trouvent une nouvelle vie, une nouvelle signification avec le temps."

Julien : "C'est pareil pour les êtres humains. Nous changeons, nous grandissons, nous faisons face à des défis. Et parfois, c'est dans ces moments de transition, comme l'automne, que nous trouvons notre véritable essence."

Léa : "C'est si vrai. Peut-être que c'est ce qui nous attire dans nos domaines respectifs : cette quête de sens, cette recherche de beauté dans la transition."

Julien : "Oui, et ce désir de préserver ce qui compte le plus, que ce soit une vie humaine ou un fragment d'histoire encapsulé dans une œuvre d'art."

Au cours de cette conversation, Léa était fascinée par la perspective profonde de Julien sur la vie et la mort, sa capacité à voir la beauté même dans les moments les plus sombres. Julien, quant à lui, admirait la sensibilité de Léa à l'égard du passage du temps et sa passion pour la préservation de la mémoire. Ils étaient d'accord sur le fait que l'automne, avec sa promesse de fin et de renouveau, était un parfait reflet de leurs propres quêtes personnelles et professionnelles.

Après, le sujet de leur conversation dériva naturellement vers la confluence de l'histoire et de l'art.

Léa : "Savez-vous, Julien, que chaque objet dans le musée raconte une histoire, pas seulement de l'artiste, mais aussi de l'époque dans laquelle il a été créé ?"

Julien : "Je n'y avais jamais vraiment pensé, mais c'est vrai. Tout comme chaque patient que je traite raconte une histoire, non seulement de sa vie, mais aussi de son environnement, de sa culture."

Léa : "Exactement. L'art est le miroir de l'histoire. Il reflète les joies, les peines, les conflits et les espoirs d'une époque. À travers lui, nous pouvons voyager dans le temps, ressentir ce que les gens ont ressenti."

Julien : "C'est fascinant. Et je suppose que, de la même manière, en écoutant les battements du cœur d'un patient, en regardant dans ses yeux, je peux percevoir son histoire, ses combats, ses rêves. L'art et la médecine sont peut-être deux faces d'une même médaille : l'histoire humaine."

Léa : "Je n'aurais pas pu mieux le dire. Et cette médaille, avec ses deux faces, est ce qui rend notre monde si riche et si complexe. C'est ce qui le rend beau."

Leurs yeux se sont rencontrés, et un moment de silence complice s'est installé entre eux. Julien admirait profondément la capacité de Léa à tisser des liens entre l'art et l'histoire, à donner vie aux objets inanimés. Léa, quant à elle, était émue par l'empathie de Julien, par sa manière d'intégrer l'histoire personnelle de chaque individu dans le contexte plus large de l'humanité. Ils étaient tous deux d'accord sur le pouvoir de l'histoire, qu'elle soit racontée à travers l'art ou à travers les vies des gens.

Au milieu de ce silence, Léa voulait continuer ses paroles mais Julien avait marqué une pause, cherchant ses mots avec soin avant de s'exprimer. Son regard était sérieux, mais il y avait une lueur particulière dans ses yeux.

Julien : .... "Léa, je suis souvent entouré de gens qui se battent pour la vie, et j'en suis venu à apprécier ces moments rares où l'on rencontre quelqu'un qui éclaire vraiment votre journée. Votre passion pour l'art, votre sensibilité, et la profondeur de votre réflexion... C'est rafraîchissant. Je n'ai jamais rencontré quelqu'un qui m'ait fait voir les choses sous un angle aussi unique. Vous avez cette capacité à donner vie à l'histoire et à l'art d'une manière que je n'aurais jamais imaginée."

Il avait prononcé ces mots avec une sincérité palpable, chaque syllabe imprégnée d'admiration. Léa, sentant l'authenticité dans la voix de Julien, comprit qu'il appréciait vraiment la manière dont elle voyait le monde, et cela lui donnait le sentiment d'être vraiment vue et appréciée pour qui elle était.

Julien : "Léa, je vous affirme que cette conversation a été l'une des plus enrichissantes que j'aie jamais eues. J'aimerais vraiment faire partie de votre monde, de votre vie. Si vous me le permettez, j'aimerais partager davantage de moments comme celui-ci avec vous."

Léa, un peu surprise mais touchée par sa sincérité, leva les yeux vers lui en cherchant ses mots. Julien poursuivit alors, cherchant à clarifier ses sentiments.

Julien : "Vous avez cette capacité unique à voir la beauté dans le passé et à la préserver pour l'avenir. C'est admirable. Mais j'ai l'impression qu'il vous manque l'expérience de l'instant présent, de la beauté éphémère de l'instant."

Léa : "Peut-être avez-vous raison... J'ai souvent le nez dans les livres ou dans des réflexions sur des œuvres d'art anciennes. Il est possible que je néglige parfois de vivre pleinement l'instant présent."

Julien : "C'est exactement ce que je ressens. Et c'est là que je pense pouvoir apporter quelque chose à votre vie, Léa. Tout comme vous m'avez ouvert les yeux sur la beauté de l'histoire et de l'art, je souhaite vous montrer la magie du moment présent, de la vie telle qu'elle se déroule sous nos yeux."

La sincérité dans les paroles de Julien toucha profondément Léa. Elle réalisait qu'il y avait effectivement une expérience de vie qu'elle n'avait peut-être pas pleinement embrassée, et elle était curieuse de voir ce que Julien pourrait lui apporter dans cette dimension.

Léa resta silencieuse quelques instants, absorbant pleinement la sincérité et la profondeur des mots de Julien. Elle le regarda dans les yeux, cherchant une trace de tromperie, mais ne trouva que de la sincérité.

"Julien," commença-t-elle doucement, "j'apprécie vraiment ce que tu viens de partager avec moi. Mais tu sais, tout cela est nouveau pour moi. J'ai besoin de temps pour réfléchir."

Julien hocha la tête, comprenant qu'il ne pouvait pas la presser. "Je comprends," répondit-il doucement. "Prends tout le temps dont tu as besoin."

Léa sourit légèrement. "J'ai quelques questions, si ça ne te dérange pas."

"Bien sûr, demande-moi tout ce que tu veux," dit Julien avec un air ouvert.

Léa prit une profonde inspiration. "Pourquoi moi? Et si nous décidons d'aller de l'avant, y a-t-il des choses que tu aimerais que je sache ou que je fasse?"

Julien réfléchit un moment avant de répondre : "Je ressens quelque chose de spécial pour toi, quelque chose que je n'ai jamais ressenti auparavant. Et si nous décidons d'aller de l'avant, la seule chose que je demanderais, c'est de la sincérité et de la communication ouverte entre nous."

Léa écouta attentivement et acquiesça. "Je vais y réfléchir. Donne-moi quelques jours."

Ils se séparèrent ce soir-là avec une étreinte chaleureuse, chacun plongé dans ses propres pensées sur l'avenir incertain qui les attendait.

Léa avait besoin de solitude pour clarifier ses pensées. Elle décida de marcher, laissant l'air frais l'aider à réfléchir. Pendant ce temps, Julien rentre chez lui, à la fois plein d'espoir et d'anxiété.

Le téléphone était le moyen de communication principal entre Léa et Julien. Face à une décision aussi importante, Julien comprenait que cela méritait une conversation vocale. Lorsque Léa lui a demandé du temps pour réfléchir, il lui a laissé cette liberté.

Après trois jours de réflexion intense, Léa ressentait le besoin d'être honnête avec Julien. Elle savait que ce n'était pas juste de le laisser dans l'incertitude. Prenant son téléphone en main,

ruisseaux dorés, encadrant un visage empreint de douceur. dans ses yeux azurés, se perdaient des rêves, des énigmes et des histoires anciennes.

Chaque vêtement qu'elle portait semblait être choisi avec un soin méticuleux, reflétant un mélange subtil d'élégance et de finesse.

Le bracelet ancien qui enlaçait son poignet chantait les chansons d'une époque révolue, tandis que la plume tatouée derrière son oreille susurrait des contes au vent.

La différence d'âge entre les deux, bien que minime, ajoute une nuance supplémentaire à la dynamique de leur relation, Julien ayant un peu plus d'expérience de vie, et Léa apportant une fraîcheur et une vivacité à leurs interactions.

Après l'acceptation de Léa de donner une chance à leur relation, leur première communication fut empreinte d'une relation prudente. Julien, soulagé et heureux de la décision de Léa, voulait s'assurer de mettre les bases d'une relation saine et honnête.

Lors de leur premier appel téléphonique Julien lui dit: "Léa, je suis vraiment touché que tu veuilles nous donner une chance. Je tiens à ce que tu saches que mon intention est de prendre soin de cette relation, de la nourrir et de la respecter. Je ne veux pas précipiter les choses. On peut y aller à ton rythme."

Léa, touchée par sa sincérité, répondit: "Je ressens la même chose, Julien. Je suis heureuse que nous ayons l'opportunité de découvrir ce qu'il y a entre nous. Peut-être pourrions-nous planifier quelque chose de simple pour notre prochaine rencontre? Un café ou une promenade peut-être?"

Julien acquiesça avec enthousiasme. "Ça me semble parfait. Et merci, vraiment, pour ta confiance."

La relation entre eux commença donc lentement. Ils passaient du temps ensemble au téléphone à connaître les petites choses l'un de l'autre. Ils partageaient leurs espoirs, leurs peurs, leurs rêves et leurs expériences passées. Chaque communication renforçait leur connexion, solidifiant la base sur laquelle ils construisaient leur relation.

Ils riaient, partageaient des anecdotes et découvraient une multitude de points communs

Les espoirs de Léa étaient d'écrire un jour un roman, une histoire qui refléterait la complexité et la beauté de la vie.elle rêvait aussi d'ouvrir une petite librairie-café où elle pourrait partager sa passion pour la littérature tout en servant d'excellents expressos.pas seulement,elle espérait voyager à travers le monde, découvrir différentes cultures et rencontrer des gens de tous horizons.

Julien a toujours eu une passion pour aider les autres. Depuis qu'il était jeune, il savait qu'il voulait faire une différence dans le monde. Cette aspiration l'a finalement conduit à rejoindre Médecins Sans Frontières (MSF), une organisation qui fournit une aide médicale d'urgence aux personnes touchées par des conflits armés, des épidémies, des catastrophes naturelles et d'autres situations d'urgence.

Contrairement à beaucoup de ses pairs, Julien n'était pas un grand fan de littérature. Il n'aimait pas particulièrement les romans. Il trouvait souvent les intrigues prévisibles et les personnages stéréotypés. Au lieu de cela, il préférait lire des mémoires, des histoires vraies de personnes qui avaient fait face à des défis insurmontables et les avaient surmontés. Ces histoires s'inspirent et lui rappellent pourquoi il avait choisi la médecine.

Léa ne comprenait pas pourquoi Julien ne pouvait pas apprécier la beauté des romans, tandis que Julien était souvent frustré par la façon dont Léa s'enfermait dans ses histoires fictives

L'un des rêves les plus chers de Julien était de créer une clinique pour les malades dans les régions reculées , où l'accès aux soins médicaux était limité. Il voulait que cette clinique soit un sanctuaire pour ceux qui n'avaient nulle part ailleurs où aller, un endroit où ils pourraient recevoir des soins médicaux de qualité sans se soucier de leur capacité à payer.

Quant à leurs peurs, Julien avait toujours eu peur de l'échec, de ne pas être à la hauteur de ses ambitions. Léa craignait de ne jamais trouver sa place dans ce monde, de passer à côté de sa vie sans réaliser ses rêves.

Julien raconta à Léa son expérience d'un voyage en Afrique où il avait aidé à construire des écoles pour des enfants démunis.

Cette expérience l'avait profondément marquée, lui apprenant la valeur de la solidarité et de l'entraide. Léa, de son côté, partagea l'histoire de son enfance, grandissant dans une petite ville de province, où elle avait souvent ressenti le besoin de s'évader et de découvrir le monde.

En apprenant à se connaître, ils ont découvert des choses positives l'un sur l'autre : la compassion de Julien, sa détermination et son sens de l'humour ; la douceur de Léa, sa curiosité insatiable et sa capacité à écouter et à comprendre. Cependant, ils ont également découvert quelques aspérités. Julien avait tendance à être un peu trop rêveur et parfois distrait, ce qui frustra Léa.

Léa, quant à elle, avait tendance à être trop critique envers elle-même, ce qui inquiétait Julien.

Malgré ces découvertes, positives ou négatives, la relation entre Julien et Léa s'est renforcée avec le temps. Chaque conversation, chaque moment partagé, les rapprochait un peu plus, les faisant réaliser que malgré leurs différences, ils étaient faits l'un pour l'autre

Chapitre 2 : L'appel du large**

Un courriel lumineux attendait Julien lorsqu'il ouvrit son ordinateur ce matin-là. Sur l'écran sombre de sa messagerie, l'icône non lue brillait comme une étoile isolée dans une nuit sans fin.

Son cœur bondit dans sa poitrine lorsqu'il reconnut le logo de l'organisation humanitaire pour laquelle il avait postulé il y a quelques semaines. Une multitude de pensées assaillirent son esprit. Serait-ce une acceptation, un refus, ou simplement une demande d'informations complémentaires ?

Il cliqua sur le message, essayant d'ignorer la boule d'appréhension qui avait commencé à se former dans son estomac. Le temps qu'il fallut pour que le courriel s'ouvre lui sembla durer une éternité. Son regard se porte immédiatement sur les premiers mots. "Félicitations, Julien...". Il n'eut pas besoin de lire davantage pour savoir que sa vie allait prendre un nouveau tournant.

Respirant profondément, il se força à lire le message en entier. L'organisation le félicite pour sa sélection parmi de nombreux candidats qualifiés. Ils étaient impressionnés par son dévouement, son expérience et sa passion pour aider ceux qui étaient dans le besoin. Le courrier détaillant les étapes suivantes, les formations nécessaires, et d'autres modalités administratives qu'il devrait bientôt finaliser.

La nouvelle était à la fois écrasante et exaltante. Julien avait toujours ressenti le besoin d'aider les autres, de laisser une empreinte positive dans le monde. Sa décision de s'engager dans l'humanitaire avait été motivée par un profond désir de changement, d'apporter sa contribution à un monde en proie à tant de défis.

Il pensa à ses proches, à la manière dont ils réagiraient à cette nouvelle. Léa, en particulier, était dans ses pensées. Ils avaient parlé de cette opportunité lorsqu'il avait postulé, mais maintenant que cela devient réalité, comment réagirait-elle ?

Ses doigts tremblants tapèrent une réponse rapide, remerciant l'organisation pour cette opportunité et confirmant sa disponibilité pour les prochaines étapes. Il prit un moment pour relire son message, s'assurant que chaque mot reflétait son engagement et son enthousiasme.

Après avoir envoyé sa réponse, il se leva de sa chaise et s'étira.

L'ampleur de ce qui l'attendait commençait à s'installer. Il y avait tant à faire, tant à préparer. Mais pour l'instant, il voulait juste savourer ce moment, ce sentiment d'accomplissement, ce pas en avant vers une nouvelle aventure.

Il attrapa son téléphone et composa le numéro de Léa. Il voulait partager cette nouvelle avec elle, ressentir son soutien et peut-être même ses conseils. La tonalité de l'appel semblait presque rythmer les battements de son cœur.

La voix douce de Léa répondit, Julien s'exclama, "Léa, c'est moi. J'ai été sélectionné pour la mission humanitaire. C'est incroyable !"

Léa, surprise, s'assit sur le rebord de sa fenêtre, regardant dehors tout en tenant le téléphone contre son oreille. Elle avait toujours admiré l'ambition et la détermination de Julien. "Julien, c'est une nouvelle formidable", répondit-elle, sa voix mêlant fierté et préoccupation. "Mais... Pourquoi cette passion ? Pourquoi ce besoin d'aller si loin pour aider ?"

Il y eut un silence momentané alors que Julien cherchait ses mots. "Tu te souviens de cette vieille photo de mon père que j'ai chez moi, celle où il est entouré d'enfants dans un village africain ?" demanda-t-il.

Léa acquiesça, bien qu'il ne puisse la voir. "Oui, celle où il sourit si largement qu'on pourrait penser que c'est le meilleur jour de sa vie."

"C'est exactement cela," continua Julien. "Mon père m'a toujours parlé de cette expérience comme du moment le plus enrichissant de sa vie. Il a trouvé un sens, un but dans cette mission. Il n'était pas seulement là pour aider; il apprenait, partageait, et grandissait avec ces gens. J'ai toujours su que je voulais ressentir cela moi aussi."

Léa réfléchit un instant. "Je peux comprendre le désir d'aider, de faire une différence. Mais cela comporte aussi des risques, des incertitudes. Est-ce que ça en vaut vraiment la peine ?"

Julien soupira, cherchant à exprimer une émotion qui était presque trop grande pour des mots. "C'est vrai, il y a des risques. Mais quand je pense à toutes les vies que je pourrais toucher, à tous les sourires que je pourrais apporter, ces risques semblent secondaires. Je ne veux pas simplement vivre ma vie dans le confort, sans jamais sortir de ma zone de confort. Je veux sentir que j'ai vraiment vécu, que j'ai eu un impact."

La voix de Léa tremblait légèrement lorsqu'elle répondit, "Je t'admire pour cela, Julien. C'est une qualité que peu de gens possèdent. Je suppose que j'ai juste peur de te perdre. Mais je sais que c'est ton rêve, et je te soutiendrai toujours."

Julien se sentit à la fois touché et rassuré par les mots de Léa. "Merci, Léa. Ton soutien signifie tout pour moi. Et je te promets de toujours rester en contact, de te tenir informée de chaque étape de cette aventure."

Ils continuèrent à parler pendant de longues minutes, partageant rires, souvenirs et espoirs pour l'avenir. Bien que la mission de Julien les séparerait physiquement, ils savaient qu'ils resteraient connectés par le cœur, peu importe la distance.

Les jours suivants furent un tourbillon de préparatifs pour Julien. Chaque matin, il se réveillait avec une liste croissante de choses à faire avant son départ. L'excitation du voyage à venir était souvent tempérée par les défis logistiques et administratifs qu'il devait surmonter.

D'abord, il y avait les papiers. Julien s'était rendu à l'ambassade du Mozambique pour obtenir un visa de travail. Là, il s'était retrouvé dans une longue file d'attente, armé de dossiers remplis de formulaires, de lettres de recommandation de l'organisation humanitaire et de preuves de ses qualifications. La bureaucratie était un processus lent, mais Julien était déterminé à obtenir tous les documents nécessaires.

Puis il y avait les vaccins. Le Mozambique avait ses propres défis en matière de santé, et Julien devait s'assurer qu'il était protégé contre toutes les maladies courantes de la région. Il avait pris rendez-vous dans une clinique spécialisée dans les voyages, où une infirmière lui avait administré une série de piqûres, allant de la fièvre jaune au choléra. À chaque injection, il était rappelé du sérieux de son engagement et des réalités du terrain qu'il allait affronter.

Les séances d'information étaient tout aussi cruciales. Il avait assisté à plusieurs ateliers organisés par l'ONG, où des volontaires expérimentés partageaient leurs expériences et offraient des conseils pratiques sur la vie au Mozambique. Julien prenait des notes frénétiquement, absorbant chaque détail, chaque conseil sur la culture locale, les pratiques de travail et même les astuces pour gérer le stress sur le terrain.

De son côté, Léa était tout aussi engagée à soutenir Julien de toutes les manières possibles. Elle passait des heures à naviguer sur Internet, recherchant des articles et des blogs sur la région du Mozambique où Julien serait basé. Elle s'était même inscrite à un cours en ligne sur l'histoire et la culture mozambicaines, espérant ainsi mieux comprendre l'environnement dans lequel Julien travaillerait.

Léa envoyait régulièrement à Julien des articles, des vidéos et même des recettes locales pour qu'il se familiarise avec la cuisine mozambicaine. Elle avait également trouvé des forums de discussion où d'autres volontaires partageaient leurs expériences, et elle relayait les informations pertinentes à Julien, l'aidant ainsi à se préparer mentalement et émotionnellement.

Le soutien de Léa était inestimable pour Julien. Chaque article, chaque conseil, chaque message qu'elle lui envoyait renforçait leur lien et le rassurait sur le fait qu'il avait une alliée solide à la maison.

Au fur et à mesure que les jours passaient, Julien sentait la pression monter. Mais avec chaque tâche accomplie, il se rapprochait de son rêve. Et Léa, à travers ses recherches et ses encouragements constants, l'aidait à se sentir préparé et soutenu, peu importe les défis qui l'attendaient.

La veille de son départ, Julien, entouré de cartes et de listes, reçoit un colis. Son nom était "**soigneusement**" écrit sur le dessus. Le paquet avait un poids rassurant, une promesse d'un contenu réfléchi. Intrigué, il le déballa lentement. À l'intérieur, il trouva un magnifique carnet relié en cuir, orné d'un motif de boussole gravé sur la couverture. Une note délicate était glissée à l'intérieur, écrite de la main soignée de Léa : "Pour que tu documentes chaque étape de ton voyage. Pour que tu n'oublies rien."

Les yeux de Julien s'embuèrent légèrement. Il caressa le cuir du carnet, sentant la douceur de sa texture. Léa avait toujours eu le don de trouver les cadeaux les plus significatifs, et ce carnet en était un parfait exemple. Ce n'était pas seulement un objet, c'était un symbole de tous les souvenirs, les émotions et les expériences qu'il vivrait durant cette mission.

Julien ouvrit le carnet, admirant les pages vierges qui attendaient d'être remplies. Il prit un stylo et commença à écrire une entrée, datée du jour. Il y raconta la surprise du paquet, les préparatifs de la veille, et ses espoirs et craintes pour la mission à venir. C'était une manière de rassembler ses pensées, de se préparer mentalement pour l'aventure qui l'attendait.

Il passa ensuite la soirée à réviser ses listes, à s'assurer qu'il avait tout emballé et à repérer les zones où il travaillerait sur ses cartes. Chaque fois qu'il se sentait submergé ou anxieux, il revenait au carnet, ajoutant quelques pensées ou simplement feuilletant les pages, trouvant du réconfort dans le geste aimant de Léa.

Plus tard, alors qu'il s'apprêtait à se coucher, son téléphone sonna. C'était Léa. "As-tu aimé le carnet ?" demanda-t-elle, une pointe d'anxiété dans la voix.

Julien sourit, "C'était le cadeau parfait, Léa. Merci. Je vais écrire dedans tous les jours."

Ils parlèrent pendant une heure, échangeant des rires, des espoirs et des conseils de dernière minute. Malgré la distance imminente entre eux, ils se sentaient incroyablement proches, connectés par un lien indéfectible.

Après avoir raccroché, Julien se coucha, le carnet posé à côté de lui sur la table de nuit.

Le matin de son départ, Julien se leva tôt, sentant le poids de l'anticipation et de l'anxiété dans chaque mouvement. Les premiers rayons du soleil perçaient à travers les rideaux, projetant une lueur douce et dorée dans sa chambre. Les souvenirs de son appartement lui sautaient aux yeux : le fauteuil où il avait lu tant de livres, la petite table où il avait partagé des repas avec des amis, et les photos éparpillées, capturant des moments heureux et insouciants.

Il vérifia une dernière fois son sac, s'assurant que tous les essentiels étaient là : papiers, vêtements, trousse de premiers soins, et bien sûr, le précieux carnet que Léa lui avait offert. Après un dernier regard autour de lui, il prit une profonde inspiration et attrapa son sac.

Avant de partir, il prit son téléphone et appela Léa. "C'est le grand jour," dit-il, sa voix trahissant une légère nervosité. Léa, bien que des kilomètres les séparent, semblait si proche. Elle répondit doucement, sa voix remplie d'émotion, "Je sais. Bonne chance, Julien. Et reviens-nous en sécurité." Ils raccrochèrent, mais le silence qui suivit était lourd, chargé de tous les mots non-dits, de toutes les émotions refoulées.

Julien prit un taxi pour l'aéroport. Chaque bâtiment, chaque rue qu'il passait lui rappelait un souvenir, renforçant le sentiment de quitter une partie de lui-même derrière. Lorsqu'il arriva à l'aéroport, il fut accueilli par l'agitation habituelle des départs : familles se disant au revoir, voyageurs pressés avec leurs valises, annonces aéroportuaires en arrière-plan.

Il enregistra ses bagages et se dirigea vers le salon d'embarquement. Assis, il observa les gens autour de lui, se demandant combien d'entre eux étaient, comme lui, sur le point d'entreprendre une aventure qui changerait leur vie.

Pendant qu'il attendait, il sortit le carnet de Léa et commença à écrire, décrivant chaque détail de la matinée, ses sentiments, ses appréhensions. Écrire lui offrait un réconfort, une manière de traiter toutes les émotions qui tourbillonnaient en lui.

Quand l'heure de l'embarquement arriva, il se leva, son cœur battant fort. Chaque pas vers l'avion était un pas vers l'inconnu. Mais malgré la peur, il y avait aussi une excitation indéniable, une soif d'aventure.

Le vol fut long, offrant à Julien de nombreuses heures pour réfléchir à la mission à venir. Il pensa aux enfants qu'il aiderait, aux écoles qu'il contribuerait à reconstruire, aux communautés qu'il soutiendrait.

Lorsqu'il atterrit au Mozambique, une vague de chaleur et d'humidité l'envahit. Tout était différent : les sons, les odeurs, les paysages. Mais malgré la nouveauté écrasante, il y avait aussi une familiarité rassurante. Peut-être était-ce le sentiment d'être exactement là où il était censé être.

Les premiers jours furent intenses, remplis de rencontres avec l'équipe locale, de visites sur le terrain et de planification. Mais chaque soir, Julien retrouvait son carnet et écrivait, partageant ses expériences, ses défis et ses triomphes.

Chaque entrée était aussi accompagnée d'un sentiment de gratitude envers Léa. Bien qu'ils soient séparés par des kilomètres, son soutien constant lui donnait la force de continuer, de surmonter chaque obstacle.

Au fil des semaines, Julien s'adaptait, trouvait sa place au sein de la communauté et apprenait à naviguer dans cette nouvelle réalité. Et à travers tout cela, le carnet était son ancre, un rappel constant de sa mission, de son but, et de l'amour et du soutien qu'il avait laissés derrière lui.

Les jours passèrent, et le carnet devint l'ami fidèle de Julien. Chaque soir, peu importe la fatigue ou le stress de la journée, il prenait le temps d'écrire. Il y racontait les gens qu'il rencontrait, les missions qu'il entreprenait, et même les paysages qu'il admirait.

Les pages se remplirent de croquis, de photos, de billets de train, de menus de restaurants locaux. Chaque élément ajouté au carnet devenait un morceau du puzzle, racontant l'histoire de sa mission.

Quand il rentra chez lui des mois plus tard, le carnet était usé, rempli de souvenirs. Julien le remit à Léa, qui le feuilleta avec émotion. Chaque page était une fenêtre sur le voyage de Julien, une chronique de ses expériences et de sa croissance personnelle.

Le carnet était bien plus qu'un simple objet. Il est devenu le témoin silencieux d'un voyage inoubliable, un trésor rempli de souvenirs précieux que Julien et Léa chériraient pour toujours.

Chapitre 3 : La solitude parisienne**

Les rues de Paris avaient toujours été pour Léa une source d'émerveillement. À chaque coin, dans chaque café, sur chaque banc, se trouvait une histoire, un souvenir, une émotion. Pourtant, depuis le départ de Julien, ces rues, autrefois si vivantes et colorées, avaient pris une teinte grise, presque mélancolique.

Le matin, en se rendant au travail, elle traversait la place de la Bastille, où ils avaient une fois dansé ensemble lors d'un concert improvisé.

Les notes de musique résonnaient encore à ses oreilles, leurs rires partagés alors qu'ils se laissaient emporter par l'instant. Mais maintenant, la place était simplement un carrefour bruyant, où les voitures klaxonnaient et les passants se pressaient.

"À la pause déjeuner, elle aimait s'asseoir sur les quais de la Seine, près de Notre-Dame. Elle se souvenait des pique-niques improvisés qu'ils avaient eus là-bas, avec du pain frais, du fromage et une boisson, tout en écoutant les bateliers passer. Ils parlaient de tout et de rien, faisant des projets et rêvant de l'avenir."

Julien lui parlait de ses aspirations, de ses rêves de voyages, de ses missions humanitaires. Léa, quant à elle, partageait ses passions pour l'art, la musique, la vie parisienne. Le fleuve scintillant était leur témoin silencieux. Mais désormais, les quais n'étaient que des pierres froides sous ses pieds, et le fleuve un cours d'eau indifférent.

Le soir, en rentrant, elle passait souvent par Montmartre. Ils avaient l'habitude de s'y promener, admirant les artistes au travail, écoutant les musiciens dans les rues étroites, ou simplement s'asseyant sur les marches du Sacré-Cœur pour admirer la ville en contrebas. Les ruelles escarpées étaient le théâtre de tant de leurs escapades nocturnes, où ils se perdaient volontiers, découvrant des trésors cachés à chaque tournant. Mais maintenant, Montmartre était juste une colline, avec des rues trop raides et des touristes trop bruyants.

Chaque rue, chaque place, chaque monument de Paris lui rappelait Julien. L'absence de sa présence était un vide constant, un écho silencieux qui résonnait à chaque pas. Elle essayait de se distraire, de se plonger dans son travail, de sortir avec des amis, mais l'ombre de son absence était omniprésente.

Les endroits qu'ils avaient aimés ensemble étaient devenus des rappels douloureux de ce qui manquait dans sa vie. Chaque coin rappelait un souvenir, une anecdote, un moment partagé. Les rires, les conversations, tout cela était gravé dans les pierres de Paris, lui rappelant constamment l'absence de Julien.

La ville qui avait autrefois été sa complice, son refuge, sa source d'inspiration, était maintenant un labyrinthe de souvenirs, où chaque tournant, chaque recoin, chaque mur murmurait le nom de Julien. La solitude était devenue sa compagne constante, marchant à ses côtés dans les rues de Paris, s'asseyant avec elle dans les cafés, la regardant à travers les vitrines des boutiques. Elle essayait de la chasser, de la remplacer par d'autres pensées, d'autres distractions, mais elle revenait toujours, insistante, persistante.

Léa se retrouvait souvent à errer sans but dans la ville, se laissant guider par ses pieds, ses pensées vagabondant au gré des rues. Elle revivait leurs moments ensemble, les instants volés, les éclats de rire, les discussions sérieuses. Chaque endroit avait une histoire, une signification, un souvenir.

Et même si le temps adoucirait sans doute la douleur, pour l'instant, chaque pas dans Paris était un rappel de l'absence de Julien, de la distance qui les séparait, du vide qu'il avait laissé derrière lui. La ville était devenue un miroir de sa solitude, reflétant son chagrin, sa nostalgie, son désir de le retrouver.

Alors, chaque soir,elle se réfugiait dans son appartement, cherchant un peu de répit, un peu de paix. Elle se plongeait dans ses livres, sa musique, ses rêves, essayant de remplir le silence, de combler le vide. Mais au fond d'elle, elle savait que rien ne pourrait vraiment la consoler, rien ne pourrait vraiment remplacer la présence de Julien.

Et pourtant, au milieu de cette solitude, il y avait aussi une lueur d'espoir. Car même si la distance les séparait, même si les jours sans lui étaient longs et difficiles, elle savait qu'un jour, ils se retrouveraient. Un jour, ils marcheraient à nouveau ensemble dans les rues de Paris, Et la ville retrouverait sa magie, ses couleurs, sa vie. Mais pour l'instant, tout ce qu'elle pouvait faire, c'était attendre, espérer, rêver.

Alors que les jours passaient, Léa cherchait des moyens de distraire son esprit, de s'éloigner de la douleur lancinante de l'absence. Elle trouvait un certain réconfort dans la routine, un semblant de normalité au milieu du chaos de ses émotions. Léa chaque jour se plongeait dans son travail, il était devenu son sanctuaire,les dossiers s'empilaient sur son bureau, Elle se jetait corps et âme dans chaque tâche, cherchant à se distraire, à ne pas penser, à ne pas ressentir. Les heures supplémentaires étaient devenues la norme.

Ses collègues avaient remarqué ce changement. Certains l'admiraient pour son dévouement, d'autres s'inquiétaient pour elle. Mais personne n'osait vraiment aborder le sujet. Ils chuchotaient entre eux, échangeaient des regards entendus. Tout le monde savait pour Julien, pour cette histoire d'amour qui avait brutalement pris fin.

Chaque œuvre cataloguée, chaque exposition planifiée, était une victoire pour Léa. Elle aimait cette sensation de contrôle qu'elle ressentait en cochant une œuvre documentée ou une exposition planifiée sur sa liste. C'était une manière pour elle de reprendre le pouvoir sur sa vie, de montrer qu'elle pouvait encore avancer, malgré la douleur. Elle se plongeait dans les fiches des œuvres, les descriptions d'expositions, les correspondances avec d'autres musées, trouvant un réconfort dans cette routine prévisible et structurée."

Cependant, au fond d'elle, Léa savait que cette fuite en avant n'était pas une solution durable. Elle ne pouvait éternellement ignorer la douleur, la tristesse, le manque. Elle avait besoin de parler, de pleurer, de guérir. Mais la peur de s'effondrer, de montrer sa vulnérabilité, la retenait. Elle craignait que, si elle s'autorisait à ressentir, elle serait submergée par une vague d'émotions, incapable de s'en sortir.

Un soir, alors qu'elle était seule dans son bureau, une collègue, Claire, frappa à la porte. Claire était une amie proche de Léa, elles s'étaient rencontrées à l'université et avaient partagé de nombreux moments ensemble. Elle s'assit en face de Léa, et, sans un mot, posa une main sur la sienne. Ce simple geste, cette simple marque de soutien, fit craquer la carapace que Léa avait soigneusement construite autour d'elle. Les larmes commencèrent à couler, d'abord timidement, puis en un torrent incontrôlable.

Claire la laissa pleurer, ne prononçant pas un mot. Elle était simplement là, offrant son soutien, son épaule. Lorsque Léa se calma enfin, Claire lui parla doucement, l'encourageant à exprimer ses sentiments, à accepter sa douleur, à comprendre qu'il était normal de se sentir mal, de pleurer, de ressentir le manque.

Léa comprit alors qu' elle avait besoin d'affronter ses émotions, de les accepter, de les comprendre. Avec l'aide de Claire, et d'autres amis, elle commença un long processus de guérison. Elle comprit qu'il était important de prendre le temps de faire le deuil de cette relation, de cette partie de sa vie qui était désormais derrière elle.

Avec le temps, Léa apprit à accepter l'absence de Julien. Bien que son départ pour le Mozambique avec Médecins Sans Frontières l'ait profondément affectée, elle comprit qu'elle pouvait survivre, avancer, et retrouver le bonheur malgré la distance qui les séparait,et que le bonheur était une question d'équilibre, et qu'il était important de trouver cet équilibre, de prendre soin de soi, et d'avancer toujours.

Elle comprit aussi l'importance de l'amitié, du soutien, de la compréhension. Elle réalisa que, malgré la douleur, la vie continuait, et qu'elle avait encore de nombreuses choses à vivre, à découvrir, à partager.

Un jour, une lettre arrive, le timbre montre une origine exotique. Le cœur de Léa bondit. C'est une lettre de Julien. Ses mots décrivent le Mozambique, les enfants, son travail, mais surtout, combien elle lui manque.

Léa, le souffle coupé, se laisse tomber sur son fauteuil, la lettre à la main. Elle déplie la feuille avec précaution, comme si elle craignait qu'elle ne s'évapore entre ses doigts.

"Ma chère Léa," commence Julien, "Je m'assois aujourd'hui sous un manguier, à l'ombre épaisse qui me protège de la chaleur écrasante de l'Afrique. Les enfants du village courent autour de moi, leurs rires résonnent comme une mélodie que j'avais oubliée. Mais en dépit de la beauté qui m'entoure, il y a un vide que seule ta présence pourrait combler."

Il continue en décrivant le paysage du Mozambique, les plages de sable fin, les marchés animés, les odeurs enivrantes d'épices et de fruits mûrs. Il parle de son travail, de la clinique où il offre ses services médicaux à ceux qui en ont désespérément besoin, des nuits où il s'endort épuisé mais satisfait.

"Les enfants ici sont incroyables," écrit-il. "Ils ont des yeux brillants de curiosité, des sourires qui illuminent leurs visages malgré les difficultés qu'ils rencontrent. Ils me rappellent souvent pourquoi je fais ce que je fais. Mais ils me rappellent aussi ce que j'ai laissé derrière moi."

Julien raconte une anecdote sur un petit garçon nommé Samito, qui le suit partout et s'accroche à lui comme si Julien était son héros. "Samito me pose souvent des questions sur toi," dit-il. "Il a vu la photo que je garde toujours dans mon portefeuille. Il veut savoir qui est cette belle femme aux yeux pétillants. Je lui parle de toi, de nous, de notre amour, de nos rires et de nos larmes."

La lettre se fait ensuite plus personnelle, plus intime. "Chaque soir, je regarde les étoiles et je pense à toi. Je me demande ce que tu fais, si tu penses à moi, si tu ressens le même manque déchirant. Je rêve de toi, de ton sourire, de la mélodie de ta voix."

Il parle de ses doutes, de ses peurs, de la distance qui les sépare, mais aussi de l'espoir. L'espoir de se retrouver un jour, de reconstruire ce qu'ils ont perdu, de créer de nouveaux souvenirs ensemble.

La lettre se termine sur une note d'espoir. "Je ne sais pas quand je rentrerai, mais je sais que lorsque ce jour viendra, je veux te voir, Je t'aime, Léa. Toujours."

Léa reste assise, la lettre toujours à la main, les larmes coulant sur ses joues. Elle pense à Julien, à leur amour, à tout ce qu'ils ont traversé ensemble. Elle pense au Mozambique, à Samito.

À travers ses mots, elle peut presque sentir la chaleur du soleil africain, entendre les rires des enfants, ressentir l'importance du travail de Julien. Pour un moment, la distance semble moins grande.

Léa se retrouve plongée dans une rêverie. Elle imagine le village où Julien vit. Des petites maisons en terre cuite, entourées d'une végétation luxuriante. Des enfants courant pieds nus, leurs visages illuminés de joie et d'innocence. Elle peut presque sentir l'odeur du feu de bois et de la nourriture mijotée dans de grandes marmites. Elle visualise Julien assis avec les villageois, écoutant leurs histoires, partageant des moments simples mais significatifs.

Dans cet imaginaire, elle voit également les défis auxquels Julien est confronté. Les longues journées passées à soigner, à écouter. Les nuits à s'interroger sur l'efficacité de son aide, à chercher des solutions pour améliorer la vie des habitants. Léa ressent profondément l'importance de sa mission, le poids des responsabilités qu'il porte sur ses épaules.

Elle songe ensuite à leur relation, à la façon dont elle a évolué depuis le départ de Julien. L'éloignement géographique avait créé un vide, une absence. Mais cette lettre était un pont entre eux, un lien qui réduisait la distance et réchauffait leur cœur. Léa réalise à quel point les mots peuvent être puissants, comment ils peuvent transporter des émotions, des sensations, des souvenirs.

Poussée par une envie soudaine, elle se lève et se dirige vers son bureau. Elle saisit un stylo et une feuille de papier. Elle ressent le besoin de répondre à Julien, de partager ses propres expériences, ses sentiments, ses espoirs. Elle veut qu'il sache à quel point elle l'admire, combien elle est fière de lui, combien elle l'aime.

Alors qu'elle écrit, elle pense à toutes les fois où ils se sont soutenus mutuellement, où ils ont ri, pleuré, rêvé ensemble. Elle évoque les beaux moments passés ensemble, mais aussi les défis qu'ils ont dû surmonter. Elle lui parle de sa vie sans lui, de la routine, des moments de solitude, mais aussi des moments de joie et de gratitude. Elle lui raconte les petites choses qui lui rappellent, comme le parfum d'un passant ou une chanson à la radio.

La lettre de Léa devient une confession, une ouverture de son âme. Elle lui parle de ses peurs, de ses doutes, mais aussi de sa force et de sa résilience. Elle évoque l'avenir, les projets qu'ils pourraient réaliser ensemble, les rêves qu'ils pourraient poursuivre.

Après avoir terminé sa lettre, Léa la relit attentivement, laissant les mots imprégner son esprit. Elle y ajoute une dernière phrase, pleine d'espoir et de promesse : "Peu importe la distance qui nous sépare, sache que je suis toujours avec toi, dans chaque battement de ton cœur, dans chaque souffle que tu prends."

Avec une détermination renouvelée, elle place la lettre dans une enveloppe, elle se dirige vers la poste. Elle sait que sa réponse prendra du temps pour parvenir à Julien, mais elle est convaincue qu'elle sera tout aussi puissante et significative pour lui que sa lettre l'a été pour elle.

En rentrant chez elle, Léa se sent légère, comme si une partie du poids qu'elle portait avait été levée. Elle réalise que, malgré la distance, leur amour reste intact, fort et inébranlable. Et elle sait qu'un jour, ils seront à nouveau réunis, prêts à affronter ensemble tous les défis que la vie leur réserve.

Après la réponse de Léa à la lettre de Julien, chaque lettre de Julien devient un événement attendu avec impatience. Léa se surprend à sourire en lisant ses mots, imaginant son retour, leurs retrouvailles, les histoires qu'il aurait à partager.

Les jours qui suivent la réception de la première lettre, Léa tombe dans une routine qu'elle chérit : chaque matin, elle vérifie sa boîte aux lettres avec un mélange d'anticipation et d'anxiété. Elle espère toujours y trouver une autre enveloppe portant le timbre exotique du Mozambique. Et chaque fois qu'elle en trouve une, le monde autour d'elle semble s'arrêter.

À chaque lettre Léa voyage mentalement à travers les savanes africaines, les marchés bondés et les rives sereines du Mozambique. Elle apprend à connaître les gens qu'il a rencontrés, les défis auxquels il a fait face, et les petites victoires qu'il a célébrées. À travers ses descriptions détaillées, elle ressent la chaleur du soleil sur sa peau, goûte la cuisine locale, et entend les mélodies des chants traditionnels.

Chaque lettre révèle aussi des morceaux intimes de l'âme de Julien. Il parle de ses moments de doute, des fois où il se sent seul et écrasé par le poids de ses responsabilités. Mais il mentionne également les moments d'espoir, quand un enfant guérit ou qu'une femme du village lui offre un repas en signe de gratitude.

Alors que les semaines passent, les lettres de Julien deviennent plus personnelles, plus profondes. Il commence à se confier sur ses sentiments, sur la douleur du manque de Léa, sur la manière dont ses souvenirs l'aident à passer les moments difficiles. Il parle de la photo de Léa qu'il garde toujours avec lui, comment il la regarde avant de se coucher chaque nuit, se rappelant les moments heureux qu'ils ont partagés.

De son côté, Léa s'efforce de remplir ses lettres de tout l'amour et le soutien qu'elle peut offrir. Elle raconte les petits détails de sa vie quotidienne, et des amis communs, essayant de combler le vide que la distance a créé.

Cependant, la communication à distance a toujours été un défi, surtout lorsque les contraintes physiques et temporelles entrent en jeu. À l'ère de la technologie et des réseaux sociaux, nous avons tendance à croire que rester en contact avec quelqu'un, peu importe où il se trouve dans le monde, est un jeu d'enfant. Cependant, lorsqu'on se retrouve dans des situations où le travail sur le terrain est nécessaire, loin des commodités technologiques, la réalité peut être tout autre.

Les lettres, qu'elles soient manuscrites ou digitales, deviennent le reflet de notre désir de maintenir ce lien avec nos proches. Elles portent en elles nos sentiments, nos nouvelles, nos craintes et nos espoirs. Cependant, comme mentionné, avec le temps, ces lettres peuvent devenir moins fréquentes. Plusieurs facteurs peuvent expliquer ce phénomène.

D'abord, la réalité du travail sur le terrain. Les personnes qui travaillent dans des zones reculées, que ce soit pour des missions humanitaires, des projets de recherche ou toute autre activité, sont souvent confrontées à des défis qui vont bien au-delà de leur tâche principale. Ces défis peuvent être physiques, comme des conditions météorologiques extrêmes ou un terrain difficile d'accès, ou bien mentaux, comme la gestion du stress, de la solitude ou des situations potentiellement dangereuses. Face à ces obstacles, écrire une lettre peut s'avérer être le dernier de leurs soucis, même si l'envie de partager est là.

Ensuite, il y a l'immensité de la tâche elle-même. Lorsqu'on est absorbé par une mission d'une grande envergure, il est facile de perdre la notion du temps. Les jours se fondent les uns dans les autres, et ce qui semblait être une priorité il y a quelques semaines peut être relégué à l'arrière-plan. La concentration nécessaire pour mener à bien une mission peut parfois créer un tunnel visionnaire, où tout ce qui n'est pas directement lié à la tâche est mis de côté, y compris la communication avec l'extérieur.

Le décalage horaire, quant à lui, complique encore plus les choses. Même avec la meilleure volonté du monde, si la fenêtre de communication est limitée à quelques heures par jour où les deux parties sont éveillées et disponibles, il peut être difficile de trouver un moment propice pour échanger. Sans parler de la fatigue qui peut s'installer après de longues journées de travail, rendant l'idée même de rédiger une lettre épuisante.

Il est important de noter que l'éloignement et la diminution de la communication ne signifient pas nécessairement un désintérêt ou un oubli. Parfois, c'est tout le contraire. La rareté des lettres peut rendre celles qui sont envoyées encore plus précieuses. Elles deviennent le témoignage d'un moment volé, d'un effort supplémentaire pour atteindre l'autre malgré les obstacles.

Et l'absence de nouvelles régulières peut être source d'anxiété. L'imagination peut jouer des tours, faisant craindre le pire. C'est pourquoi il est crucial, pour ceux qui sont sur le terrain, de comprendre l'importance de ces lettres, même si elles sont courtes ou espacées.

En conclusion, la communication à distance, surtout dans des conditions difficiles, est un défi à part entière. Mais c'est aussi un rappel de l'importance des liens humains, de la nécessité de se raccrocher à ceux qui nous sont chers, même si c'est à travers une simple lettre écrite à la hâte. Ces lettres, rares ou fréquentes, sont le reflet de la beauté et de la complexité de la condition humaine.

La séparation de Julien et Léa au début semblait temporaire, une petite pause dans leur vie commune, un défi qu'ils relèveraient ensemble malgré les kilomètres qui les séparaient. Julien écrivait fréquemment, détaillant ses journées, les personnes qu'il rencontrait, les paysages qu'il découvrait. Chaque lettre était un baume pour le cœur de Léa, un pont qui reliait leurs deux mondes.

Cependant, avec le temps, les lettres se sont espacées. Ce qui était au départ un échange quotidien s'est transformé en communications hebdomadaires, puis mensuelles. Léa, restée dans leur ville natale, a ressenti de plus en plus intensément le poids de la distance. Ses journées, autrefois illuminées par l'anticipation d'une nouvelle lettre, sont devenues des périodes d'attente interminable.

Chaque soir, après une journée de travail, elle s'asseyait dans leur coin préféré, un petit bureau près de la fenêtre, et relisait les lettres de Julien. Elle cherchait à déchiffrer entre les lignes, espérant découvrir des sentiments non exprimés, des détails oubliés, quelque chose qui pourrait combler le vide qu'elle ressentait.

De plus, elle a commencé à rechercher plus d'informations sur la région où Julien travaillait. Elle passait des heures à surfer sur internet, cherchant des articles, des photos, tout ce qui pourrait lui donner un aperçu de ce qu'était la vie là-bas. Elle espérait secrètement trouver une mention de Julien, un signe qu'il allait bien, qu'il pensait toujours à elle.

Les amis communs de Léa et Julien l'ont observée avec inquiétude. Ils la voyaient s'éloigner peu à peu de la réalité, se perdant dans un monde de souvenirs et de fantasmes. Ils ont tenté de l'inviter à des sorties, des dîners, des soirées, dans l'espoir de la distraire, de la ramener à l'instant présent. Mais Léa, bien que reconnaissante de leur sollicitude, s'était enfermée dans une bulle, un cocon de nostalgie.

Un soir, lors d'une de ces rares sorties avec ses amis, Léa a rencontré Anaïs, une femme ayant vécu une expérience similaire. Son mari avait été envoyé en mission à l'étranger pendant plusieurs années, et elle avait dû apprendre à gérer l'absence. Les deux femmes se sont rapidement liées, partageant leurs histoires, leurs craintes et leurs espoirs.

Anaïs et Léa étaient assises dans le petit café du coin, une tasse de café chaud entre les mains. L'atmosphère était chargée, les mots semblaient lourds et pourtant nécessaires.

Anaïs a parlé à Léa de la nécessité d'accepter la situation, de vivre le moment présent et de trouver un équilibre entre le souvenir et la réalité. Elle lui a conseillé de trouver des activités qui la passionnaient, de se concentrer sur son propre bien-être et de se rappeler que la distance, bien que douloureuse, n'était que temporaire.

« Léa, tu dois accepter ce qui est. La situation est difficile, je le sais, mais vivre dans le passé ou trop s'inquiéter de l'avenir te

Tout comme à la clinique, il rencontra de nombreuses âmes brisées par la guerre, mais aussi de nombreuses personnes déterminées à reconstruire leur vie, coûte que coûte.

Cependant, alors que les jours passaient et que Julien s'adaptait à la vie dans le camp, la douleur de la séparation d'avec Léa le hantait constamment. Chaque soir, alors qu'il se reposait, il sortait la photo de Léa qu'il gardait toujours avec lui, se rappelant les jours heureux qu'ils avaient partagés à Paris.

Mais Julien savait qu'il ne pouvait pas vivre dans le passé. Pour le moment, il devait se concentrer sur le présent, sur les besoins du camp, et sur la façon dont il pouvait continuer à aider, même dans cet environnement difficile.

Et ainsi, au cœur de l'adversité, Julien trouva un nouveau but, une nouvelle mission, nourrie par l'amour et la détermination à faire une différence.

Chaque jour dans le camp présentait un nouvel ensemble de défis. Il y avait toujours des files de patients attendant devant sa tente dès l'aube, espérant un peu de répit à leurs souffrances. Les enfants venaient souvent avec des blessures dues à des jeux insouciants sur le terrain accidenté du camp, tandis que les adultes présentaient des signes de malnutrition ou des séquelles de violences antérieures.

Julien, avec l'aide de quelques volontaires, avait mis en place une petite clinique au sein du camp. Ils avaient récupéré du matériel médical des environs, créant une infirmerie improvisée. Chaque matin, il organisait une brève réunion avec son équipe pour discuter des urgences et des cas prioritaires.

Outre les besoins médicaux, Julien prenait aussi le temps de parler à ses patients. Il écoutait leurs histoires, leurs espoirs, leurs peurs. Il réalisait que la guérison ne se limitait pas seulement aux soins physiques, mais nécessitait également un soutien émotionnel.

Une après-midi, une jeune fille nommée Anabela est venue le voir. Elle portait une petite poupée faite de chiffons. La poupée avait une blessure au bras, et Anabela voulait que Julien la soigne. En observant plus attentivement, il a compris que c'était une manière pour la fillette de traiter son propre traumatisme. Il a donc joué le jeu, soignant la poupée sous le regard attentif d' Anabela. Après cela, la petite fille lui a raconté comment elle avait été séparée de ses parents lors d'une attaque sur leur village. Ce moment partagé avec Anabela l'a touché profondément, lui rappelant l'impact durable de la guerre sur les innocents.

Les soirs, après une longue journée de travail, Julien aimait s'asseoir à l'extérieur de sa tente. Il observait les étoiles, pensant à Léa et à la vie qu'ils avaient partagée à Paris. Malgré l'éloignement, il sentait toujours sa présence, comme si elle veillait sur lui de loin.

Au fil des semaines, Julien a également tissé des liens avec d'autres volontaires du camp. Ils partageaient des repas, des histoires, des rires et parfois des larmes. Malgré leurs origines et leurs antécédents variés, tous étaient unis par le désir d'aider.

Un jour, un convoi d'aide est arrivé au camp, apportant des fournitures médicales, de la nourriture et de l'eau. Avec lui venait une lettre pour Julien. C'était de Léa. Elle lui écrivait sur la situation à Paris, sur sa détermination à protéger les œuvres d'art, mais surtout, elle lui parlait de son amour et de sa fierté pour ce qu'il faisait. La lettre a ravivé le cœur de Julien, lui donnant de la force pour les jours à venir.

Au fur et à mesure que les jours avançaient, le camp devenait plus organisé. Avec l'arrivée de fournitures régulières, la situation commençait à s'améliorer. Julien, avec son dévouement inébranlable, était devenu un pilier de la communauté.

Mais chaque jour apportait son lot de défis. Julien a appris à naviguer dans ce nouveau monde avec courage et détermination, soutenu par l'amour lointain de Léa et l'espoir de jours meilleurs.

Parmi les volontaires, Julien rencontra Sofia, une infirmière mozambicaine qui avait elle-même fui son village en raison du conflit. Sofia avait une profonde connaissance des plantes locales, qu'elle utilisait souvent pour soigner les maladies communes, en l'absence de médicaments traditionnels. Leur collaboration a donné naissance à une combinaison unique de médecine traditionnelle et moderne, apportant un soulagement à de nombreux réfugiés.

Un soir, alors qu'ils étaient assis autour d'un feu de camp, Sofia a joué une mélodie apaisante sur son mbira, un instrument traditionnel. Cette musique, remplie d'histoire et de culture, a rappelé à Julien la riche tapestry culturelle du Mozambique. Il a réalisé que le conflit n'était qu'une petite partie de l'histoire de ce pays, et que son peuple, résilient et fort, serait son plus grand espoir pour l'avenir.

Pendant ce temps, les nouvelles de la clinique improvisée de Julien se sont propagées. De nombreux réfugiés, venant parfois de camps voisins, cherchaient ses soins. Face à cette demande croissante, Julien a organisé des ateliers pour former des volontaires aux premiers soins, afin de créer une chaîne d'entraide et de soins au sein de la communauté.

Cependant, tout n'était pas sans danger. Une nuit, des coups de feu ont retenti à la périphérie du camp. Julien, Sofia et d'autres volontaires ont dû organiser une évacuation rapide de la clinique, protégeant les patients les plus vulnérables. Cet incident a été un rappel brutal de la réalité du conflit qui continuait à faire rage à l'extérieur des frontières du camp.

Mais chaque défi rencontré renforçait la résilience de Julien. Il a créé un petit jardin de plantes médicinales avec l'aide de Sofia, assurant un approvisionnement constant de remèdes naturels pour la clinique. Les réfugiés, inspirés par leur initiative, ont commencé à cultiver leurs propres petits jardins, apportant une touche de verdure et d'espoir au paysage aride du camp.

La lettre de Léa, bien que source de réconfort, était aussi un rappel poignant de ce qu'il avait laissé derrière lui. Mais avec chaque journée passée au camp, Julien était de plus en plus convaincu qu'il était là où il devait être, au service de ceux qui en avaient le plus besoin.

Et tandis que le conflit continuait, la vie au camp trouvait son rythme. Entre les rires d'enfants jouant et les chants traditionnels partagés autour du feu, Julien a découvert une communauté qui, malgré les circonstances, trouvait encore des raisons de célébrer la vie et l'espoir.

Au fur et à mesure que les jours passaient, Julien et Sofia intensifièrent leurs efforts pour améliorer les conditions de vie dans le camp. Ils organisèrent des ateliers d'hygiène pour enseigner aux réfugiés comment prévenir les maladies communes et mettre en place des protocoles simples pour purifier l'eau. Ces initiatives, bien que petites, avaient un impact énorme sur la santé globale de la communauté.

Un matin, alors que le soleil se levait, une vieille femme du nom de Mama Nala est venue voir Julien. Elle lui offrit un collier fabriqué à partir de perles locales en signe de gratitude pour son aide. Elle lui raconta qu'elle était la doyenne du camp et avait vu beaucoup de souffrances dans sa vie, mais que la présence de personnes comme lui lui redonnait espoir.

En parlant à Mama Nala, Julien en apprit davantage sur l'histoire complexe du Mozambique, les racines du conflit, et la force indomptable de ses habitants. Ces conversations lui offraient une perspective plus large et l'aidaient à comprendre la profondeur des problèmes auxquels le pays était confronté.

Les enfants du camp étaient attirés par Julien. Il consacrait souvent son temps libre à jouer avec eux, à raconter des histoires ou à enseigner des rudiments de français. Ces moments légers lui offraient une pause bienvenue de l'intensité de son travail médical et lui rappelaient l'importance de trouver de la joie même dans les circonstances les plus difficiles.

Une autre grande réalisation a été la mise en place d'une école improvisée. Avec l'aide d'autres volontaires, Julien a commencé à enseigner aux enfants du camp des matières basiques comme les mathématiques, la lecture et l'écriture. Bien que les ressources étaient limitées, l'enthousiasme des enfants à apprendre était contagieux.

Au fil du temps, des nouvelles du travail de Julien se sont répandues au-delà des frontières du camp. Des ONG et d'autres groupes d'aide ont commencé à envoyer des ressources supplémentaires, reconnaissant l'impact de ses efforts.

Mais tout n'était pas toujours rose. En raison d'un conflit, le contact avec Léa avait été coupé car la poste avait subi une attaque. Sans nouvelles d'elle, Julien se sentait perdu et inquiet. Cependant, au sein du camp qui s'agrandissait et se transformait, il découvrait une source d'espoir. La résilience, l'unité et la détermination des réfugiés lui apportaient une inspiration quotidienne malgré les ombres de la guerre.

Chaque jour se terminait par un moment de calme, où Julien, assis autour d'un feu avec Sofia, Mama Nala et quelques enfants, se perdait dans les anciennes histoires du Mozambique. Malgré la fatigue et les épreuves quotidiennes, ces instants le ramenaient à l'essentiel, lui rappelant la richesse et la profondeur de la culture qui l'entourait. La lueur du feu, les visages éclairés et les voix mélodieuses créaient une bulle d'espoir et de sérénité. Et à chaque coucher de soleil, Julien chérissait ces moments, ressentant une profonde gratitude pour l'opportunité de servir, de partager et d'apprendre aux côtés de cette communauté résiliente.

Au fil des semaines, le camp est devenu un microcosme de la société, avec des liens sociaux et des dynamiques communautaires se formant naturellement. Les soirs, après les consultations, Julien a souvent été invité à partager des repas avec les familles. Ces repas, bien que simples, étaient préparés avec amour et partagés généreusement.

À travers ces interactions, Julien a découvert la riche mosaïque de cultures qui composait le Mozambique. Il a été initié à diverses traditions culinaires, danse et chants qui lui étaient auparavant inconnus. Ces moments de partage culturel ont renforcé son admiration pour la capacité des personnes à conserver leur identité et leur patrimoine malgré les épreuves.

Un jour, un groupe de musiciens locaux a organisé un concert improvisé au centre du camp. Avec des instruments fabriqués à la main, ils ont joué des mélodies nostalgiques qui ont fait danser les habitants du camp, oubliant momentanément leurs soucis. Pour Julien, c'était un témoignage poignant de la puissance de la musique à guérir et à unir.

Les relations entre Julien et Sofia se sont également approfondies. Ils se sont souvent retrouvés à discuter tard dans la nuit, partageant des histoires de leurs vies avant le camp et échangeant des idées sur la façon d'améliorer les conditions de vie. Sofia lui a parlé de sa famille, de ses rêves d'enfance et de la manière dont la guerre avait changé sa trajectoire de vie. En elle, Julien a vu le reflet de sa propre détermination et le désir de faire une différence.

Alors que la vie au camp se poursuivait, les défis ne manquaient pas. Les approvisionnements étaient souvent rares et l'incertitude du lendemain pesait sur tout le monde. Mais, au milieu de ces difficultés, des histoires d'amour, d'amitié et de solidarité émergeaient. Des mariages ont été célébrés, des enfants sont nés, et la vie a continué à fleurir au milieu de l'adversité.

Mais la réalité du conflit extérieur n'était jamais loin. Les récits des nouveaux arrivants, les bruits d'explosions au loin et les rumeurs de mouvements de troupes étaient des rappels constants de la situation précaire dans laquelle ils vivaient. Julien, avec son équipe de volontaires, a souvent dû prendre des décisions rapides pour répondre aux urgences, que ce soit une épidémie soudaine ou une blessure due à une attaque.

En dépit de tout, la capacité de la communauté à s'adapter, à innover et à persévérer était une source d'inspiration. Chaque jour apportait son lot de petites victoires, qu'il s'agisse de la guérison d'un patient, de la naissance d'un enfant ou d'une nouvelle chanson chantée autour du feu.

Le chapitre se termine par Julien, assis silencieusement, observant la vie autour de lui. Malgré le chaos et les défis, il réalise qu'il a trouvé une sorte de paix ici, une compréhension plus profonde de la nature humaine et de sa propre place dans ce vaste monde. Et alors que les étoiles brillent au-dessus de lui, il sait qu'il continuera à servir, à aimer et à espérer, peu importe ce que l'avenir lui réserve.

Chapitre 5 : Mission inattendue

Un jour pendant que Léa avait trouvé refuge dans la salle de conservation, cherchant du réconfort dans la familiarité et la beauté des œuvres , elle était penchée sur une poterie antique, la lumière de la salle de conservation brillait doucement sur l'objet. Alors qu'elle étudiait les détails complexes de la poterie, se perdant dans les motifs et les couleurs, son téléphone sonna, brisant le silence.

Elle décrocha rapidement. "Oui, c'est Léa."

"Bonjour, Léa? C'est Dr. Martens du Musée des Arts anciens de Rome. J'ai une proposition particulièrement intrigante pour vous." La voix grave de Dr. Martens était pleine d'urgence. Léa sentit une vague d'excitation la submerger.

"Dr. Martens! Quelle surprise. Que puis-je faire pour vous ?" demanda Léa, essayant de contenir son enthousiasme.

"Nous avons récemment découvert une collection d'artefacts qui semble avoir un lien avec une époque et une région que vous connaissez très bien. Cependant, il y a un mystère que nous n'arrivons pas à élucider. Nous aurions besoin de votre expertise."

Léa sentit son cœur battre plus vite. "De quoi s'agit-il exactement ?"

"Nous avons trouvé une série de tablettes en argile, avec des inscriptions qui semblent être une langue perdue. Nous avons déjà fait appel à plusieurs experts, mais ils n'ont pas réussi à les déchiffrer. Après avoir lu vos recherches et travaux sur les civilisations anciennes, nous pensons que vous pourriez être notre dernier espoir."

Léa était à la fois honorée et intriguée. "Je serais ravie de jeter un coup d'œil. Quand voulez-vous que je vienne?"

"Le plus tôt sera le mieux. Pouvez-vous prendre le prochain vol pour Rome ? Nous couvririons tous vos frais", répondit Dr. Martens.

Sans hésitation, Léa accepta. "J'arrive dès que possible."

Après avoir raccroché, Léa rassembla rapidement ses affaires et se dirigea vers l'aéroport. L'idée de déchiffrer des tablettes inconnues la remplissait d'une excitation qu'elle n'avait pas ressentie depuis longtemps.

À son arrivée à Rome, elle fut accueillie par Dr. Martens en personne. Il la conduisit à travers les rues sinueuses de la ville, jusqu'au majestueux Musée des Arts Anciens. Une fois à l'intérieur, elle fut conduite à une salle spéciale où les tablettes étaient exposées.

Léa s'approcha lentement des tablettes, ses yeux scrutant chaque détail. Les inscriptions semblaient familières, mais il y avait quelque chose d'étrange à leur sujet. Elle commença à prendre des notes, se perdant dans le dédale de symboles et de signes.

Après plusieurs heures de recherche intense, une idée lui vint. Elle se tourna vers Dr. Martens. "Je pense avoir découvert quelque chose d'important. Ces inscriptions ne sont pas seulement une langue, elles semblent raconter une histoire, une légende peut-être."

Dr. Martens l'écoutait attentivement. "Quelle est cette histoire?"

Léa sourit. "Il me faudra du temps pour traduire entièrement, mais je pense que nous sommes sur le point de découvrir une histoire perdue depuis des millénaires."

La mission inattendue de Léa venait de commencer, et elle était déterminée à résoudre le mystère qui l'entourait.

Parmi les chercheurs avec qui Léa collaborait, il y avait Marco, un jeune archéologue talentueux. Il avait un charme méditerranéen, des yeux noisette perçants, et une passion évidente pour l'histoire. Au fur et à mesure qu'ils travaillaient ensemble, une complicité naquit entre eux.

Un soir, après une longue journée de déchiffrement, Marco l'invita à prendre un verre dans un petit café en plein cœur de Rome. Alors que le soleil disparaissait derrière les toits anciens, Marco brisa le silence.

"Je sais que ce n'est pas le moment ni l'endroit, mais il y a quelque chose que je ressens que je dois vous dire, Léa."

Elle le regarda, intriguée. "Quoi donc ?"

Marco lança un regard pensif à Léa. "Je me demandais... avez-vous quelqu'un de spécial dans votre vie ?"

Léa soupira, jouant nerveusement avec la bordure de son verre. "Il y a Julien. il a été mon pilier dans les situations les plus compliquées. Mais, pour être honnête, notre relation est tumultueuse. Sa vie est faite d'aventures et d'imprévus."

Marco hocha la tête. Je vous pose cette question car, peu importe ce que l'avenir nous réserve, sachez que vous méritez la stabilité et le bonheur, Léa." Et si vous cherchez une vie différente, plus stable, je serais honoré de vous l'offrir. Vous méritez le bonheur et la tranquillité."

Léa le regarda, touchée par ses mots. Elle savait qu'il parlait sincèrement. "Marco, je suis touchée, vraiment. Mais je ne sais pas si je suis prête à prendre une décision aussi importante."

Marco sourit doucement. "Je comprends. Prenez votre temps. Je serai là, peu importe ce que vous décidez."

Les jours suivants furent intenses. Léa était tiraillée entre son cœur et sa raison. D'une part, elle avait Julien, son amour tumultueux et passionné. De l'autre, Marco, offrant stabilité et douceur.

Alors que Léa et l'équipe approchaient de la résolution du mystère des tablettes, la tension entre elle et Marco grandissait. Ils partageaient des moments volés, des regards furtifs, des éclats de rire. Mais Léa était toujours hantée par l'ombre de Julien.

La mission inattendue de Léa s'était transformée en une quête personnelle. Elle avait trouvé des réponses dans les tablettes anciennes, mais elle cherchait encore des réponses dans son propre cœur.

Un jour, alors qu'elle était profondément plongée dans ses pensées, Léa réalisa alors que la vie était trop courte pour vivre dans le doute et le regret. Elle décida de suivre son cœur, quelle que soit la direction qu'il choisirait.

Marco savait que le temps était limité. Chaque moment qu'il passait avec Léa était précieux, et il voulait laisser une impression durable. Bien que respectueux de ses sentiments et de sa relation avec Julien, il voulait également montrer à Léa qu'il était sérieux à son sujet.

Il emmena Léa faire une visite privée du Forum Romain à l'aube. Alors que le soleil se levait, ils marchaient parmi les ruines, échangeant des histoires et des rires. Marco montra à Léa ses endroits préférés et lui raconta des histoires d'amours anciens qui avaient eu lieu en ces lieux. C'était une façon pour lui de lui montrer comment le passé peut influencer le présent.

Le lendemain, il invita Léa à un cours de cuisine italienne privé dans la maison de sa grand-mère. Ensemble, ils préparèrent des plats traditionnels, partageant des rires et des souvenirs d'enfance. La complicité entre eux était évidente, et la soirée se termina par un dîner aux chandelles, avec Marco jouant de la guitare pour Léa.

Et le jour qui suit, il opte pour la balade en bateau sur le Tibre avec Léa, il loue un petit bateau pour une balade romantique.Sur ce bateau, Marco parla de ses rêves et aspirations, montrant à Léa une facette plus vulnérable de lui-même.

Alors que le bateau glissait doucement sur le Tibre, la lumière de la lune faisant miroiter l'eau, Marco se tourna vers Léa, tenant un petit paquet soigneusement enveloppé dans ses mains.

"Léa," commença-t-il, ses yeux cherchant les siens, "j'ai quelque chose pour toi. C'est un petit souvenir, une façon de te montrer combien ces moments avec toi comptent pour moi."

Léa le regarda avec surprise, touchée par son geste. Elle prit délicatement le paquet et commença à l'ouvrir. À l'intérieur, elle trouva un magnifique carnet de croquis en cuir. Elle caressa la couverture, appréciant la douceur du cuir sous ses doigts.

Avant qu'elle puisse dire quoi que ce soit, Marco l'encouragea à ouvrir le carnet. Lorsqu'elle tourna la première page, elle fut époustouflée par le portrait qui s'y trouvait. C'était elle, dessinée avec une telle précision et une telle affection qu'elle en eut le souffle coupé. Les détails étaient si fins qu'elle pouvait presque sentir l'émotion derrière chaque trait. Le message était clair : il la voyait vraiment.

Léa leva les yeux vers Marco, les larmes aux yeux. "C'est incroyable, Marco. Je ne sais pas quoi dire..."

Marco sourit doucement, ses yeux noisette brillant à la lumière de la lune. "Je voulais juste te montrer à quel point tu es spéciale pour moi. Chaque moment passé avec toi est précieux, et je voulais te donner quelque chose qui te rappellerait notre temps ensemble."

Léa posa le carnet à côté d'elle, ses yeux fixés sur le dessin un moment, avant de lever les yeux pour rencontrer le regard chaleureux de Marco. "Merci, Marco," dit-elle, sa voix tremblante d'émotion. "C'est l'un des cadeaux les plus touchants que j'aie jamais reçus."

Marco, percevant la profondeur de son appréciation, hocha simplement la tête, un sourire doux éclairant son visage. "Je suis heureux que cela te plaise. Tu mérites d'être vue pour la personne incroyable que tu es," répondit-il.

Chaque soir après une journée de travail, Marco avait une surprise pour elle. Que ce soit une balade dans le pittoresque Trastevere ou un dîner intime dans une trattoria cachée, il faisait toujours en sorte que leurs soirées soient spéciales. Mais cette nuit-là, il avait prévu quelque chose d'exceptionnel: une soirée à l'opéra.

"J'ai réservé des places pour l'opéra ce soir," déclara-t-il en lui présentant deux billets d'une élégance sobre.

Léa, surprise, le regarda avec admiration. "Je n'ai jamais été à l'opéra à Rome."

Il sourit. "Je sais. Je voulais te montrer quelque chose que tu n'as jamais vu."

L'opéra était un mélange éthéré de voix, de musique et d'émotions. L'histoire parlait d'amour, de trahison et de rédemption. À l'entracte, ils se retirèrent sur le balcon, dominant la ville illuminée. L'émotion brute de la performance résonnait avec Léa, lui rappelant sa situation délicate avec Julien.

Elle se tourna vers Marco, cherchant du réconfort. "L'opéra est magnifique, tout comme cette ville. Mais tout cela me rappelle aussi ce que je laisse derrière moi."

Marco l'attira doucement vers lui. "Je comprends. Je veux juste que tu saches que chaque moment que nous passons ensemble compte pour moi."

Alors que les jours s'écoulaient, leur complicité grandissait. Mais, au fond d'elle, Léa était déchirée. Elle se souvenait des moments partagés avec Julien, de leur amour profond et sincère. La distance, tant géographique qu'émotionnelle, pesait lourdement sur elle.

À des milliers de kilomètres de là, au Mozambique, Julien pansait les blessures, tant physiques qu'émotionnelles, des victimes de la guerre. Chaque jour, il était témoin de la résilience humaine, de la capacité des gens à espérer malgré l'adversité. Et malgré l'éloignement, il sentait la présence de Léa à ses côtés, la soutenant dans ses moments les plus sombres.

La guerre au Mozambique avait fait des ravages non seulement sur le territoire, mais aussi dans le cœur des hommes et des femmes. Les infrastructures étaient dévastées, laissant de nombreuses régions isolées sans moyens de communication. Julien, malgré ses tentatives, n'avait pas pu contacter Léa pendant des semaines. La distance physique était doublée par une distance émotionnelle cruelle. À chaque moment libre, il tentait désespérément de la contacter, craignant qu'elle ne s'inquiète pour lui.

À Rome, Léa était elle aussi rongée par l'inquiétude. Les nouvelles du Mozambique étaient rares et souvent inquiétantes. Elle se retrouvait à scruter chaque bulletin d'information, espérant entendre quelque chose sur la région où Julien travaillait. Mais le silence radio la laissait dans l'angoisse. C'était dans ce contexte qu'elle s'était rapprochée de Marco, cherchant un réconfort dans la compagnie du jeune archéologue.

Marco, conscient de la situation, avait été un pilier de soutien. Il l'avait distrayée avec des promenades, des dîners et des visites à des sites historiques. Il comprenait sa douleur, mais voyait aussi là une opportunité de lui montrer qu'il pouvait être l'homme dont elle avait besoin. Mais même dans ces moments de distraction, le cœur de Léa était souvent loin, perdu quelque part entre Rome et le Mozambique.

Une semaine avant la fin de la mission de Léa, la guerre prit fin et les communications furent rétablies,mais le premier appel que Julien passa fut pour Léa, il tomba sur sa messagerie. Léa était en voyage, et il ne savait pas qu'elle était à Rome. Les jours qui suivirent furent un tourbillon d'émotions pour Julien. Il était déchiré entre le soulagement de la fin du conflit et le désespoir de ne pas pouvoir retrouver Léa.

Chapitre 6 : Des retrouvailles manquées

La guerre, cette abomination qui avait englouti tant de vies et créé une fracture dans tant de relations, était enfin terminée. Mais pour Julien, le soulagement était teinté d'amertume. Il n'avait aucune nouvelle de Léa, celle qui occupait constamment ses pensées, rendant ainsi le sentiment de retour empreint de dégoût.

Le jour de son retour était teinté de ciel gris parisien, ajoutant une nuance mélancolique à ses émotions déjà tumultueuses. Les premières gouttes de pluie commencèrent à tomber, tachant l'asphalte et créant un doux tapotement rythmique, comme une berceuse apaisante pour son esprit agité

En sortant de la zone d'arrivée, Julien fut accueilli par Antoine, son ami de toujours. Une étreinte chaleureuse les réunit, un simple geste qui transmit tant de réconfort et de compréhension.

"Alors, tu es prêt pour le grand retour ?", demanda Antoine, un sourire taquin aux lèvres.

Julien rit doucement, "Jamais vraiment prêt, mais content d'être de retour."

La ville qui s'étalait devant eux était la même, mais Julien se sentait différent. Chaque monument, chaque rue avait une résonance nouvelle, une signification amplifiée par son absence prolongée, mais le poids de l'absence de Léa était omniprésent.

Il décida de se rendre directement chez lui, Chaque heure qui passait sans nouvelles d'elle augmentait son inquiétude. Les messages et appels restaient sans réponse. Julien essaya de s'occuper, de se distraire, mais ses pensées revenaient constamment à Léa.

Pendant ce temps, à Rome, Léa était loin de douter du retour de julien, elle s'était immergée dans la richesse culturelle de Rome dès son arrivée pour sa mission au musée. Chaque jour passé dans cette ville historique éveillait en elle une passion qu'elle n'avait jamais connue auparavant. À la fin de sa mission, la pensée de quitter Rome lui était insupportable. Elle voulait continuer à explorer chaque coin, chaque recoin de cette magnifique cité.

Sans perdre de temps, elle contacta son supérieur au musée de Paris, demandant un congé prolongé. Son désir de rester dans la Ville Éternelle était si ardent qu'elle était prête à mettre sa carrière parisienne en suspens.

Heureusement pour elle, son directeur, reconnaissant son besoin de croissance personnelle et professionnelle, accepta sa demande.

Libre de ses obligations à Paris, Léa se lança à cœur perdu dans la découverte de Rome. Elle se promenait souvent dans ses rues pavées, s'émerveillent de la beauté de ses fontaines qui semblaient surgir à chaque coin, écoutant les rires et les chants des Romains, et goûtant aux délices culinaires de la ville, des pizzas croustillantes aux glaces crémeuses.

Marco, le jeune homme qui avait remarqué la belle Française dès son arrivée au musée, était fasciné par sa passion et sa détermination. Il ne voulait pas manquer cette occasion et cherchait constamment des prétextes pour discuter avec Léa. Il discernait toujours l'ombre de Julien dans le regard de cette dernière. Toutefois, remplacer quelqu'un dans le cœur d'une autre personne était un défi de taille pour Marco, mais il était prêt à tout tenter."

Un soir, après avoir partagé un dîner dans un petit restaurant romantique du Trastevere, Marco avait décidé d'aborder le sujet de Julien. "Léa," tu mérites quelqu'un qui est là pour toi, qui peut te donner la stabilité et la présence dont tu as besoin, tu as le droit au bonheur, à une vie stable. Tu ne peux pas passer ta vie à attendre quelqu'un qui est constamment en danger, qui te laisse dans l'incertitude. Tu mérites mieux."

Léa avait levé les yeux pour croiser le regard intense de Marco. "Je comprends ce que tu dis, Marco, mais l'amour n'est pas si simple. J'ai des sentiments pour lui, même si je sais que notre relation est compliquée."

Marco"Je ne dis pas que tu dois l'oublier, mais peut-être que tu devrais te donner une chance de vivre, d'explorer d'autres horizons. Peut-être ici, à Rome, avec quelqu'un qui est là pour toi."

"Il a ajouté, essayant de parler de lui-même. "Tu sais, je n'ai jamais vraiment pris le temps de m'engager sérieusement dans une relation. Mon travail au musée, ma passion pour l'art, tout cela a toujours été au centre de mes préoccupations."

Léa avait ri doucement, "C'est peut-être pour ça que tu es si déterminé à m'aider à trouver le bonheur. Tu vois chez moi ce que tu n'arrives pas à voir chez toi."

Il avait baissé les yeux un instant avant de répondre : "Peut-être. Mais ce n'est pas si simple. Il n'y a pas toujours une personne qui nous attend quelque part, prête à combler notre solitude."

"Tu te trompes," avait répliqué Léa. "Il y a tant de belles âmes à Rome, des femmes qui seraient ravies de partager ta vie. Si tu veux, je peux t'aider.

Marco avait éclaté de rire. "Tu joues les entremetteuses maintenant? ou bien voulez-vous échapper, "D'accord, marché conclu. Mais ne pense pas que tu vas t'échapper si facilement.

Léa avait souri, Je compte bien te trouver une femme de spécial."

Marco sentit une pointe d'amertume en écoutant la réponse de Léa. Même si elle le disait sur un ton taquin, il percevait la distance qu'elle mettait entre eux. La déception se mêla à la résignation dans son cœur. Il avait espéré, peut-être un peu naïvement, qu'il pourrait avoir une place plus importante dans la vie de Léa. Mais ses mots avaient clairement défini les limites de leur relation. Il cachait son désarroi derrière un sourire, tout en ressentant une douce tristesse qui l'envahissait.

Dans l'autre côté, au musée d'Orsay, Julien avançait à pas pressés. Ce lieu, toujours empreint de découverte et d'émerveillement, ressemblait aujourd'hui à un labyrinthe de souvenirs et de désirs pour lui. Avec une détermination inébranlable, il se dirigeait vers le bureau administratif, chaque battement de son cœur semblant résonner avec ses pas sur le sol du musée.

Il était là pour une seule raison : Léa. Elle était la raison pour laquelle le soleil brillait un peu plus fort, et pourquoi les oiseaux chantaient un peu plus doux. Mais ces derniers temps, elle est devenue son amour perdu, disparue dans la ville éternelle de Rome pour une mission mystérieuse.

Arrivé devant la porte du bureau administratif, il avait pris une grande inspiration avant de frapper. Une femme, avec des lunettes à monture d'écaille et un chignon serré, l'avait accueilli d'un regard interrogateur.

"Bonjour Madame, je suis ici pour des informations sur Léa Duval. Elle a été envoyée en mission à Rome, et j'aimerais obtenir l'adresse du musée où elle travaille", avait déclaré Julien, essayant de cacher son désespoir.

La femme l'avait dévisagé un moment, pesant chaque mot qu'il avait prononcé. "Quel est votre lien avec Léa ?", avait-elle demandé d'une voix froide.

"Elle... elle est mon amour", avait-il répondu, les mots sortant de sa bouche avec une sincérité brute.

"Je suis désolée, Monsieur. Sans une relation officielle, je ne peux divulguer aucune information", avait-elle répondu.

Mais alors que la déception commençait à s'installer, une autre voix avait retenti derrière lui. "Julien?" En se retournant, il avait vu Claire, la meilleure amie de Léa. Elle avait un sourire doux sur le visage, mais ses yeux révélaient une tristesse profonde.

"Claire! C'est un soulagement de te voir ici. Je suis venu chercher des informations sur Léa. Je dois la retrouver", avait-il dit.

Claire avait regardé la femme derrière le bureau, les yeux plaidant. "Madame, je peux confirmer que Julien est proche de Léa. Il a le droit de savoir."

Après un moment qui semblait avoir duré une éternité, la femme avait finalement cédé. "Très bien. Mais c'est exceptionnel."

Claire avait souri à Julien, "Viens, je te donne l'adresse."

Alors qu'ils marchaient ensemble, Julien avait ressenti une bouffée d'espoir. Le destin semblait finalement être de son côté. Rome n'était désormais plus qu'à un pas, et il était déterminé à retrouver son amour, quel qu'en soit le prix.

Mais Claire ne savait pas que la mission de Léa à Rome était déjà terminée. Elle croyait sincèrement aider Julien en lui donnant l'adresse, pensant qu'il retrouverait Léa dans la Ville Éternelle.

Avec l'adresse en main, Julien avait rapidement fait ses bagages, ne prenant que l'essentiel. L'excitation qu'il ressentait l'emportait sur la fatigue du voyage. Il avait pris le premier vol pour Rome, impatient de revoir celle qu'il aimait.

Dès son arrivée, il avait pris un taxi, donnant l'adresse du musée à Rome où Léa avait été envoyée en mission. Il pouvait presque sentir son parfum, entendre sa voix. L'idée de la voir après tout ce temps était un sentiment grisant. Mais une fois sur place, son cœur avait lourdement chuté.

Il avait été accueilli par un gardien âgé à l'entrée du musée. "Bonjour Monsieur, puis-je vous aider?", avait-il demandé. Julien, le souffle court, avait répondu: "Je suis ici pour voir Léa Duval."

Le gardien avait froncé les sourcils, semblant chercher dans sa mémoire. "Ah! Léa! Oui, elle travaillait ici, mais sa mission s'est terminée

Le monde de Julien semblait s'effondrer autour de lui. "Savez-vous où elle est allée? Où je peux la trouver?", avait-il demandé désespérément.

Le monde de Julien semblait s'effondrer autour de lui. "Savez-vous où elle est allée? Où je peux la trouver?", avait-il demandé désespérément.

Le gardien, prenant pitié de lui, avait secoué la tête. "Je ne sais pas vraiment", avait-il admis, juste au moment où Marco, une silhouette familière du musée, passait à proximité.

"Marco!", avait appelé le gardien. "Tu aurais des informations sur Léa? Ce monsieur la cherche."

Marco avait analysé Julien des pieds à la tête, ses yeux cherchant des indices sur l'identité de cet inconnu. "Quel est votre lien avec Léa?", avait-il demandé, une pointe de méfiance dans sa voix.

"Je suis Julien", avait répondu ce dernier, la gorge nouée. "Je suis... je suis celui qui l'aime."

Un éclair de réalisation avait traversé le regard de Marco. Toutes ces fois où Léa avait parlé de son amour, c'était de ce Julien qu'il s'agissait. Dans son for intérieur, Marco ressentit une pointe d'amertume. "C'était donc pour cet homme que Léa avait maintenu une distance avec moi."

Cachant ses propres sentiments, Marco avait soupiré. "Je suis désolé, Julien. Léa a quitté Rome. Elle est rentrée à Paris."

Les épaules de Julien s'étaient affaissées, ressentant à la fois le soulagement de savoir qu'elle était en sécurité et le désespoir de l'avoir manquée de si peu. Mais il était reconnaissant à Marco pour cette information, même s'il percevait une tension sous-jacente chez l'homme qui se tenait devant lui.

"Merci", avait murmuré Julien, son regard fixé sur l'horizon, déjà planifiant son voyage de retour à Paris pour retrouver son amour perdu.

En ce moment, Léa rejoignait Paris. Ce furent ses parents qui l'accueillirent à son arrivée, les bras ouverts, le sourire aux lèvres. Malgré le confort de son propre appartement, elle ressentait le besoin de s'entourer de l'amour familier de son enfance. Elle ne voulait pas rentrer chez elle, préférant le cocon chaleureux de la maison familiale.

Sa décision fit le bonheur de ses parents, qui étaient ravis de la revoir et de passer plus de temps avec leur fille. Dans l'agitation des retrouvailles et les discussions interminables sur les événements de sa mission à Rome, Léa avait complètement oublié son téléphone. Elle l'avait laissé dans son appartement

Julien, quant à lui, avait pris le premier vol pour Paris, rempli d'espoir. À son arrivée, il avait ressenti un mélange d'anticipation et de nervosité. Il espérait que cette fois, le destin serait de son côté et qu'il pourrait enfin retrouver Léa. Mais à chaque tentative de la joindre, il tombait sur sa messagerie vocale. Il avait laissé de nombreux messages, espérant que chacun d'eux la convaincrait de le rappeler.

Lorsqu'il était arrivé chez lui, l'absence de réponse de Léa avait accru son inquiétude. Il commençait à se demander si elle l'évitait délibérément ou s'il lui était arrivé quelque chose.

La distance entre eux semblait s'agrandir malgré la proximité géographique. Julien était perdu dans ses pensées, se demandant comment, après tant de quiproquos et de malentendus, ils pourraient se retrouver. Léa, de son côté, ne savait rien des efforts désespérés de Julien pour la retrouver. Elle trouvait du réconfort dans les bras de sa famille, ayant laissé son téléphone, avec tous ses messages non lus, sur la table de son appartement."

Ensuite, Léa n'était pas restée à Paris. Ses parents l'avaient invitée à les accompagner pour un voyage à Lyon, changeant ainsi ses plans initiaux. Elle avait décidé de passer quinze jours avec eux, profitant de chaque instant. Cependant, elle était consciente que son congé touchait à sa fin. Souhaitant prolonger ce temps précieux avec sa famille, elle avait décidé de demander un congé sans solde.

Lyon, avec son riche patrimoine culturel et historique, était le cadre idéal pour des retrouvailles en famille. Les rues pavées de la vieille ville, avec leurs façades Renaissance et leurs traboules secrètes, offraient un charme indéniable. Léa et ses parents avaient commencé leur séjour par une visite guidée, s'imprégnant de l'histoire de cette ville lumière.

Les jours suivants avaient été consacrés à la découverte des bouchons lyonnais, ces petits restaurants typiques où l'on sert des spécialités locales. Léa s'était régalée de quenelles, de rosette et de tarte à la praline, des mets qui lui rappelaient son enfance.

L'un des moments les plus mémorables avait été leur visite à la Basilique Notre-Dame de Fourvière. Perchée sur une colline, elle offrait une vue panoramique sur Lyon. Léa, assise à côté de sa mère, avait contemplé la ville qui s'étendait sous leurs yeux, les deux femmes partageant un moment de complicité silencieuse.

Mais ce n'était pas seulement la beauté de Lyon qui captivait Léa. C'était l'opportunité de se reconnecter avec ses parents, de partager des souvenirs, de rire des anecdotes familiales et de créer de nouveaux souvenirs. Elle réalisait à quel point ces moments étaient précieux, surtout après les mois passés loin d'eux à Rome.

Son père, un passionné d'histoire, l'avait emmenée au Musée des Confluences. Ensemble, ils avaient parcouru les expositions, discutant de l'histoire de la civilisation et des merveilles du monde naturel.

La fin de leur séjour approchait et Léa voulait rester auprès de ses parents, s'ancrer dans cette chaleur familiale qui lui avait tant manqué.

Elle avait finalement pris la décision de demander un congé sans solde de nouveau. Cette décision n'était pas prise à la légère. Elle savait que cela pourrait avoir des conséquences sur sa carrière. Mais pour Léa, la famille passait avant tout.

Les quinze jours se sont transformés en un mois. Léa et ses parents ont continué à explorer les régions environnantes de Lyon. Chaque jour apportait son lot de découvertes et d'aventures. Mais au fond d'elle, Léa savait qu'elle devrait bientôt affronter la réalité, retourner à Paris et faire face à tout ce qu'elle avait laissé derrière elle.

Chaque matin, Léa se levait dans la maison de campagne familiale, profitant de la douce brise lyonnaise qui caressait sa peau. Elle partageait son temps entre la lecture de romans classiques français et les longues promenades dans les champs verdoyants. Les nuits étaient passées à regarder les étoiles, à écouter les grillons et à partager des histoires familiales auprès du feu.

À Paris, Julien passait ses journées à chercher des indices sur l'endroit où Léa pourrait être. Chaque objet de son appartement lui rappelait un souvenir d'elle : leurs sorties, leurs discussions. Sa mémoire était empreinte de leurs rires et de leurs querelles.

Le temps semblait s'être arrêté pour Julien. Ses amis tentaient de le consoler, lui disaient de passer à autre chose, qu'elle reviendrait ou, peut-être, que c'était le destin. Mais dans son cœur, Julien savait qu'il devait la retrouver, qu'il était incomplet sans elle.

Léa, quant à elle, sentait la culpabilité l'envahir peu à peu. Elle s'était plongée dans cette bulle lyonnaise pour échapper à la réalité de sa vie à Paris. C'était une manière de fuir ses responsabilités, ses peurs, ses doutes. Elle évitait d'y penser, mais les rêves la rattrapaient chaque nuit.

Un soir, après un dîner en famille, Léa décida de monter dans sa chambre et retrouva une vieille boîte à musique ressemble celle que Julien lui avait offerte lors de leur premier anniversaire. Les notes mélancoliques de la boîte rappelaient à Léa les moments heureux qu'ils avaient partagés. Elle décida qu'il était temps de rentrer à Paris, de confronter ses peurs et de chercher des réponses.

De son côté, Julien reçut un message d'un vieil ami, Thierry, qui vivait à Lyon. Thierry lui raconta qu'il avait croisé Léa lors d'un marché local. Julien, plein d'espoir, décida de prendre la première chose le lendemain pour Lyon.

À son arrivée, Julien se rendit directement à la maison de Thierry. Ils échangèrent des accolades, puis Julien posa des questions sur Léa. Thierry lui parla de son séjour prolongé avec ses parents et de la manière dont elle semblait avoir trouvé la paix à Lyon. Julien comprit alors que Léa avait cherché à échapper à leur relation compliquée.

"Julien cherche Léa partout, mais en vain, car elle a déjà pris la route avec sa famille pour retourner à Paris."

Il arpentait les ruelles pittoresques de Lyon, l'espoir battant dans sa poitrine. Chaque recoin de la ville, chaque marché, chaque café pouvait détenir la clé pour retrouver Léa.

Ses pas le menèrent ensuite vers le Vieux Lyon, où les ruelles étroites et les traboules lui rappelaient les rues de Paris. Les souvenirs de Léa l'entouraient. Chaque fois qu'il entendait un rire de femme ou apercevait une silhouette familière, son cœur faisait un bond, espérant que ce soit elle. Mais à chaque fois, ce n'était qu'une étrangère.

Il passa devant un bouquiniste près de la Saône. En vitrine, un exemplaire d'un roman qu'ils avaient lu ensemble. Julien s'arrêta, espérant qu'elle ait laissé un indice ou un mot pour lui. Mais rien. Il se rendit au parc de la Tête d'Or, pensant qu'elle aurait pu s'y réfugier pour lire ou marcher comme elle le faisait à Paris. Les heures s'écoulaient, et Julien s'épuisait, mais il ne voulait pas abandonner.

La nuit tomba sur Lyon, et Julien, épuisé, s'arrêta dans un petit café pour se reprendre. Il évoqua le nom de Léa à la serveuse, espérant qu'elle puisse l'aider. Mais cette dernière haussa les épaules, lui indiquant qu'elle n'avait jamais vu cette femme.

Ne sachant plus où chercher, Julien se rendit à la basilique de Fourvière. Il monta les marches, se remémorant chaque instant passé avec Léa. Il s'assit dans l'un des bancs, et pria pour la retrouver.

Le lendemain, Thierry, ayant entendu parler des recherches de Julien, l'approcha avec une information. Une de ses connaissances avait vu Léa et sa famille monter dans une voiture, sacs et valises en main, en direction de l'autoroute. Julien comprit alors que sa quête à Lyon n'était qu'une course contre la montre qu'il avait perdue.

La réalisation fut déchirante. Mais au lieu de sombrer dans le désespoir, Julien sentit une détermination nouvelle l'envahir. Il remercia Thierry et retourna à Paris, prêt à confronter Léa, à comprendre ses raisons et, espérait-il, à retrouver leur amour perdu.

Lyon, avec ses charmes et ses secrets, avait été le théâtre d'une quête passionnée. Mais c'était à Paris que se jouerait le dénouement de cette histoire d'amour tumultueuse.

Chapitre 7 : Échos dans la Ville Lumière

De retour à Paris, la Ville Lumière, Julien sentait une énergie familière dans l'air. L'odeur des croissants frais le matin, le bruit des passants dans les rues, tout lui rappelait les souvenirs partagés avec Léa.

Pendant ce temps, à la demeure familiale, Léa se replongeait dans la vie parisienne. Son portable, saturé de notifications après son absence, capta immédiatement son attention. Parmi les messages, ceux de Julien étaient nombreux, lui faisant réaliser l'intensité de ses sentiments pour lui.

Claire, l'amie qui avait toujours été le lien entre eux, les invita à une petite réunion chez elle. L'invitation semblait anodine, mais elle savait que c'était le prétexte idéal pour les rapprocher à nouveau. Léa accepta, non sans une certaine appréhension, tandis que Julien, encore ignorant de la présence de Léa, accepta avec joie.

Le soir venu, dans le petit appartement douillet de Claire, des rires et des discussions animées remplissaient l'air. Mais un silence tendu s'installa quand Léa et Julien se croisèrent. Leurs yeux se rencontrèrent, et sans un mot, toute leur histoire, leurs manques, leurs erreurs, tout était là, dans cet instant.

"Pourquoi ne m'as-tu pas dit que tu étais revenue à Paris ?" demanda Julien, la voix tremblante.

Léa baissa les yeux. "Je ne savais pas comment te le dire. J'avais besoin de temps, de réfléchir."

"Du temps loin de moi ?" rétorqua Julien, la douleur évidente dans sa voix.

Léa leva les yeux, ses yeux remplis de larmes. "Non, du temps pour moi. Pour comprendre ce que je ressentais vraiment, pour toi, pour nous."

Claire, sentant la tension entre eux, suggéra une petite pause et dirigea les autres invités vers le balcon. Léa et Julien restèrent seuls dans le salon, confrontés à leur propre réalité.

"Je t'ai cherchée partout, à Rome, à Lyon", avoua Julien, la voix brisée.

"Je suis désolée", murmura Léa, "je ne voulais pas te faire souffrir. Mais j'avais besoin de m'éloigner, de tout."

Les minutes s'écoulèrent, chacun cherchant les bons mots. C'était un moment crucial, où les décisions prises détermineraient l'avenir de leur relation.

"Je t'aime toujours, Léa," avoua Julien, "malgré tout, malgré la distance, malgré le silence. Tout ce que je veux, c'est être avec toi."

Léa le regarda profondément, cherchant la vérité dans ses yeux. "Et si on recommençait ? Pas comme avant, mais en construisant quelque chose de nouveau, de meilleur."

Julien sourit, soulagement et bonheur mêlés. "Je le veux plus que tout."

Leur étreinte, chaleureuse et sincère, scella leur volonté de donner une nouvelle chance à leur amour. Dans la Ville Lumière, entourés d'amis et de souvenirs

Après cette soirée, Julien et Léa prirent la décision de passer du temps ensemble, mais d'une manière différente. Ils choisirent de redécouvrir Paris, comme s'ils étaient des touristes tombant amoureux de la ville et l'un de l'autre pour la première fois.

Montmartre, avec ses rues pavées et ses artistes de rue, fut leur premier arrêt. Ils montèrent les marches menant à la Basilique du Sacré-Cœur, où la vue panoramique sur Paris les laissa sans voix.

Ils déambulèrent ensuite à travers le marché de la Place du Tertre, admirant les artistes au travail. Sur un coup de tête, ils décidèrent de se faire dessiner par un portraitiste. Assis côte à côte, ils partagèrent des rires timides et des regards volés pendant que l'artiste capturait leur essence sur toile.

Plus tard, ils s'arrêtèrent dans un petit café, se partageant une crêpe au Nutella et un chocolat chaud. La conversation coulait naturellement, les deux parlant de tout et de rien, des rêves aux souvenirs d'enfance.

En quittant Montmartre, Léa s'arrêta devant une boutique de souvenirs et acheta un petit médaillon en forme de cœur. Elle le mit autour du cou de Julien, une lueur taquine dans les yeux. "Pour que tu te souviennes toujours de ce jour," dit-elle avec un sourire.

Ils passèrent les semaines suivantes à explorer d'autres quartiers de Paris. Le Marais, avec ses boutiques vintage et ses hôtels particuliers; la Seine, où ils louèrent une barque et pagayèrent sous les ponts; le Quartier Latin, où ils se perdirent dans les ruelles étroites avant de s'arrêter pour déguster une tartelette dans une pâtisserie locale.

Chaque jour était une nouvelle aventure, une nouvelle chance de tomber amoureux. Julien et Léa avaient pris la décision de ne pas discuter de leur avenir immédiat, de vivre le moment présent. Mais à chaque sourire échangé, chaque éclat de rire partagé, il était clair que leur amour était en pleine renaissance.

Un soir, alors qu'ils dînaient dans un restaurant près de la Tour Eiffel, Julien sortit une petite boîte de sa poche. Il l'ouvrit pour révéler un médaillon en forme de cœur, semblable à celui que Léa lui avait offert, mais avec leurs initiales gravées dessus.

"Pour toujours," murmura-t-il en le passant autour du cou de Léa.

Léa leva les yeux vers lui, les larmes aux yeux. "Pour toujours," répéta-t-elle.

Dans la Ville Lumière, au milieu des lumières scintillantes et des rues historiques, deux âmes perdues s'étaient retrouvées, prêtes à commencer un nouveau chapitre de leur histoire d'amour éternelle.

Cependant, malgré le bonheur évident de leur reconnexion, une ombre planait sur leur avenir. Un soir, alors qu'ils étaient assis sur les quais de la Seine, regardant les péniches passer lentement, Léa prit une grande inspiration et évoqua le sujet qui la tourmentait.

"Julien," commença-t-elle doucement, "où nous voyez-vous aller? Je veux dire... pour nous, pour notre avenir."

Julien tourna son regard vers elle, sentant la gravité de sa question. "Que veux-tu dire ?"

"Je sais combien ta carrière en tant que médecin dans les zones de conflit compte pour toi. Mais je dois savoir si tu cherches la stabilité ou si tu souhaites continuer dans cette voie."

Il baissa les yeux, luttant avec les mots. "C'est un appel, Léa. Aider là où j'en ai le plus besoin... Mais je sais aussi que cela ne nous offre pas une vie stable, pas une vie que beaucoup choisiraient."

Léa: "Julien, je t'aime et je te soutiens dans tout ce que tu fais. Mais nous devons être réalistes. Si nous voulons construire un avenir ensemble, il y a des décisions que nous devons prendre."

Il hocha la tête. "Je le sais. Mais il m'est difficile de tout abandonner."

"Et le mariage?" demanda-t-elle doucement. "Si tu continues à travailler dans ces zones, cela ne nous permet pas d'avoir une relation officielle, un engagement."

Julien soupira profondément. "Je ne veux pas te faire attendre indéfiniment, Léa. J'ai vu trop de souffrance, trop de pertes. Si je peux faire une différence, même petite, je ressens le besoin de le faire."

Léa, les larmes aux yeux, le serra fort. "Je ne te demande pas d'abandonner tes rêves, Julien. Je te demande seulement de penser à nous aussi. Peut-être y a-t-il un moyen de trouver un équilibre?"

Julien la regarda longuement. "Je te promets d'y réfléchir. De chercher un moyen pour que nous puissions avoir un avenir, ensemble."

Les deux restèrent silencieux un moment, écoutant le doux clapotis de la Seine, sachant que leur chemin à parcourir serait semé d'obstacles, mais espérant qu'ensemble, ils trouveraient la lumière.

Chapitre 8 : La lumière au bout du tunnel

Les jours qui suivirent cette conversation sur les quais furent emplis de réflexion et d'introspection pour Julien et Léa. Tous deux savaient qu'une décision devait être prise, non seulement pour leur bien-être individuel, mais surtout pour le futur de leur relation.

Un matin, alors que le soleil se levait sur la Seine, teintant les eaux d'une douce lueur dorée, Léa reçut un message de Julien. "Peux-tu me rejoindre pour le petit déjeuner au café près du pont ? J'ai quelque chose d'important à te dire."

Quelques minutes plus tard, assis à une table en terrasse, les rayons du soleil éclairant leurs visages, Julien regarda Léa dans les yeux. "J'ai pris une décision," commença-t-il.

Léa, le cœur battant, attendit qu'il poursuive.

Julien prit une profonde inspiration. "Je vais continuer à travailler pour les zones de conflit, mais seulement pour une mission par an. Le reste du temps, je travaillerai ici, à Paris. Peut-être dans un hôpital, ou pour une organisation caritative. Je veux être près de toi, construire quelque chose ensemble ici."

Léa écouta attentivement, absorbant chaque mot, cherchant à comprendre pleinement les implications de sa décision. "C'est vraiment ce que tu veux ?" demanda-t-elle doucement.

Julien "Oui, c'est une décision que j'ai mûrement réfléchie. J'ai compris qu'être avec toi, construire quelque chose ensemble à Paris, c'est aussi important que mon engagement ailleurs."

Léa joua distraitement avec sa tasse, cherchant les mots pour poser la question qui tournait en boucle dans son esprit. Elle releva les yeux pour croiser ceux de Julien. "Julien, cette décision que tu as prise, est-ce... est-ce une manière de dire que tu es prêt pour nous, pour... pour un engagement plus sérieux ? Pour un mariage ?"

Julien parut un peu surpris par la question, mais ne détourna pas son regard. Il prit un moment avant de répondre, pesant chacun de ses mots. "Léa, ma décision est le reflet de mon désir de construire quelque chose de solide avec toi ici à Paris. Je veux te montrer que je suis sérieux quant à notre avenir ensemble. Quant au mariage... C'est effectivement une étape que j'envisage. Mais je veux m'assurer que c'est ce que nous voulons tous les deux."

Léa sentit une boule d'émotion monter dans sa gorge. "Julien, je veux être sûre que tu ne prends pas cette décision simplement pour moi, mais pour toi également. J'ai besoin de savoir que tu es pleinement engagé dans cette relation."

Julien sourit doucement, "Léa, choisir de rester à Paris, de travailler ici et de construire quelque chose avec toi, c'est mon choix pour moi-même autant que pour toi. Et concernant le mariage, je crois qu'il est temps que nous ayons une conversation sérieuse à ce sujet. C'est une décision que nous devons prendre ensemble."

Léa hocha la tête, les yeux brillants de larmes, "Je suis prête à avoir cette conversation, Julien."

Ils passèrent le reste de la matinée à discuter, se laissant emporter par les flots de leurs pensées, de leurs peurs, mais aussi de leurs espoirs. La Seine, témoin silencieuse, coulait paisiblement à leurs côtés, reflétant la sérénité d'un moment suspendu dans le temps.

"Tu sais, Léa," commença Julien, "j'ai toujours cru que mon travail était ma vocation, mon unique objectif. Mais te rencontrer, vivre ces moments avec toi, m'a fait réaliser qu'il y a bien plus dans la vie que je n'osais imaginer."

Léa, touchée, répondit doucement : "Julien, je respecte profondément ce que tu fais et je ne voudrais jamais te demander de renoncer à ta passion. Mais j'ai aussi besoin de savoir où je me situe dans ta vie, où nous nous situons en tant que couple."

Julien prit ses mains et les serra doucement. "Tu es mon ancre, Léa. Tu me rappelles chaque jour pourquoi je fais ce que je fais. Mais je veux aussi que tu saches que je suis prêt à construire quelque chose de réel et de durable avec toi. Le mariage, pour moi, n'est pas juste un papier ou une cérémonie. C'est un engagement, une promesse de marcher côte à côte, quoi qu'il arrive."

Un silence paisible s'installa entre eux, brisé seulement par le doux chant des oiseaux et le murmure des conversations des autres clients du café. Léa, rassemblant son courage, reprit : "Alors, que dirais-tu si nous commencions à planifier notre avenir ? Pas seulement en paroles, mais en actions ?"

Julien la regarda, un sourire éclatant sur son visage. "Je crois que c'est une excellente idée."

Le reste de la journée fut consacré à cette planification, à imaginer ce que pourrait être leur avenir. En sortant du café, ils déambulèrent dans les rues, passant devant les vitrines des bijoutiers et évoquant le type de bague qui pourrait symboliser leur union. Puis, ils s'arrêtèrent devant une agence immobilière, jetant un coup d'œil aux annonces pour imaginer le type de logement où ils pourraient commencer leur vie à deux.

"T'imagines-tu vivre dans un petit appartement à Montmartre, avec une vue sur le Sacré-Cœur ?" demanda Léa.

"Ou peut-être dans le Marais, près de ces petites ruelles historiques et boutiques pittoresques ?", répondit Julien en riant.

Alors que la soirée tombait, ils trouvèrent un petit coin tranquille au bord de la Seine. Assis côte à côte, ils regardèrent le soleil se coucher, baignant la ville d'une lumière chaude et dorée.

"Julien", murmura Léa, "aujourd'hui, je ressens un espoir que je n'avais pas ressenti depuis longtemps. L'espoir que nous avons un avenir lumineux devant nous."

Julien se tourna vers elle, "Moi aussi, Léa. Peu importe les défis que nous rencontrerons, je crois en nous. Je crois en notre amour."

La Seine continuait de couler paisiblement, témoignant de la force de leur amour, de la lumière qu'ils avaient trouvée au bout du tunnel. Et ce soir-là, au cœur de Paris, deux âmes s'étaient promises l'éternité.

Le lendemain, la ville semblait s'éveiller avec une énergie renouvelée. Les rues étaient animées, les terrasses des cafés grouillaient de monde et les rires résonnaient dans l'air. Julien et Léa se sentaient comme deux enfants, explorant la ville avec des yeux neufs, découvrant des recoins qu'ils n'avaient jamais remarqués auparavant.

La semaine suivante, Julien déposa une demande officielle pour travailler dans un hôpital parisien. Léa, de son côté, se consacrait pleinement à son projet de galerie d'art. Ils se soutenaient mutuellement, et leur dynamisme était contagieux. Leur entourage remarqua rapidement ce changement. Leurs amis, témoins de cette transformation, étaient à la fois surpris et heureux pour eux.

Une soirée, alors que Julien et Léa dînaient avec un groupe d'amis, l'un d'eux, Thomas, prit la parole : "Vous êtes rayonnants. Paris vous va si bien. C'est inspirant de vous voir aussi épanouis et déterminés." Léa sourit, "C'est étonnant comment une décision peut changer le cours de toute une vie. Choisir de s'ancrer ici, de bâtir quelque chose ensemble, ça nous donne une énergie incroyable."

"Vous savez," intervint Julien, "c'est un sentiment extraordinaire de se réveiller chaque matin avec l'assurance de marcher dans la bonne direction, de savoir que chaque pas est un pas vers un avenir que l'on a choisi."

Les semaines passèrent rapidement. le temps filait à une vitesse folle. Chaque moment passé ensemble renforçait leur lien, leur complicité.

Un jour, en flânant près de Notre-Dame, Léa s'arrêta brusquement. Elle regarda Julien avec des yeux pétillants. "Et si nous organisions notre mariage ici, sur une péniche, au cœur de la Seine, entourés de nos proches, avec le bruit de l'eau comme fond sonore et la ville comme décor ?"

Julien, surpris, prit un moment pour imaginer la scène. "Ce serait... magique," répondit-il, le sourire aux lèvres.

"Pourquoi, quand je t'ai parlé au sujet du mariage, tu bégayes?" demanda Léa en regardant Julien intensément, cherchant des indices dans son expression.

Julien sembla un instant pris au dépourvu, ses yeux évitant ceux de Léa. Il prit une profonde inspiration et souffla lentement. "Léa, ce n'était pas à cause d'un doute sur nous ou sur l'idée de m'engager. C'est plutôt... la surprise de voir à quel point le sujet est devenu concret, et la réalisation que nous sommes vraiment sur le point de prendre une grande décision ensemble."

Léa fronça légèrement les sourcils, "Mais nous en avons parlé à plusieurs reprises, non ?"

Julien hocha la tête. "Oui, mais c'était souvent de manière hypothétique, envisageant l'avenir. Lorsque tu as évoqué le sujet aujourd'hui, cela a rendu la situation tellement... réelle."

Il poursuivit, les mots déferlant maintenant avec plus d'aisance. "Je suis tombé amoureux de toi, Léa, plus profondément que je n'aurais jamais pu l'imaginer. L'idée de te perdre à cause d'une hésitation ou d'une mauvaise communication me terrifie. Je veux te donner la certitude et la sécurité que tu mérites. Et le fait de bégayer était ma façon maladroite de traiter l'émotion de l'instant."

"Je comprends, donc si ce n'est pas moi qui évoque le sujet, tu n'allais jamais l'évoquer?" répondit Léa, la tristesse teintant légèrement sa voix.

Julien baissa les yeux un instant, cherchant les bons mots. "Ce n'est pas que je ne voulais pas en parler, Léa. J'avais juste peur de précipiter les choses, de te mettre la pression. Je voulais que tout soit parfait. Mais je réalise que chercher la perfection peut parfois nous empêcher d'agir."

Léa soupira, "Julien, le mariage, ce n'est pas seulement une bague ou une cérémonie. C'est un engagement, une vie ensemble. Je veux juste savoir que nous sommes sur la même longueur d'onde, que nous partageons les mêmes désirs et les mêmes aspirations."

"Ensuite, si tu as peur de précipiter les choses, à ton rythme, combien d'années les choses doivent-elles prendre pour toi ?" demanda Léa, cherchant clairement une réponse dans les yeux de Julien.

Julien se sentit soudainement vulnérable, conscient du poids de la question. "Ce n'est pas une question d'années, Léa. C'est une question de certitude. Mais je comprends ta frustration. Si je devais donner un temps, je dirais que je ne veux pas attendre des années. Je veux juste être certain que lorsque je m'engage, je le fais avec toute la conviction et l'intention nécessaires."

"Tu parles de certitude et de conviction," répondit Léa d'une voix douce mais ferme, "alors pourquoi m'as-tu dit que tu m'aimes? Sur quelle base reposent donc tes émotions?"

Julien semblait chercher ses mots, ressentant toute la gravité de la situation. "Léa, quand je dis que je t'aime, je le pense sincèrement. Mes sentiments pour toi sont profonds et inébranlables. Mais l'engagement du mariage est bien plus grand pour moi, c'est une promesse pour la vie. Et même si je t'aime, j'ai besoin de savoir que nous sommes prêts à surmonter tous les obstacles que la vie mettra sur notre chemin."

Léa leva les yeux vers Julien, ses yeux brillant d'une lueur de défi et de tendresse mélangées. "L'amour n'est-il pas le plus grand des obstacles à surmonter? Si tu m'aimes réellement, comme tu le prétends, alors nous devrions être capables de surmonter n'importe quel défi ensemble."

"Ensuite, si l'engagement du mariage est si grand pour toi, pourquoi as-tu demandé à entrer dans ma vie?" Léa lançait ces mots comme des flèches, chaque syllabe accentuant son incompréhension et sa douleur.

Julien prit une profonde inspiration. "Léa, entrer dans ta vie, c'était parce que tu m'attirais profondément. Ton esprit, ta beauté, ta façon d'être... tout cela m'a captivé. Mais l'engagement du mariage, pour moi, c'est différent. C'est une promesse éternelle, un lien indissoluble."

Léa s'arrêta net dans sa marche, se tournant pour faire face à Julien, un regard intense dans les yeux. "Donc, ce que tu me dis, c'est que mon attraction était suffisante pour une aventure, mais pas pour un engagement à vie? Est-ce que c'est ça, Julien?"

Julien se sentit coincé, réalisant qu'il venait peut-être de commettre une énorme erreur. "Ce n'est pas ce que je voulais dire, Léa. Je suis tombé amoureux de toi, je le suis encore. Mais j'ai des peurs, des insécurités. Je ne voulais pas te faire de mal."

"Tu n'aurais pas dû entrer dans ma vie si tu n'étais pas prêt pour tout ce que cela implique," rétorqua Léa, "Je mérite plus que de simples mots d'amour, Julien. Je mérite un engagement, une assurance que tu seras toujours là."

Julien, "Je comprends ta colère, Léa. Je suis désolé. Je n'aurais jamais dû te faire sentir comme une option. Je vais prendre le temps de réfléchir à ce que je veux vraiment."

Léa acquiesça lentement, la tristesse et la frustration se mélangeant en elle. "Peut-être que nous devrions tous les deux prendre du recul et réfléchir à ce que nous voulons."

Les deux se regardèrent un instant, conscient du fossé qui venait de s'ouvrir entre eux. Sans un autre mot, Léa tourna les talons et s'éloigna, laissant Julien seul avec ses pensées et ses remords.

Après cette conversation, la distance entre Julien et Léa était palpable. Ils évitaient tous deux de se croiser, cherchant du réconfort chacun de leur côté.

Léa, pour sa part, se plongea complètement dans son travail. Son bureau donnait sur la Seine, et chaque matin, elle s'arrêtait un moment pour observer le fleuve, se perdant dans ses pensées. Le musée était devenu pour elle un refuge, un lieu où elle pouvait échapper aux tracas de sa vie personnelle.

Les expositions qu'elle organisait reflétaient souvent ses émotions. La dernière, intitulée "Les Liaisons Éphémères", était une collection d'œuvres d'art contemporain qui explorait les complexités et les fragilités des relations humaines. Les visiteurs étaient captivés par la profondeur et l'intensité des pièces exposées, ne se doutant pas que Léa y projetait une partie de son propre vécu.

Un soir, alors qu'elle travaillait tard, Léa reçut la visite de sa meilleure amie, Claire. En voyant Léa si absorbée par son travail, Claire comprit immédiatement que tout n'allait pas bien. "Léa," commença-t-elle doucement, "tu ne peux pas continuer à fuir comme ça. Tu dois affronter ce qui s'est passé entre toi et Julien."

Léa soupira, "Je sais, Claire. Mais c'est tellement plus facile de me perdre dans mon travail que de faire face à la réalité."

Claire posa sa main sur l'épaule de Léa, "Je te connais depuis toujours, Léa. Et je sais que tu es forte. Peut-être que Julien a besoin de temps, tout comme toi. Mais tu ne peux pas laisser cette situation définir ton bonheur."

Léa regarda sa meilleure amie, reconnaissante pour son soutien inébranlable. "C'est juste... difficile. J'ai l'impression qu'il y a un gouffre entre nous. Et je ne sais pas comment le combler."

"Peut-être que vous avez besoin de parler," suggéra Claire, "d'avoir une vraie conversation, loin de tout. Pourquoi ne pas organiser un week-end quelque part, juste vous deux, loin de la ville et de toutes ses distractions?"

Léa réfléchit un instant. "Non."

Claire la regarda, surprise. "Non ? Pourquoi ?"

Léa se passa une main sur le front, cherchant ses mots. "Je sais que cela semble être la solution logique, Claire, mais je crois que ce n'est pas le bon moment. Je dois d'abord comprendre ce que je ressens vraiment, seule. Et Julien aussi."

Claire plissa le front, inquiète pour son amie. "Mais Léa, la communication est la clé. Si vous vous évitez, comment pourrez-vous résoudre vos problèmes?"

Léa sourit faiblement. "Je ne dis pas que nous devons nous éviter indéfiniment. Je dis juste que, pour l'instant, j'ai besoin de temps pour moi. Et je pense que Julien en a besoin aussi."

Claire soupira, comprenant la complexité de la situation. "Je te soutiendrai toujours, Léa. Mais promets-moi de ne pas laisser cette distance s'installer entre vous deux pour toujours."

Léa hocha la tête. "Je te le promets."

Dans les jours qui suivirent, Léa s'immergea dans son travail et ses passions. Elle organisait des ateliers au musée, engageait de nouveaux artistes et participait à des projets communautaires. Son dévouement à l'art était sa bouée de sauvetage, la gardant ancrée malgré le tumulte de ses émotions.

Julien, de son côté, cherchait des moyens de se redécouvrir. Il commença à écrire, mettant sur papier ses pensées et ses sentiments. C'était pour lui une thérapie, un moyen de comprendre ses propres émotions et d'exprimer ses regrets.

Un jour, en se baladant dans Paris, Julien tomba sur une petite librairie indépendante. À l'intérieur, il trouva un recueil de poésie qui parlait d'amour, de perte et de retrouvailles. Inspiré, il acheta le livre et se mit à écrire une lettre pour Léa.

Lorsque Léa reçut la lettre, elle fut d'abord réticente à l'ouvrir. Mais la curiosité l'emporta. Les mots de Julien étaient touchants, sincères. Il parlait de son amour pour elle, de ses erreurs, et de son désir de trouver un moyen de réparer leur relation.

Léa était émue. Elle réalisa que malgré tout, elle aimait toujours Julien. Et peut-être que le temps qu'ils avaient passé séparément était nécessaire pour qu'ils puissent se retrouver.

Elle prit alors sa propre décision. Elle invita Julien à une exposition privée au musée, une collection spécialement conçue pour lui.

Lorsqu'il arriva, il fut touché par les œuvres d'art qui représentaient leurs moments ensemble, leurs hauts et leurs bas, leur amour unique. Léa était là, l'attendant.

"J'ai reçu ta lettre," dit-elle doucement.

Julien sourit timidement. "Je suis désolé, Léa. Pour tout."
"Et si nous commencions à nouveau? Pas en reprenant là où nous nous étions arrêtés, mais en construisant quelque chose de nouveau, ensemble."

Après, il prit une profonde inspiration, cherchant le courage d'avancer sa proposition. "Léa, ce que nous avons est précieux. Je veux que nous officialisions notre engagement, non seulement devant nous-mêmes, mais aussi devant nos proches. Que dirais-tu si nous fixions une date pour nos fiançailles?"

Léa, surprise par la soudaineté de la proposition, leva les yeux vers lui. Elle vit dans son regard une sincérité évidente et une lueur d'espoir. Après un moment de réflexion, elle répondit, "Julien, j'aimerais ça. Oui, fixons une date."

Le reste de la journée, ils discutèrent de leurs plans futurs, leurs rêves communs et individuels, et comment ils envisageaient leur engagement.

Le soir, après avoir quitté Julien, Léa, assise à son bureau, rédigea un message pour lui. La lumière tamisée de la pièce donnait une ambiance sereine alors qu'elle tapait chaque mot avec soin et intention.

"Julien,

J'ai réfléchi à notre conversation. Et si, pour célébrer notre engagement, nous faisions quelque chose de vraiment unique? Je veux que nos fiançailles reflètent non seulement notre amour mais aussi l'essence même de notre relation. Je pensais organiser la cérémonie au musée. Non seulement parce que c'est un lieu qui me tient à cœur, mais aussi parce que c'est un symbole de la richesse de notre relation. Chaque pièce d'art témoigne d'une histoire, d'une émotion, tout comme chaque moment que nous avons partagé. Qu'en penses-tu?"

Julien, lisant le message, fut touché par l'émotion et la signification derrière cette idée. Il savait que le musée était une grande partie de la vie de Léa, et il adorait l'idée de célébrer leur amour dans un lieu aussi significatif.

Il répondit rapidement, "Léa, j'adore l'idée. C'est parfait. Un lieu qui a été le témoin de tant de moments clés de notre relation. Célébrer notre engagement là-bas aurait une signification particulière. Fixons une date."

Chapitre 9 : Une célébration particulière

Les jours qui précédèrent les fiançailles furent un tourbillon d'activités. Léa, avec son sens impeccable du détail, se consacrait entièrement à la préparation de l'événement. Le musée fut réservé pour une soirée intime, et elle veilla à ce que chaque détail soit parfait, de la musique aux fleurs.

Julien, quant à lui, préparait le plus précieux des cadeaux : une bague sertie d'une pierre rare qu'il avait découverte lors de l'un de ses voyages. Il savait que Léa l'apprécierait non seulement pour sa beauté, mais aussi pour l'histoire qu'elle racontait.

Le jour tant attendu arriva enfin. L'atmosphère était électrique, chaque invité sentait l'importance du moment. Après un échange de vœux touchant, les invités eurent l'occasion de poser des questions aux futurs mariés, transformant l'événement en une sorte de forum interactif.

Un ami proche prit la parole : "Julien, Léa, vous avez traversé des épreuves, des hauts et des bas, mais vous semblez toujours aussi amoureux. Quel est le secret de votre relation?"

Julien, souriant à Léa, répondit d'abord : "L'amour. C'est l'amour qui nous a maintenus ensemble à travers tout."

Mais avant que l'assemblée puisse passer à la question suivante, Léa prit doucement le micro, ses yeux fixés sur Julien. "Julien," commença-t-elle, sa voix emplie d'émotion, "pourquoi, selon toi, les jeunes d'aujourd'hui entrent-ils dans la vie d'une femme, et pourquoi est-ce souvent à la femme de soulever la question du mariage?"

Un murmure parcourut l'assemblée. Julien semblait un peu déconcerté, mais il prit le temps de réfléchir avant de répondre. "Je pense que de nombreux jeunes, y compris moi-même, entrent dans la vie de quelqu'un parce qu'ils sont attirés par cette personne. Mais l'engagement, le mariage, c'est autre chose. C'est une promesse, une responsabilité. Parfois, il peut y avoir une hésitation, non pas parce que l'amour fait défaut, mais à cause de la peur de ne pas être à la hauteur de cet engagement."

Léa, les yeux brillants, répondit : "Mais ne penses-tu pas que c'est cette hésitation, cette peur, qui peut parfois blesser plus que tout?"

Julien acquiesça lentement. "Oui, tu as raison. Et je m'excuse pour les moments où j'ai pu te faire ressentir cela. L'amour est une chose, mais l'engagement en est une autre. Et il est essentiel de communiquer ouvertement sur ces deux aspects."

Léa retourne vers ses amies: "Julien a organisé cette fête aujourd'hui parce qu'il n'a eu que mon cœur et n'a pas pu avoir mon corps. Je vous le dis, si cela n'avait pas été le cas, rien de tout cela n'aurait été possible. Mes chères amies, je veux que vous sachiez à quel point vous êtes précieuses. Ne laissez jamais quelqu'un entrer dans votre vie sans connaître clairement ses intentions. Chaque partie de vous, qu'elle soit émotionnelle ou physique, est sacrée. Soyez prudentes, exigez le respect que vous méritez et ne vous contentez de rien de moins que d'un amour véritable et engagé."

Julien, les joues rougies par la colère et l'embarras, se leva brusquement de sa chaise.

"Qu'est-ce que tu veux dire par là, Léa?" demanda-t-il, sa voix trahissant son agitation.

Léa prit une profonde inspiration, essayant de rassembler ses pensées tout en gardant son calme. Elle fixa Julien, ses yeux remplis d'une détermination tranquille.

"Julien," dit-elle d'une voix douce mais ferme, "quand je parle de toi ayant mon cœur et non mon corps, je veux dire que même si tu as eu l'essence même de qui je suis, nous n'avons pas franchi certaines étapes ensemble. Tu es un homme admirable, je le reconnais. Tu as toujours voulu aider les autres. Mais tu dois comprendre une chose : un homme, peu importe sa bravoure ou ses bonnes intentions, reste un homme. S'il trouve une occasion avec une femme, il pourrait être tenté, passer son temps avec elle et finalement s'en aller. Ce n'est pas une critique, c'est une réalité de la nature humaine. Et malgré le fait que tu avais seulement mon cœur, tu as hésité à t'engager véritablement. Je veux que mes amies comprennent cela. Je ne veux pas qu'elles deviennent des cobayes, des 'rats de laboratoire', pour des hommes qui ne sont pas prêts à s'engager totalement. Elles méritent mieux que cela."

Julien, le souffle court, tenta de contenir l'ébullition de ses émotions. Les yeux de chaque invité étaient rivés sur lui, attendant sa réponse. Il prit une grande inspiration avant de s'exprimer.

"Léa, je comprends ta peur, ton inquiétude. Je sais que le monde peut être cruel, et que certaines personnes ne tiennent pas leurs promesses," commença-t-il. "Mais comprends que chaque homme est unique, tout comme chaque femme. Ne mets pas tout le monde dans le même sac à cause de mauvaises expériences passées."

L'une des amies de Léa se leva. "Mais Julien," interrompit-elle, "ne crois-tu pas que Léa a raison de protéger ses amies, de les avertir ? Les mots peuvent être puissants, mais ce sont les actions qui comptent le plus."

Julien hocha la tête. "Je suis d'accord, mais il faut aussi comprendre que tout le monde n'est pas pareil. Il est injuste de juger tout le monde sur les actions de quelques-uns."

Un autre ami, Marc, prit la parole, "Je crois que le message fondamental ici, c'est la communication. Que ce soit dans les relations amoureuses, amicales ou familiales, il est essentiel de parler, d'exprimer nos peurs, nos espoirs et nos attentes. Léa, ta volonté de protéger tes amies est noble.

L'atmosphère était lourde. On pouvait sentir la tension dans l'air, comme une épaisse couche de brume qui enveloppait la salle. Les invités chuchotaient entre eux, partageant leurs opinions sur la situation.

Léa reprit la parole : "Julien, ce n'est pas seulement une question de juger. Il s'agit de se protéger, de s'assurer que nous ne sommes pas blessées de la même manière que nous l'avons été auparavant. C'est une leçon que j'ai apprise et que je souhaite partager avec mes amies."

Julien soupira. "Je comprends. Et je m'excuse pour les fois où j'ai pu te blesser ou te faire douter. Je tiens vraiment à toi, Léa, et je veux que tu le saches. Je suis prêt à travailler sur moi-même, à être l'homme que tu mérites."

Les deux se regardèrent profondément, cherchant du réconfort dans les yeux de l'autre. La salle était silencieuse, chacun assimilant le poids des mots échangés.

Après quelques instants, une vieille dame, la grand-mère de Léa, se leva. "La vie est pleine d'épreuves et de tribulations. Mais c'est à travers ces épreuves que nous grandissons, que nous apprenons. Léa, Julien, ne laissez pas cette discussion vous diviser. Utilisez-la pour renforcer votre amour, pour bâtir une relation basée sur la confiance et la compréhension."

Sa sagesse apporta une certaine sérénité à la salle. Les futurs mariés se prirent la main, unis dans leur engagement l'un envers l'autre, prêts à affronter les défis que la vie leur réserverait.

La grand-mère poursuivit, une lueur de sagesse dans ses yeux : "L'amour n'est pas simplement un sentiment. C'est un choix.

Chaque jour, vous devez choisir de vous aimer, de surmonter les obstacles et de construire un avenir ensemble."

Léa avala difficilement, les mots de sa grand-mère la touchant profondément. "Je sais, grand-mère. C'est juste... parfois, c'est difficile. Les doutes et les peurs peuvent nous envahir."

Julien s'approcha de Léa et la serra tendrement dans ses bras. "Nous ferons face à ces doutes et à ces peurs ensemble," murmura-t-il. "Je te le promets."

Un autre ami se leva, levant son verre en l'air. "À Léa et Julien! Que votre amour vous guide à travers les bons et les mauvais moments et que vous trouviez toujours la force de choisir l'amour."

L'assemblée leva leurs verres en écho, les rires et les sourires reprenant peu à peu la place de la tension précédente. La musique douce remplissait la pièce, et bientôt, la piste de danse fut envahie de couples, célébrant l'amour et la promesse d'un avenir meilleur.

Léa et Julien, au centre de la piste, se perdirent dans les bras l'un de l'autre, les épreuves de la soirée renforçant leur lien et leur engagement envers l'avenir qu'ils avaient choisi de construire ensemble.

Alors que la soirée touchait à sa fin, la lueur des bougies du musée vacillait doucement, projetant des ombres dansantes sur les murs ornés d'art. La musique s'estompait, mais l'écho des rires et des conversations persistait, remplissant la pièce de chaleur et d'espoir.

Léa, tenant fermement la main de Julien, se dirigea vers la grande fenêtre qui donnait sur les lumières scintillantes de Paris. Ils partagèrent un moment silencieux, simplement profitant de la présence de l'autre. La ville était belle, sa lueur reflétant le feu ardent de leur amour.

"Cela n'a pas été facile," murmura Léa, "mais je crois que tout ce que nous avons traversé ne faisait que préparer le terrain pour ce moment. Pour un futur ensemble."

Julien se tourna vers elle, les yeux brillants à la lumière de la ville. "Chaque épreuve, chaque doute, m'a seulement rendu plus certain de notre amour. Je te choisis, aujourd'hui et tous les jours."

Le lendemain matin, Paris s'éveillait sous un ciel rose, le soleil se levant lentement pour saluer un nouveau jour, un nouveau commencement. Et au cœur de cette ville magnifique, deux âmes, plus fortes et plus unies que jamais, se préparaient à écrire le prochain chapitre de leur histoire d'amour éternel. Fin.

Sommaire

Printed by Books on Demand GmbH, Norderstedt / Germany